BERLINOGUIDES

Andreas Lettmayer
Sybille Pavitsich

Winterreiseführer
Österreich

Band 2 Winter 98/99

Arlberg Ost

Paznauntal

Oberinntal

Impressum

Autor:
Andreas Lettmayer
Beratung:
Wolfgang Kaiser
Büroleitung:
Svetlana Ilic
Fotoredaktion:
Anne Kantner, Svetlana Ilic
Herstellung:
Gutenberg, A-2700 Wiener Neustadt
Illustrationen:
Vanesa Hardi
Kartendesign:
Mag. Angelika Kratzig
Korrektur:
Peter Luttenberger
Produktion:
GDV Wien, Rudi Huber
Recherchen/Text:
Andreas Lettmayer *Orte und Skigebiete*
Anne Kantner *„double-checks"*
Beate Sterbenz *Anreise*
Svetlana Ilic *Wohnen*
Sybille Pavitsich *Skipässe, „re-checks"*
Textbearbeitung:
Sybille Pavitsich
Visuelle Gestaltung:
Mag. Angelika Kratzig
Zeichnungen:
Vanesa Hardi

© Klangbildverlag Wien
1. Auflage 1998
Alle Rechte vorbehalten
Gedruckt in Österreich
ISBN: 3-9500873-1-1

Inhaltsverzeichnis

9-38 Anreise

- **10-21 mit dem Auto**
  - 10 aus Deutschland
  - 17 aus der Schweiz
- **22-35 mit der Bahn**
  - 29 aus Deutschland
  - 33 aus der Schweiz
- **36-38 mit dem Flugzeug**
  - 36 aus Deutschland
  - 37 aus der Schweiz

39-44 Leihwagen

45-78 Reise-Know-how

79-138 Arlberg Ost

- 81 **St. Anton**
- 95 **St. Christoph**
- 101 **Stuben**
- 104 **Skigebiet St. Anton**
- 133 **Skigebiet Rendl**

139-182 Das Paznauntal

- 141 **Ischgl**
- 154 **Skigebiet Ischgl**

183-256 Das Oberinntal

- 185 **Fiss**
- 195 **Serfaus**

206	Skigebiet Fiss
220	Skigebiet Serfaus
237	Nauders
246	Skigebiet Nauders

257-293 Wohnen

258	St. Anton
264	St. Christoph
265	Stuben
268	Ischgl
274	Fiss
280	Serfaus
286	Nauders

294-297 Index

Anreise

Wohin

Arlberg Ost:
St. Anton, St. Christoph, Stuben

ins Paznauntal:
Ischgl

ins Oberinntal:
Serfaus, Fiss, Nauders

10-21 mit dem Auto
22-35 mit der Bahn
36-38 mit dem Flugzeug

Anreise

Anreise mit dem Auto

aus Deutschland bis Tirol Grenze

VIGNETTE:

Auf österreichischen Autobahnen Vignettenpflicht. Die Vignette erhältlich in Deutschland bei Tankstellen ab ca. 100 km vor Österreich. Oder an den Grenzstationen. Den Aufkleber an der Windschutzscheibe (oberer oder unterer Rand) oder an einem nicht versenkbaren Seitenfenster anbringen. *Jahresvignette,* kostet 80,– Gibt auch *2-Monats-Vignette* für 22,– und *10-Tages-Vignette* für 10,– Die gültigen Tage der 10-Tages-Vignette sind frei wählbar. Wer auf der Autobahn ohne Vignette erwischt wird, muß mit einer Strafe von 160,– bis 8570,– rechnen.

Vignettenfrei durch Österreich auf der Bundesstraße. Die jeweils parallel zur Autobahn. Derartige Straßen sind aber nicht immer vorhanden. In Vorarlberg z. B. kommt leider kein Autofahrer um die vignettenpflichtige S-16-Arlbergschnellstraße herum.

Anreise-Etappen: Ulm –▸ 64 km –▸ Memmingen –▸ 29 km –▸ Kempten –▸ 17 km –▸ Oy-Mittelberg –▸ 13 km –▸ Pfronten

Ulm und München

sind Alldeutsche Verkehrsknotenpunkte für die Anreise nach Tirol.

Grenzübergänge:

Ab München nach Garmisch-Partenkirchen und weiter zu Grenzübergang Griesen.
Ab Ulm zur Grenze Pfronten.

München –▸ Grenze Garmisch, 88 km.
auf B-2/E-533 bis Garmisch-Partenkirchen. Rechts abzweigen zu Grenzübergang Griesen ins Paznauntal und Oberinntal.
–▸ *ab Griesen* vignettenfrei auf B-187.

Ulm –▸ Grenze Pfronten, 124 km.
Auf A-7/E-43 bis Oy-Mittelberg. Dann 13 km auf B-309/E-532 bis Grenze Pfronten.
–▸ *ab Pfronten* vignettenfrei weiter auf B-314 ins Inntal.

mit dem Auto

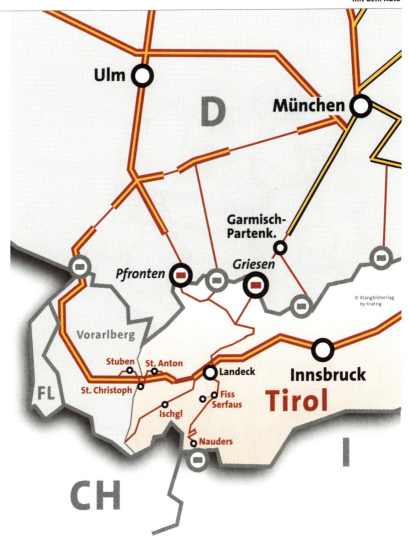

Anreise

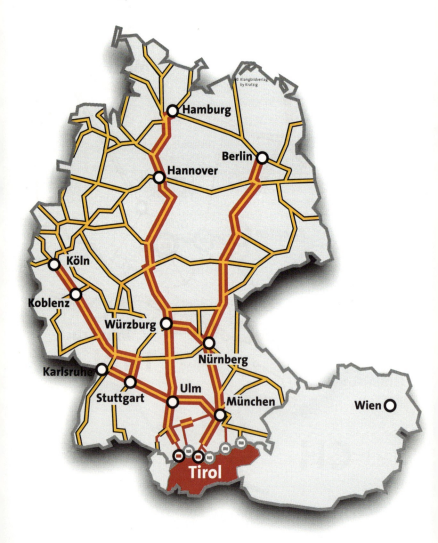

Anreise-Etappen Richtung Tirol

Berlin → *alle Täler*, zuerst nach München.
Hamburg → *alle Täler*, zuerst nach Ulm.
Köln → *alle Täler*, zuerst nach Ulm.
Karlsruhe → *alle Täler*, zuerst nach Ulm.

Abb.: Gendarm. Schön, zu Freunden zu fahren.

Berlin → München: 601 km.
→ *ab Berlin* auf der A9/E51 bis Nürnberg, 422 km. → *ab Nürnberg* auf A9/E45 bis München-Nord. → *München umfahren* auf der A99/E45 bis München-Brunnthal.

Anreise-Etappen: Berlin 49 km → Potsdam 71 km → Dessau 235 km → Bayreuth 67 km → Nürnberg 87 km → Ingolstadt 63 km → München Nord 29 km → München-Brunnthal.

Hamburg → Ulm: 685 km.
→ *ab Hamburg*, eine Autobahn, immer der Nase nach. A7/E45 (ab Biebelried E43) bis Ulm durch.

Anreise-Etappen: Hamburg 143 km → Hannover 123 km → Göttingen 38 km → Kassel 98 km → Fulda 100 km → Würzburg 183 km → Ulm.

Köln → Ulm: 465 km.
→ *ab Köln* auf A555 bis Bonn. → *ab Bonn* auf A565 bis Meckenheim. → *ab Meckenheim* auf A61/E31 bis Hockenheim. → *ab Hockenheim* auf A6/E50 bis Weinsberg. → *ab Weinsberg* auf A81/E41 bis Leonberg. → *ab Leonberg* auf A81/A8/E41 bis Stuttgart. → *ab Stuttgart* auf der A8/E52 bis Ulm.

Anreise-Etappen: Köln 26 km → Bonn 20 km → Meckenheim 50 km → Koblenz 116 km → Worms 46 km → Hockenheim 57 km → Heilbronn 6 km → Weinsberg 49 km → Leonberg 8 km → Stuttgart 87 km → Ulm.

Karlsruhe → Ulm: 152 km.
→ *ab Karlsruhe* in einem durch auf A-8/E-53 bis → Ulm.

Anreise-Etappen: Karlsruhe 69 km → Stuttgart 83 km → Ulm.

Anreise

Ab Tirol Grenze zu den Winterorten

Arlberg Ost

*Orte: St. Anton,
St. Christoph, Stuben*

Grenze Garmisch-Griesen → Arlberg: 110 km → *auf B-187 über den Fernpaß bis Nassereith, 44 km.* → ab Nassereith auf B-189 bis Schnittstelle Imst-Pitztal, 16 km. → ab Imst-Pitztal mit Vignette auf Inntalautobahn A-12 oder vignettenfrei auf B- 171 bis Landeck, 18 km. → *nach St. Anton: ab Landeck-West 29 km auf B-316/ E-60 bis St. Anton.* → *nach Stuben: ab Landeck-West 38 km auf B-316/E-60 bis Stuben.* → *nach St. Christoph: ab Landeck-West 38 km* auf B-316/E-60 bis St. Christoph.

Grenze Pfronten → Arlberg: 125 km. → Nach Pfronten bei Vils auf B-314 über den Fernpaß bis Nassereith, 57 km. → ab Nassereith auf B-189 bis Schnittstelle Imst-Pitztal, 16 km. → ab Imst-Pitztal auf Inntalautobahn A-12 oder vignettenfrei auf der B-171 bis Landeck, 18 km. → *nach St. Anton: ab Landeck-West 29 km auf B-316/ E-60 bis St. Anton.* → *nach Stuben: ab Landeck-West 38 km auf B-316/E-60 bis Stuben.* → *nach St. Christoph: ab Landeck-West 38 km* auf B-316/E-60 bis St. Christoph.

Abb.: Detailkarte Anfahrt Grenzen Garmisch-Griesen und Pfronten → Arlberg Ost

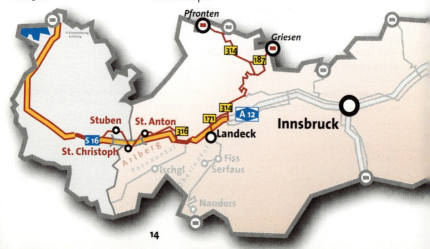

mit dem Auto

Paznauntal

Abb.: Detailkarte Anfahrt Grenzen Garmisch-Griesen und Pfronten → Paznauntal

Ort: Ischgl

Grenze Garmisch → Paznauntal: 104 km. → *auf B-187* über den Fernpaß bis Nassereith, 44 km. → ab Nassereith auf B-189 bis Schnittstelle Imst-Pitztal, 16 km. → ab Imst-Pitztal mit Vignette auf Inntalautobahn A-12 oder vignettenfrei auf B-171 bis Landeck, 18 km. → *bei Landeck-West* noch 26 km auf B-316/E-60, dann auf Silvretta-Hochalpenstraße B-188 nach Ischgl.

Grenze Pfronten → Paznauntal: 117 km. → Nach Pfronten bei Vils auf B-314 über den Fernpaß bis Nassereith, 57 km. → ab Nassereith auf B-189 bis Schnittstelle Imst-Pitztal, 16 km. → ab Imst-Pitztal mit Vignette auf Inntalautobahn A-12 oder vignettenfrei auf der B-171 bis Landeck, 18 km. → *bei Landeck-West* noch 26 km auf B-316/E-60, dann auf Silvretta-Hochalpenstraße B-188 nach Ischgl.

Anreise

Abb.: Detailkarte Anfahrt Grenzen Garmisch-Griesen und Pfronten → Oberinntal

Oberinntal

Orte: Fiss, Serfaus, Nauders

Grenze Garmisch → Oberinntal: 110 km. → *auf B-187* über den Fernpaß bis Nassereith, 44 km. → ab Nassereith auf B-189 bis Schnittstelle Imst-Pitztal, 16 km. → ab Imst-Pitztal mit Vignette auf Inntalautobahn A-12 oder vignettenfrei auf B-171 bis Landeck, 18 km.
→ *nach Serfaus und Fiss: ab Landeck* noch 26 km auf B-315 bis Ried. Dann eine Serpentinenstraße nach Serfaus und Fiss.
→ *nach Nauders: ab Landeck* noch 45 km auf B-315 bis Nauders.

Grenze Pfronten → Oberinntal: 120 km. → Nach Pfronten bei Vils auf B-314 über den Fernpaß bis Nassereith, 57 km. → ab Nassereith auf B-189 bis Schnittstelle Imst-Pitztal, 16 km. → ab Imst-Pitztal auf Inntalautobahn A-12 oder vignettenfrei auf der B-171 bis Landeck, 18 km.
→ *nach Serfaus und Fiss: ab Landeck* noch 26 km auf B-315, dann ein Stück Landstraße nach Serfaus und Fiss.
→ *nach Nauders: ab Landeck* noch 45 km auf B-315 bis Nauders.

mit dem Auto

aus der Schweiz nach Tirol

Zuerst durch Vorarlberg durch, den Arlberg über- oder unterqueren. Für die Region Arlberg von der Arlberg-Schnellstraße weg und auf B-197 nach St. Anton, Stuben und St. Christoph. Für Paznauntal und Oberinntal auf Arlberg-Schnellstraße weiter bis Landeck und von dort nach Ischgl, Serfaus, Fiss und Nauders.

Zürich → Landeck, 220 km. Ab Zürich über N-1/E-60 bis Rorschach, 92 km. → *ab Rorschach* bei Schnittstelle St. Margrethen kurz auf N-13/E-43 bis Schnittstelle Götzis. → *ab Götzis* auf A-14/E-60 bis Bludenz-Montafon. → *ab Bludenz-Montafon* auf Arlberg-Schnellstraße S-16/E-60 → *nach Stuben, St. Christoph und St. Anton:* nach Klösterle von S-16 runter und links auf B-197 abzweigen. → *nach Ischgl, Serfaus, Fiss und Nauders:* weiter auf S-16/E-60 durch den Arlberg-tunnel, geht nach der Ortschaft Flirsch in die B-316 über. Bis Landeck. Weiter geht's wie oben bei der Anreise von Pfronten und Garmisch.

Arlberg-Tunnel, kostet Extra-Maut von 130 Schilling.

Anreise-Etappen: Zürich 23 km → Winterthur 60 km → St. Gallen 9 km → Rorschach 17 km → St. Margrethen 17 km → Götzis 94 km → Landeck
Es gibt zwar eine Reihe von Grenzübergängen, Götzis aber ist insofern der optimalste, weil kürzeste Verbindung zur Rheintalautobahn. Wer einen andern wählt, muß sich durch viele Vorarlberger Orte mühen.

Abb.: Detailkarte Anfahrt Zürich → Arlberg Ost, Paznauntal, Oberinntal

Anreise

Die Straßen in Tirol

A-12, Inntal-Autobahn. Sie ist die Verlängerung der A-93 Rosenheim –▸ Kiefersfelden. Ab Grenzübertritt bis zur ersten Abfahrt gratis, dann nur noch mit Vignette. Parallel zum Inn, durchschneidet das breite Tal in der Mitte. Zweispurig mit Pannenstreifen. Vor Innsbruck die Abfahrten Kufstein oder Wörgl für die Skigebiete Wilder Kaiser, Kitzbüheler Alpen. Auch die Abfahrt ins Zillertal kommt noch vor Innsbruck.

Bei Innsbruck teilt sich die A-12.
Links weg dem Sinn nach eher geradeaus auf –▸ Brennerautobahn A-13. Geradeaus rechts haltend bleibt sie die –▸ A-12 bis Landeck/Pians. Am Abschnitt Innsbruck –▸ Landeck die Abfahrten nach Kühtai, Ötztal, Oberinntal und Paznauntal.

mit dem Auto

A-13, Brennerautobahn. Die Verbindung von Innsbruck → zum Grenzübergang Brennerpaß, und weiter nach Italien. Steigung bis 6%, das ist nicht sehr steil. Engster Kurvenradius 400 m, die sogenannte „Schönbergkehre" beim Ort Schönberg. Unmittelbar davor rechts → *die Abfahrt Stubaital*. Staus an verkehrsreichen Tagen wegen Mautstelle Schönberg. Dort muß man zur Vignette noch die Brennermaut zahlen. Im Winter bleiben LKWs auf dem Weg von und nach Italien massenweise hängen, manchmal auf allen Spuren. Wird während des Winters immer „schwarz geräumt". Das heißt, der Asphalt sollte zu sehen sein. Gewisse Abschnitte werden in 30-Min.-Abständen geräumt.

B-171, *die „vignettenfreie" Alternative zur A-12 Inntal-Autobahn.* Auf sie trifft man von allen Grenzübergängen. Nach Kiefersfelden bei Kufstein Nord von der Inntalautobahn durch Kufstein durch und immer am Inn entlang. Durchzieht Tirol von Osten nach Westen. Alle Wintersportregionen über sie zu erreichen. Stark befahren, Berufsverkehr, viele Ortsdurchfahren. Von Grenze Achenpaß stößt man bei Jenbach/Zillertal auf die B-171. Von Grenze Garmisch/Mittenwald bei Zirl und von Grenze Pfronten je nach Strecke bei Telfs oder Imst.

B-314, vom Grenzübergang Pfronten hinunter bis Imst, teilweise recht enge, sehr lange und stark frequentierte Straße, die verkehrsreichste im Außerfern. Sehr gut ausgebaut bis auf ein 6 km langes Stück um Reutte, wird 1999 fertig. Im Winter höchstes Rund-um-die-Uhr-Service, geräumt, Salzstreuung. Von der Grenze bis Reutte flach, kleine Steigungen vor Heiterwang und zwischen Bichlbach und Lermoos. Führt hinter Lermoos durch den Lermoostunnel und anschließend kurvig über 1216 m hohen Fernpaß. Von dort Blick auf die Zugspitze.

Anreise

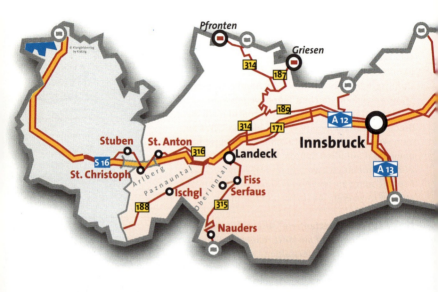

B-187, beginnt bei Grenzübergang Griesen und mündet beim Ort Lermoos in B-314, die von Pfronten/Füssen kommt. Die B-187 flach, gut ausgebaut, wenige Kurven. Salzstreuung, oft Kettenpflicht, fallweise Sperren. Ab Grenze Tallandschaft mit steilen Wald- und Felsböschungen. Die Straße unterquert die Mittenwaldbahn. Dann Blick auf das Hochmoor-Biotop „Zwischen den Toren", breitet sich ringsherum aus. Im Hintergrund Bergmassiv.

B-188, durch Wald und Gebirge vom Ort Pians hinein ins Paznauntal. Ab Ortschaft Galtür bis Partenen heißt sie Silvretta-Hochalpenstraße. Durchgehende Wintersperre von November bis Mai. Schmal und schneereich, aber gut geräumt. Trotzdem oft Kettenpflicht und manchmal auch Sperren, wenn die Schneeräumer nicht mehr nachkommen.

B-189, Bergstraße von Imst bis Telfs und weiter nach Zirl bei Innsbruck. An Wochenenden oft Staus. Wer von Grenze Pfronten, Füssen oder Griesen kommt, trifft auf die B-189 bei Nassereith. ***Dort zwei Richtungen: 1)*** B-189 nach Imst für Anfahrt Oberinntal, Paznauntal. ***2)*** B-189 Richtung Telfs bis Zirl bei Innsbruck. Im großen und ganzen die B-189 gut zu befahren. Einziges Problemstück, der 1119 m hohe Holzleitensattel zwischen Nassereith und Telfs. Bleibt der Schwerverkehr im Winter oft liegen. Staus sind die Folge. Zum Holzleitensattel kurvig, Steigung von 12%. Sonst eher flach. Die Berge 300 m von der Straße entfernt, viel Nadelwald, auch Blaubäume.

B-315, Reschenbundesstraße. Von Landeck durch das Oberinntal hinauf zur italienischen Grenze, Reschenpaß. An Wochenenden Staus vor allem in Landeck, muß sich durch den Ort quälen. Bis Pfunds flach, wird Salz gestreut. Bald nach Pfunds steigt sie steil an. Auf der einen Seite senkrechte Felswände, auf der anderen senkrechter Abgrund. Schmal, viele Kurven, Tunnels und ständig kommen Schwertransporter entgegen. Vor Nauders auf dem 1188 m hohen Finstermünzpaß ihr Höhepunkt. Der Grenzübergang Reschenpaß ist einer der beliebtesten für Italienreisende, daher viel Verkehr.

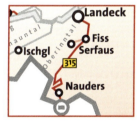

B-316, eine 30 km lange Straße. Von Landeck Richtung Arlberg und Vorarlberg. Wird nach Strengen zur S-16-Arlberg-Schnellstraße; die ist vignettenpflichtig. Viel Lokal- und Transitverkehr, bei Landeck regelmäßig Staus.

Serfauser Landstraße, 9,6 km lang.

Zweigt bei Ried von B-315 Reschenstraße zum Serfauser-Fisser Hochplateau. Serpentinen durch Lerchen- und Föhrenwald, sehr schmal und steil, gut gesplittet. Fast nie gesperrt. Unbedingt Ketten dabei haben.

Anreise

Reisen mit der Winterbahn

Ist stark im Kommen, weil unabhängig von der Witterung sicheres Ankommen am Reiseziel. Auch bietet DB neuerdings bessere Verbindung in die Wintersportzentren.

Basiswissen für Winterbahn-Reisende

Internet-Info-Bahn:
http://www.bahn.de

Reservierung:
ist bei Fernzügen prinzipiell anzuraten. Wer möchte die ganze Zeit im Gang stehen. Normale Reservierung kostet 3,–

Winterfahrplan:
um flexibel zu bleiben, entwerfen die Bahngesellschaften Sommer- und Winterfahrpläne. Scharen von Logistikern kümmern sich auf eigenen Kursbuchtagungen um reibungslose Planung. Hat den Vorteil, daß im Winter verstärkt Züge in die Wintersportzentren geführt werden.

Telefon 19-4-19, das ist die nationale Telefon-Nummer für alle Bahn-Infos. Vom Lande die Vorwahl der nächstgrößeren Stadt vorwählen. Reiseauskunft, Reservierung, Ticketkauf per Telefon.

Ski-Transport, das größte Problem für Winterbahn-Reisende. Wohin mit den Skiern? Wer noch keine neuen hat, sollte sich überlegen, die Ski im Urlaubsort zu leihen. Ski kosten z. B. für Erwachsene pro Tag 15-30 DM je nach Qualität. Vorteil: kein Schleppen, und wer gut rechnet, spart Geld.

Skitransport im Zug: gibt es keine Hilfe und keine Vorrichtungen. Über, unter oder hinter dem Sitz. Je nach Waggon und Angebot. „Big-Foots" haben es am besten. Die Bretter gut verpacken. Ein eigenes Problem. Kostenpflichtige Hilfe: geeignete Stofftaschen kann man für 5,– beim *Kurier-Gepäck-Service* erstehen. In eine Hülle passen 2 Paar Ski.

Bahn-Taxi, Fixtarif pro Stadt. In Frankfurt z. B. 12 DM. Holt von zu Hause ab und bringt zum Bahnhof. Kann mit dem Ticket gleich mitgekauft werden. Oder man bestellt Bahn-Taxi bei Telefonnummer 19-4-19. Mind. 24 Std. vorher buchen. Sicherheitshalber am Tag vor

mit der Bahn

Abreise anrufen. Abklären, wann man geholt wird und ob man ohnehin nicht vergessen wurde. Abgeholt spätestens 1 Stunde vor Zugabfahrt. Ab Bahnhofseingang muß man sich wieder selbst um alles kümmern. Oder man hat einen Gepäckträger bestellt.

Gepäckträger, 5 DM für die ersten beiden Stücke. 3,50 DM für jedes weitere. Wer Ski, Koffer und Taschen nicht über den ganzen Bahnhof schleppen möchte, läßt sich einen Gepäckträger kommen. Entweder am Bahnhof einen suchen oder vorweg schon bestellen. Bei der Parksituation vor Bahnhöfen besser, wenn der Träger informiert ist. Der wartet dann schon. Man lädt schnell aus und fährt parken. Gescheiter mit Bahn-Taxi kommen.

Gepäckträger bestellen: ruft die Gepäckträger-Servicenummer an, in der Regel meldet sich rasch jemand. Unbedingt angeben: Zugnummer, Wagennummer und Zeitpunkt, an dem man vor dem Hauptportal vorfahren wird. Der Träger sollte dann schon warten. Rote Kappe, blaue Schürze. Der Träger verlädt alles im richtigen Zug. Deshalb eben unbedingt Zugnummer und Wagennummer angeben. Die stehen am reservierten Ticket.

Kurier-Gepäck-Service, 40 DM pro Koffer, 58,– pro Paar Ski. Ab 2 Stück minus 10%. Maximal 25 kg, Rollstühle dürfen mehr wiegen. Kurier-Gepäck-Service wurde früher Haus-Haus-Service genannt. Gepäck/Ski wird von zu Hause abgeholt, kommt erst 3-4 Tage später in der Unterkunft an. Buchen unter Telefonnummer 19-4-19.

Gepäckträger-Service-Nummern:
Berlin Bhf. Zoo: 030-297-49111
Dresden: 0351-461-3867
Frankfurt Hbf: 069-265-337 55
Hamburg-Altona: 040-3918-2345
Hamburg Hbf: 040-3918-2345
Hannover Hbf: 0511-286-4078
Leipzig: 0341-968-3670
München: 089-1308-3468
Stuttgart: 0711-2092-256 50

Anreise

Durch den Ticket-Dschungel der Deutschen Bahn

Tickets zu DB-Originalpreisen bekommt man nicht nur direkt am Bahnhof, sondern auch in allen Reisebüros mit DB-Lizenz. Erkennt man am Klebebild an der Türe.

Zuschläge zum Basisticket

IC und EC, pro Fahrt 7,–
IR und D-Zug, pro Fahrt 3,–

Schlafwagen
Doppelbett 80,–/Bett
Dreierbelegung 60,–/Person

Liegeplatz
4er-Belegung 38,– pro Platz
6er-Belegung 26,– pro Platz

Umbuchung/Rückerstattung
wer den Reisetermin verschieben muß, zahlt 3,– für Umbuchung. Preis für nicht verbrauchte Tickets wird rückerstattet.

Eins-Plus-Ticket
Das ist die Erweiterung der „Mitfahrer-Ermäßigung" für Reisen nach Österreich.

Kind
In Deutschland: 4-11 Jahre.
In Österreich: 6-12 Jahre.

Kinderabteile
Bestimmte Züge haben eigene Kleinkinderabteile. Sind an der Abteiltüre gekennzeichnet. Auch Kinderspielabteile. Plätze in der Nähe buchbar.

Verkaufsstellen in den großen Bahnhöfen sind täglich von 6-22 Uhr geöffnet.

Tickets, werden prinzipiell nach Kilometern berechnet. Gibt jedoch eine Vielzahl von Sonder-Tickets. Oft können selbst die Fachleute am Schalter und den Telefonservice-Stellen keine konkreten Antworten geben. Man trifft sogar auf Bahnbedienstete, die in Prospekten beworbene Tickets gar nicht kennen. Geschweige denn die individuellen Bedingungen. Wer günstig bahnfahren möchte, sollte sich die Tarife genau zu Gemüte führen und am Schalter lästig sein. Einige Damen und Herren geben nämlich am liebsten 08/15-Tickets aus. Da müssen sie am wenigsten denken. Oder sie werden von der Zentrale einfach schlecht informiert und müssen das ausbaden.

Mitfahrer-Ermäßigung, das Um und Auf des Ticketverkaufs der Deutschen Bahn. Gilt für Kleingruppen bis maximal 5 1/2 Pers. Eine Gruppe von z. B. 5 Erwachsenen und einem Kind zahlt nicht fünf ganze Tickets und ein halbes. Sondern: die 1. Person den ganzen Fahrpreis. Der zweite, dritte, vierte und fünfte Mitfahrer zahlt nur den halben Fahrpreis. Und das Kind zahlt 25% vom Vollpreis. Ergebnis: man zahlt nicht 5 Tickets und ein halbes, sondern 3 und 1 Viertel-Ticket. Gültig innerhalb Deutschlands. Die Mitfahrer-Regelung gilt für alle Spezial-Tickets. Immer 1. Person Vollpreis, ab der zweiten die Hälfte. Kinder ein Viertel. Ab der 6. Person gilt der Gruppentarif.

Gruppentarif, ab 6 Pers. Keine Obergrenze. In Deutschland 40% Reduktion auf den Normalpreis, in Österreich 30%. Bei Fahrten nach Österreich wird ein Mischpreis verrechnet. Für Gruppen Reservierung auf jeden Fall angebracht.

Super-Sparpreis-Ticket, um 249 DM inkl. ICE-Zuschlag aus allen Orten Deutschlands bis zur Staatsgrenze und retour. Gilt nicht am Freitag und Sonntag. Abzuklären ist, ob man nicht so nahe an der Grenze wohnt, daß ein normales Hin/Retour-Ticket günstiger wäre.

Sparpreis-Ticket, um 264 DM hin/retour. Inklusive ICE-Zuschlag 324,– Von jedem deutschen Bahnhof zu einem österreichischen. Samstag oder Sonntag muß in der Reise enthalten sein. Wieder abklären, ob es im individuellen Fall tatsächlich günstiger ist.

Familien-Super-Sparpreis-Österreich, um 498,– hin/retour von einem beliebigen deutschen Bahnhof zu einem österreichischen. Für echte Familien. Eltern mit den Kindern oder auch Großeltern mit den Enkelkindern. Unabhängig von der Personenzahl. *Superausnahme:* die Altersgrenze für Kinder bei *17 Jahren,* sonst 11 Jahre. Mit *Bahn-Card,* einem speziellen Ermäßigungsticket 398 DM. *Komplizierte Vorgabe:* muß nach Abfahrt spätestens am darauffolgenden Montag um 10 Uhr am Zielbahnhof sein. Eine längere Rundreise geht also nicht.

Behinderte, gratis die ersten 50 km. Weiter volle Kosten. Begleitperson innerhalb Deutschlands gratis. Jeder Inter-City-Expreß und 75% aller Inter-City/Euro City- und Inter-Regio-Züge haben passende Waggons. Das heißt, extrabreiter Einstieg mit Rollstuhlsymbol. Innen Türen, die automatisch öffnen. Breite Gänge und 2 Rollstuhlstellplätze (im Inter-Regio nur einer). WC in unmittelbarer Nähe. Viele Bahnhöfe haben Hublifte, die das Ein- und Aussteigen ermöglichen. Das Personal hilft dabei. Die großen Bahnhöfe haben für Rollstuhl Eingänge und Aufzüge, um problemlos die verschiedenen Ebenen des Bahnhofs zu erreichen. Oft verborgt die Bahnhofsmission Rollstühle.

Senioren-Bahn-Card, gibt es ab 60 Jahren. Kostet 120,– bringt auf jedes Inner-Deutschland-Ticket 50% Ersparnis. Wer 30 DM dazuzahlt, bekommt *RES-Card.* Heißt Rail-Europe-Senior. Ist die Erweiterung der Senioren-Bahn-Card. Gilt außerhalb Deutschlands. Bringt z. B. für Österreich 30% Preisreduktion.

Familien-Tiere: Hunde und Katzen im Transportbehälter gratis. Freilaufende Großhunde kosten den halben Erwachsenen-Preis.

Behinderten-Servicenummern
24 Stunden, abgesehen Dresden.

Berlin Hbf: 030-29 72 00-73
Dresden Hbf: (5-23 Uhr) 0351-46 11 038-25
Frankfurt Hbf: 069-26 51 075-55
Hamburg Hbf: 040-39 18 10-7553
Hannover: 0511-28 63 438
Leipzig Hbf: 0341-96 83 670
München Hbf: 089-13 08-107555
Stuttgart Hbf (24 Stunden-Service): 071-20 02 24-22

Anreise

Abb.: Werbefoto eines Zugrestaurants

Die Züge der Deutschen Bahn

Inter-City-Night-Züge (ICN), verkehren zwischen *Hamburg* → *München* und *Berlin* → *München*. Haben Komfort-Schlafwagen. Abteile mit 2 Betten, Dusche, WC. Rezeption, Weckdienst, Frühstücksservice und Tageszeitung. Ein Serviceteam hält Bügeleisen, Fön, Kurzgeschichten und Stadtpläne bereit. Abteile können nur mit Chipkarte geöffnet werden. Zimmerservice per Telefon. Liege und Sitzwagen mit speziell geformten, verstellbaren Sesseln und Fußstütze. Bord-Restaurant bis 02 Uhr geöffnet. Voll klimatisiert.

City-Night-Line (CNL), nach Österreich im Doppelstockwagen. Es gibt vier Klassen: „De-Luxe", „Economy", „4-Betten-Abteil" und „Ruhesesselkategorie". De-Luxe-Klasse hat Kabine im Oberstock mit Bett, Tisch, Dusche, Toilette und Panorama-Fenster mit Jalousien. Im Vierer-Abteil kann auch ein einzelnes Bett gebucht werden. In den anderen Klassen nur das ganze Abteil. Frühstück mit Kaffee und Croissant bekommt jeder, wird am Platz oder im eigenen Abteil serviert. Im Lounge- und Service-Wagen eigene Rezeption, Bar und Restaurant. Minibar-Service in der Ruhesesselkategorie gegen Aufzahlung.

Inter-City/Euro-City (IC/EC),

der IC ist ein moderner Reisezug. Verkehrt im 1- oder 2-Stunden-Takt zwischen allen größeren Städten. Der EC hat denselben Standard, fährt in andere europäische Länder. Hat Restaurant, öfters auch Bord-Treff. Manchmal Minibar. Meistens Kartentelefon.

Inter-City-Express (ICE),

der Star unter den Zügen. Moderner Hochgeschwindigkeitszug, fährt 280 km/h. Durchschnittlich 1-Stunden-Takt in die großen Zentren Deutschlands. Hat Großraum-Waggons und Abteile für 5 oder 6 Pers. Rollstuhl-Stellplätze sowie behindertengerechtes WC mit Babywickeltisch und eigenes Kleinkindabteil. Die neueste Generation des ICE bietet Familienabteile mit Stellplätzen für Kinderwägen, Steckdose fürs Fläschchenwärmen und Krabbelflächen. Besondere Extras: 3 boardeigene Audioprogramme (Klassisch, Pop, Kinderkanal) sowie 3 Rundfunksender, des Bundeslandes, das gerade durchfahren wird, via Kopfhörer. Auch Videoplätze können reserviert werden. Außerdem: Bordrestaurant und Bordtreff mit SB. Im Restaurant möglichst kein Handy benutzen, man legt Wert auf entspanntes Ambiente. Tageszeitungen im Zug erhältlich. Kartentelefon. Telefonkarten beim Zugbegleiter. Jeder ICE hat eine eigene Telefonnummer und Anrufbeantworter. ICE-Telefonnummer über die telefonische Zugauskunft 19-4-19. Schließfächer für das Handgepäck. Besonderer ICE: ICE-Ideenzug. Fax und Computer mit Drucker im Abteil „Service und Information" und Geschenkartikelverkauf.

Regional-Express (RE),

verkehrt zwischen zwei Zentren, typischer Nahverkehrszug. Großraum- und 6er-Abteile. Auch in Doppelstock-Ausführung zu bestaunen.

Zugtelefon
In einigen Wagen älteren Datums findet man noch Münztelefone vor, sonst Kartentelefone. Zugtelefone findet man in ICE und IC. Karten sind beim Zugbegleiter zu erstehen, kosten entweder 12,- oder 50 DM. Man kann ohne Probleme ins Ausland telefonieren.

Fahrt in der Nacht
Nachtzüge vor allem für Urlauber aus dem Norden zu empfehlen. Sehr lange Anfahrtszeiten nach Österreich. 10 Stunden und mehr. Selten Direktzüge.

Inter-City-Night Züge fahren nachts die Strecken Hamburg → München und Berlin → München.
Hamburg → München
Double-Schlafkoje 100,- pro Person. Liegeplatz 45,- Ruhesessel 18,-
Berlin → München
Ticket und Bett 219,- Liegeplatz 174,- Ruhesessel 15,- Aufpreis

Anreise

Abb.: Die neuen Luxuswaggons der Deutschen Bahn.

Inter-Regio (IR), im 2-Stunden-Takt in mittlere und größere Städte und ins benachbarte Ausland. Abteile mit Tischen und Großraumlandschaften. Speisen und Getränke im Bistro-Café mit Rund- und Stehtischen. Kartentelefon und Schließfächer. Manchmal Zuschlag.

D-Zug (D), Zug aus der Zeit vor den großen Modernisierungen. Fährt hauptsächlich nachts, durchaus auch ins Ausland. Hat dann Schlaf- und Liegewagen. Kleine Imbiße sind beim Schlafwagenschaffner zu kriegen. Meist ersetzt durch IC/EC, IR oder ICN.

mit dem Autozug

Individuelle Auskünfte, Buchung und Reservierung unter Servicetelefon 0180/52 41 224. Fahrzeugschein bereithalten, man muß Typ, Kennzeichen, Höhe, Länge und Breite angeben und außerdem 100,- Anzahlung leisten. Kann Autozug-Ticket natürlich auch am Bahnhof kaufen.

Maximale Höhe des Fahrzeuges 2,05 Meter. Bekommt in den Unterlagen einen Plan vom Bahnhof, wo die Zufahrtsstraße zur Auto-Verladestelle eingezeichnet ist.

Autozug-Kosten:
z. B. Düsseldorf → Salzburg kostet PKW-Beförderung 124,- bis 213,- abhängig von der Reisezeit. In den Ferien teurer. Zu den Autokosten kommen noch: Sitzplatz 75,- bis 129,- Wird ganzes Abteil gebucht z. B. für Familie: 255,- bis 399,- Imbiß im Bordrestaurant ist im Preis.

mit der Bahn

Winterbahn-Reise von Deutschland nach Tirol

*Es fahren nur wenige Direktzüge aus Deutschland zu den **Zielbahnhöfen** in Österreich. In den meisten Fällen in Deutschland an einem **Bahnknotenpunkt** nahe Österreich, dort Richtung Zielbahnhof umsteigen.*
Drei Anfahrtsmöglichkeiten:
1) ohne umsteigen 2) 1 x umsteigen 3) 2 x umsteigen.

Direktzüge zu den Zielbahnhöfen in Vorarlberg

 **ohne umsteigen**

Die Zielbahnhöfe
Landeck, Zielbahnhof für Ischgl, Serfaus, Fiss und Nauders. **Langen am Arlberg,** Zielbahnhof für Stuben **St. Anton am Arlberg,** Zielbahnhof für St. Anton und St. Christoph.

Die Direktzüge
Dortmund ─► Landeck, „Vorarlberg-Express", D-Zug. Abfahrtszeitpunkt noch nicht fix. Fahrzeit 10,5 Std. *Preisbasis 230,–* Von Freitag auf Samstag. Nur Schlaf- und Liegewagen. *Hält auch an Zielbahnhöfen Langen am Arlberg und St. Anton am Arlberg.*
Trier ─► Landeck, „461", D-Zug. Abfahrt morgens. Ankunft früher Abend. Fahrzeit 9,30 Std. *Preisbasis 204,–* Speisewagen, Kleinkindabteil, Behindertenwaggon, Zugtelefon bis Lindau. *Hält auch an Zielbahnhöfen Langen am Arlberg und St. Anton am Arlberg.*
Lindau ─► Landeck, D-Zug, IR oder IC. 4 x tägl. Fahrzeit 2,30 Std. *Preisbasis 33,–* Hält auch an Zielbahnhöfen Langen am Arlberg und St. Anton am Arlberg.
Innsbruck ─► Landeck, D-Zug oder IR. halbstündl. Fahrzeit 1 Std. *Preisbasis 22,–* Hält auch an Zielbahnhöfen Langen am Arlberg und St. Anton am Arlberg.

Zusteigen: Dortmund ─► Essen ─► Düsseldorf ─► Köln ─► Bonn ─► Koblenz ─► Ulm ─► Friedrichshafen ─► Lindau ─► Bregenz ─► Feldkirch ─► Bludenz ─► Langen am Arlberg ─► St. Anton am Arlberg ─► Landeck

Zusteigen: Trier ─► Saarbrücken ─► Kaiserslautern ─► Mannheim ─► Stuttgart ─► Ulm ─► Friedrichshafen ─► Lindau ─► Bregenz ─► Feldkirch ─► Bludenz ─► Langen am Arlberg ─► St. Anton am Arlberg ─► Landeck

Anreise

1 x umsteigen

In Bahn-Etappen nach Österreich
Direkt zum Zielbahnhof in Österreich. Oft ein unerfüllter Wunsch an die Bahn. Man wird die Strecke in Etappen zurücklegen müssen. Optimal, wenn nur 1 x umsteigen.

Zwei Wege:
1) einen österreichnahen **Bahn-Knotenpunkt in Deutschland** anfahren. Von dort versuchen, einen Direktzug zu einem **Zielbahnhof** zu bekommen.
2) direkt zu einem Umsteigebahnhof in Österreich und dann weiter zum Zielbahnhof. Oft muß man leider zuerst zu einem Knotenpunkt, dann noch zu einem **Umsteigebahnhof**, ehe man da ist.

Züge zu den Umsteige-Bahnhöfen Lindau und Innsbruck.
*Für Vorarlberg sind Umsteigebahnhöfe **Lindau am Bodensee und Innsbruck in Tirol**.*

Zusteigen: Berlin → Dessau → Halle → Nürnberg → München → Rosenheim → Kufstein → Wörgl → Innsbruck

Berlin → Lindau, stündl. nur mit Umsteigen in Ulm. Fahrzeit 9 Std. *Preisbasis* 287,–
Berlin → Innsbruck, „Spree-Alpen-Expreß", D-Zug. Abfahrt abends. Ankunft morgens. Fahrzeit 12 Std. *Preisbasis* 238,– Von Freitag auf Samstag. Nur Schlaf- und Liegewagen. Autozug.

Zusteigen: Hamburg → Hannover → Dortmund → Essen → Düsseldorf → Köln → Bonn → Koblenz → Frankfurt → Würzburg → München → Rosenheim → Kufstein → Wörgl → Innsbruck

Hamburg → Lindau, stündl. nur mit Umsteigen zumindest einmal in Ulm. Fahrzeit 8 Std. *Preisbasis* 279,–
Hamburg → Innsbruck, „Dolomitenexpreß", D-Zug. Abfahrt abends. Ankunft morgens. Fahrzeit 11,50 Std. *Preisbasis* 290,– Ausschließlich Freitag auf Samstag. Nur Schlaf- und Liegewagen. Die Waggons nach Innsbruck werden in Dortmund gekoppelt an den Zug Dortmund → Innsbruck.
Dortmund → Lindau, stündl. nur mit Umsteigen zumindest 1 x in Ulm. Fahrzeit 7,45 Std. *Preisbasis* 194,–

Leonardo da Vinci & Andreas Hofer
Zusteigen: Dortmund → Essen → Düsseldorf → Köln → Bonn → Mainz → Mannheim → Heidelberg → Stuttgart → München → Kufstein → Innsbruck

Dortmund → Innsbruck, „Leonardo da Vinci", EC. Abfahrt morgens. Ankunft nachmittag. Fahrzeit 9 Std. *Preisbasis:* 230,– Speisewagen, Kleinkindabteil, Behindertenwaggon, Zugtelefon bis Rosenheim.

Dortmund → Innsbruck, „Andreas Hofer", EC. Abfahrt mittags. Ankunft abends. Fahrzeit 9 Std. *Preisbasis* 230,– Speisewagen, Kleinkindabteil, Behindertenwaggon, Zugtelefon bis Rosenheim.

Zusteigen: Dortmund → Essen → Düsseldorf → Köln → Bonn → Koblenz → Frankfurt → Würzburg → München → Rosenheim → Kufstein → Wörgl → Innsbruck

Dortmund → Innsbruck, „Dolomitenexpreß", D-Zug. Abfahrt abends. Ankunft morgens. Fahrzeit 11 Std. *Preisbasis* 230,– Ausschließlich Freitag auf Samstag. Nur Schlaf- und Liegewagen.

Münster → Innsbruck, „Karwendel", EC. Abfahrt im Morgengrauen. Ankunft später Nachmittag. Fahrzeit 11 Std. *Preisbasis* 240,– Kleinkindabteil, bis Garmisch-Partenkirchen Speisewagen, Behindertenwaggon, Zugtelefon.

Zusteigen: Münster → Gelsenkirchen → Essen → Düsseldorf → Köln → Bonn → Mainz → Mannheim → Heidelberg → Stuttgart → München → Garmisch-Partenkirchen → Mittenwald → Innsbruck

Stuttgart → Lindau, IR. 6 x tägl. Fahrzeit 2,30 Std. *Preisbasis* 66,–

Frankfurt/M → Lindau, stündl. nur mit Umsteigen zumindest einmal in Ulm. Fahrzeit 4 Std. *Preisbasis* 134,–

Ulm → Lindau, IR und Regionalzug. Stündl. Fahrzeit 1,30 Std. *Preisbasis* 34,–

München → Lindau, EC und Regionalzug. 8 x tägl. Fahrzeit 2 Std. *Preisbasis* 61,–

München → Innsbruck, D-Zug und IC. 14 x tägl. Fahrzeit 2 Std. *Preisbasis* 66,– Via Garmisch.

Bahn-Knotenpunkte in Deutschland,

2 x umsteigen

Ulm und München sind aus allen Richtungen Deutschlands Bahnknotenpunkte für Reisen nach Tirol und Vorarlberg. Dorthin regelmäßig IC- oder EC-Verbindungen aus dem ganzen Land. Von **München oder Ulm** *gleich weiter zum Zielbahnhof in Österreich.*

Bahnhof Ulm, Bahnknotenpunkt aus dem Norden Deutschlands. Ab Ulm nach Vorarlberg meistens noch in Lindau umsteigen. Von Ulm → Lindau 12 x tägl. Ulm → Innsbruck 1 x tägl. über Kufstein direkt zum Umsteigebahnhof Innsbruck.

Anreise

Abb.: Schöne Waggons, keine Bahnfahrer. Das generelle Problem der Eisenbahnen.

Zusteigen: Hamburg → Hannover → Göttingen → Kassel → Würzburg → Augsburg → München
Oder: Hamburg → Würzburg → Nürnberg → München

Zusteigen: Dortmund → Bochum → Essen → Duisburg → Düsseldorf → Köln → Bonn → Koblenz → Mainz → Mannheim → Heidelberg → Stuttgart → Ulm → Augsburg → München

Zusteigen: Stuttgart → Ulm → Augsburg → München

Zusteigen: Frankfurt → Mannheim → Stuttgart → München

Zusteigen: Berlin → Dessau → Pittersfeld → Leipzig → Naumburg → Jena → Walfeld → Lichtenfels → Bamberg → Erlangen → Nürnberg → Augsburg → München

Zusteigen: Ulm → Augsburg → München

Zusteigen: Hamburg → Hannover → Göttingen → Kassel → Fulda → Frankfurt → Mannheim → Stuttgart → Ulm

Zusteigen: Dortmund → Bochum → Essen → Duisburg → Düsseldorf → Köln → Bonn → Koblenz → Mainz → Mannheim → Heidelberg → Stuttgart → Ulm

Bahnhof München, tagsüber stündl. nach → Innsbruck. Ab dort fahren die Züge in die Vorarlberger Winterregionen. München → Vorarlberg 1 x tägl. direkt. Aus München → zum Umsteigebahnhof Lindau 8 x tägl. Zum → Umsteigebahnhof Innsbruck 14 x tägl.

Direktzüge zu den Bahn-Knotenpunkten in Deutschland

Wenn die Direktzüge nicht in die Reiseplanung passen, dann muß man in Etappen anfahren. Nicht so schlimm, wenn man sein Gepäck vorweg verschickt hat. Zwei Knotenpunkte stehen zur Auswahl. Je nach Wohnort zu entscheiden. **München oder Ulm.**

Hamburg → München:
ICE. 4 x nachts (dann ICN), 11 x tags. Fahrzeit 6 Std. *Preisbasis* 256,– Via Hannover.

Dortmund → München:
IC/EC. 4 x nachts, 12 x tags. Fahrzeit 7 Std. *Preisbasis* 206,– Via Köln, Stuttgart.

Stuttgart → München: IC/EC, ICE, IR. Stündl. Fahrzeit 2,30 Std. *Preisbasis* 72,–
Frankfurt/M → München:
ICE, stündl. Fahrzeit 4 Std. *Preisbasis* 139,–
Berlin → München:
IC. 6 x tägl. Fahrzeit 7,5 Std. Mit ICE auch öfter, dann umsteigen in Göttingen. *Preisbasis* 177,–

Ulm → München, mehrmals stündl. Fahrzeit 1,15 Std. *Preisbasis* 39,– Alle Zugtypen bunt gemischt.
Hamburg → Ulm : ICE, einmal morgens. Fahrzeit 6 Std. Sonst bis Augsburg und umsteigen. *Preisbasis* 245,–
Dortmund → Ulm: IC/EC, ICE. 5 x tägl. Fahrzeit 5,30 Std. *Preisbasis* 167,– Via Köln, Stuttgart.

Stuttgart → Ulm: D-Zug, IC/EC, ICE, IR. Teilweise in 10-Minuten-Abständen. Fahrzeit 1 Std. *Preisbasis* 31,–
Frankfurt/M → Ulm: ICE. mind. stündl.. Fahrzeit 2,30 Std. *Preisbasis* 100,–
Berlin → Ulm: ICE. 9 x tägl. Fahrzeit 7 Std. *Preisbasis* 253,–

Zusteigen: Frankfurt → Mannheim → Stuttgart → Ulm

Zusteigen: Berlin → Braunschweig → Hildesheim → Göttingen → Kassel → Fulda → Frankfurt → Mannheim → Stuttgart → Ulm

Winterbahn-Reise von der Schweiz nach Tirol

*Durchgehende Züge von Basel und Zürich nach Tirol. Endstation sind die **Zielbahnhöfe** Innsbruck und Ötztal-Bahnhof.*

Basel → Innsbruck, „Transalpin", EC. 1 x tägl. Abfahrt früher Vormittag. Ankunft mittags. Fahrzeit 5 Std. *Preisbasis* 91 SF. Speisewagen, Kleinkindabteil, Kinderspielabteil, Behindertenwaggon.
Zürich → Innsbruck, „Maria Theresia". EC. Abfahrt mittags. Ankunft später Nachmittag. Fahrzeit 4 Std. *Preisbasis* 68 SF. Speisewagen, Kleinkindabteil, Behindertenwaggon.

Zusteigen: Basel → Zürich → Sargans → Buchs → Feldkirch → Bludenz → Langen am Arlberg → St. Anton am Arlberg → Landeck → Ötztal-Bahnhof → Innsbruck

Zusteigen: siehe oben.

Ticketermäßigungen für die Schweiz:
„*Swiss Card*", innerhalb der Schweiz von einer beliebigen Destination zu einer anderen. Kostet 140 SF
„*Servus-Ticket*", von einem beliebigen Bahnhof in der Schweiz zu einem beliebigen österreichischen. Ein Wochenende muß in der Reise inbegriffen sein. Preis ist kilometerabhängig. Beispiel: Zürich → Innsbruck, hin und retour 162 SF.

Abb.: Treffpunkt Eisenbahnbar.

Anreise

Von den Zielbahnhöfen in Vorarlberg zu den Winterorten

Arlberg:

Taxifahren:
Wer den Ankunftszeitpunkt kennt, sollte sich vorweg schon einen Wagen bestellen. Größere Gruppen vor allem, dann kommen Taxi-Busse. Es ist üblich, daß man sich das Taxi aus dem Zielort kommen läßt. Die sind optimal auf die aktuelle Witterung eingestellt und haben auch die geeigneten Wagen und Busse. Preisvergleich lohnt.

Zielbahnhöfe St. Anton am Arlberg, Langen am Arlberg. Orte: St. Anton, St. Christoph, Stuben.
St. Anton –► St. Christoph, 7 km. Langen am Arlberg –► Stuben, 7 km. Mit Bus oder Taxi.

 BUSVERBINDUNGEN:
Bus St. Anton am Arlberg –► St. Christoph
16 x tägl. Fahrzeit 15 Min. Eine Fahrt 3,–
Bus Langen am Arlberg –► Stuben
9 x tägl. Fahrzeit 5 Min. Eine Fahrt 2,30

 TAXI:
Taxi St. Anton am Arlberg –► St. Christoph,
7 km. Fahrzeit 10 Min. Zuständig sind die Taxiunternehmen in St. Anton. Bis 8 Pers. einheitlich 34,30.
Taxi Langen am Arlberg –► Stuben, 7 km. Fahrzeit 7 Min. Bis 4 Pers. 18,60. Bis 7 Pers. 5,– pro Pers.

Taxi-Tel.-Nummer St. Anton
Vorwahl: 05446/-...
Taxi Arlberg Car: –3730
Taxi Harry: –2315
Taxi Isepponi: –2275
Taxi Lami: –2806

Taxi-Tel.-Nummer in Klösterle für Stuben
Vorwahl: 05582/-...
Taxi Arlberg Expreß: –226

Paznauntal:

Zielbahnhof Landeck. Ort Ischgl.
Landeck –► Ischgl, 30 km. Mit Bus oder Taxi.

 BUSVERBINDUNGEN:
Bus Landeck –► Ischgl
7 x tägl. Fahrzeit 40 Min. Eine Fahrt 10,–

 TAXI:
Taxi Landeck –► Ischgl, ca. 30 km. Fahrzeit 30 Min.

Vier Taxiunternehmen vor Ort. „*Zanger*" berechnet bis 4 Pers. 100,– Bis 8 Pers. 143,– „*Walser*" verlangt bis 4 Pers. 100,– Bis 8 Pers. 14,30 pro Pers. Das Unternehmen „*Salner*" berechnet für 1-2 Pers. 93,– Für 3-7 Pers. 107,– Bis 8 Pers. 128,60. Pfeifer transportiert bis 4 Pers. für 107,–

Taxi-Tel.-Nummer Ischgl
Vorwahl: 05444/-...
Taxi Pfeifer: –5446
Taxi Salner: –5277
Taxi Walser: –5382
Taxi Zanger: –5302

Oberinntal:

Zielbahnhof Landeck. Orte: Serfaus, Fiss, Nauders.
Landeck –▸ Fiss –▸ Serfaus, 25 km ; Landeck –▸ Nauders, 47 km Bus oder Taxi.

BUSVERBINDUNGEN:
Bus Landeck –▸ Fiss –▸ Serfaus, zuerst nach Fiss, dann nach Serfaus. 6 x tägl. Fahrzeit nach Fiss 45 Min, nach Serfaus 1 Std. Eine Fahrt 9,30
Bus Landeck –▸ Nauders
4 x tägl. Fahrzeit 1- 1,30 Std. Eine Fahrt 11,70.

TAXI:
Taxi Landeck –▸ Serfaus, 25 km. Fahrzeit 45 Min. Bis 4 Pers. 100,– Bis 8 Pers. 121,– „Purtscher" organisiert Samstags Sammeltaxis von Bahnhof Landeck ab 5 Pers. für 20 bis 23,– pro Nase. Tel. Vorbestellung bis 2 Tage im voraus.
Taxi Landeck –▸ Fiss, 25 km. Fahrzeit 45 Min. Bis 4 Pers. 93,– Bis 8 Pers. 18,60 pro Pers.
Taxi Landeck –▸ Nauders, 47 km. Fahrzeit 45 Min.

Vier Taxiunternehmen:
„*Maier*" verlangt für 4 Pers. 114,30 „*Kleinhans*" bis 8 Pers. 100,– „*Padöller*" bis 4 Pers. 85,70 Bis 8 Pers. 100,– „*Schmidt*": bis 4 Pers. 100,– Bis 8 Pers. 107,– Bis 26 Pers. um 185,– Das Unternehmen Padöller bietet Sammeltaxis von Bahnhof Landeck nach Nauders. Kostet 17,– pro Pers. Wird ab 5 Pers. gefahren.

Taxi-Tel.-Nummer Serfaus
Vorwahl: 05476/-...
Taxi Purtscher: –6238
Taxi Rietzler: –6250

Taxi-Tel.-Nummer Fiss
Vorwahl: 05476/-...
Taxi Kammerlander: –6700

Taxi-Tel.-Nummer Nauders
Vorwahl: 05473/-...
Taxi Kleinhans –275
Taxi Maier –579
Taxi Padöller –245
Taxi Schmidt –590

Anreise mit dem Flugzeug

von Deutschland und der Schweiz nach Tirol

Zielflughafen ist Innsbruck.

Tyrolean Airways,
fliegen Innsbruck an von Frankfurt und Zürich.

Zusätzlich 55 DM Flughafensteuer.

Linienflug Frankfurt → Innsbruck, 3 x tägl. direkt in 1,15 Std. *Preisbasis* 1047,– Oder wenn Wochenende zwischen Hin- und Rückflug 557,–
Linienflug Zürich → Innsbruck, 3 x tägl. direkt in 50 Min. *Preisbasis* 594 SF. Oder wenn Wochenende zwischen Hin- und Rückflug 334 SF.

Reservierungszentralen:
Deutschland:
Mo-Fr 8-19 Uhr
Tel. (++49) 0180-525-8576
Schweiz:
Mo-Fr 8-22 Uhr
Sa, So 8-19 Uhr
Tel. (++41) 01-211-0343

Urlauberflüge mit Tyrolean, viel billiger als Linie.
Flüge aus Deutschland → Innsbruck: von Berlin, Hamburg, Düsseldorf und Frankfurt. *Preisbasis* tourretour 550,–
Tyrolean Airways buchen: bei Austrian Airlines, KLM, Lufthansa, Sabena, Swiss-Air. In IATA-Büros oder im Reisebüro. Fluggepäck bis 20 kg.
Skitransport ist gratis, muß nur beim Buchen die Maße der Ski bekanntgeben. Alle Tyrolean-Flüge sind Nichtraucher-Flüge.

Lufthansa,
fliegt Innsbruck an von Berlin, Bonn, Bremen, Dortmund, Dresden, Düsseldorf, Frankfurt, Hamburg, Hannover, Kiel, Köln-Bonn, Leipzig-Halle, München, Münster-Osnabrück.

mit dem Flugzeug

Shuttle-Bus München → Innsbruck, tägl. direkt in 2,15 Std. *Preisbasis* 115,– ist kein Flug, sondern Shuttle-Bus der Lufthansa. 2 x tägl. später Vormittag und Abend. Direkt in 2,15 Std. *Preisbasis* 115,–

Zielflughafen München: viele fliegen München an und nehmen dann den Shuttle-Bus der Lufthansa.

Linienflug Berlin → Innsbruck,
tägl. über Frankfurt in 3,20 Std. *Preisbasis* 981,–
Linienflug Düsseldorf → Innsbruck,
tägl. über Frankfurt in 3,15 Std. *Preisbasis* 951,–
Linienflug Hamburg → Innsbruck,
tägl. über Frankfurt in 3,10 Std. *Preisbasis* 1069,–
Linienflug Frankfurt → Innsbruck,
tägl. direkt in 1,20 Std. *Preisbasis* 683,–

Lufthansa buchen, IATA-Reisebüros oder bei Lufthansa. Höchstes Gewicht des Reisegepäcks in Economy-Class 20 kg, in Busineß-Class 30 kg und in der First-Class 40 kg. *Skitransport,* kostet DM 20,– pro Paar.

Reservierungszentralen:
Deutschland
Live-Telefon 0-24 Uhr
Tel. (++49) 01-803-803-803
Schweiz
Tel. (++41) 01-447-99-66
Oder:
Mo-Fr 8:30-17:30 Uhr
Tel. (++41) 0848-880-860

Swiss-Air,
fliegt Innsbruck an von Berlin, Bremen, Dresden, Düsseldorf, Frankfurt, Hamburg, Hannover, Leipzig-Halle, Münster-Osnabrück, Nürnberg, Stuttgart, Basel, Zürich.

Linienflug Berlin → Innsbruck,
über Zürich 2 x tägl. in 5,10 Std. Wegen langer Wartezeit in Zürich. *Preisbasis* 1550,– Oder wenn Wochenende zwischen Hin- und Rückflug 907,–
Linienflug Düsseldorf → Innsbruck,
über Zürich 3 x tägl. in 2,55 Std. *Preisbasis* 1497,– oder mit Wochenende 877,–
Linienflug Hamburg → Innsbruck,
über Zürich 2 x tägl. in 3,05 Std. *Preisbasis* 1686,– oder mit Wochenende 995,–
Linienflug Frankfurt → Innsbruck,
über Zürich 2 x tägl. in 2,50 Std. *Preisbasis* 1047,– oder mit Wochenende 626,–
Linienflug Stuttgart → Innsbruck, über Zürich 2 x tägl. in 4,10 Std. Nur Busineß-Class. *Preisbasis* 1252,–

Zusätzlich 40-50 DM Flughafensteuer.

Reservierungszentralen:
Deutschland
Mo-Fr 8-19:30 Uhr
Tel. (++49) 01 805-258-575
Schweiz
Mo-Fr 8-19:30 Uhr
Tel. (++49) 01 805-258-575

Anreise

Linienflug Basel → Innsbruck, 3 x tägl. über Zürich in 1,25 Std. *Preisbasis* 724 SF oder mit Wochenende 426 SF
Linienflug Zürich → Innsbruck, 3 x täglich direkt in 50 Min. *Preisbasis* 594 SF oder mit Wochenende 334 SF.

Swiss-Air buchen, in allen Swiss-Air-Büros und IATA-Reisebüros. Auch bei Austrian Airlines, Delta Airlines, Singapore Airlines und Sabena. In Economy-Class 20 kg Reisegepäck, in Busineß-Class 30 kg und in First-Class 40 kg. *Skitransport* ist gratis.

Rheintalflug,

Zusätzlich 40 DM Flughafensteuer.

unter dem Motto „Fliegen Sie Ski" ein spezielles Package. Ab 430,– Flug, Transfer und auf Wunsch Hotel-Übernachtung in Vorarlberg.

Rheintalflugzentrale:
Mo-Fr 8-18 Uhr
Tel. (++43) 05574-48-800

Flüge aus Deutschland → Friedrichshafen: von Berlin, Düsseldorf und Hamburg. Ab Airport Friedrichshafen Zubringer-Service entweder in ein Hotel freier Wahl oder ein Hotel, das im entsprechenden Package enthalten ist. Außerdem gibt es Extras wie z. B. Vergünstigungen bei Skiverleih.

Rheintalflug buchen, bei den Rheintalflug-Büros oder im Reisebüro. 20 kg Reisegepäck. *Skitransport* ist gratis.

Flughafen Innsbruck-Kranebitten

Entfernung zum Zentrum 4 km. Um dorthin zu gelangen, kann man sich entweder einen Leihwagen mieten, und mit ihm an den Zielort fahren. Oder mit Bus, Taxi nach Innsbruck zum Bahnhof.

Mit der Buslinie F zum Hauptbahnhof
Buslinie F Kranebitten → Innsbruck Bahnhof, tagsüber alle 15 bis 20 Min. Abends bis Mitternacht alle 20 Min. Fahrzeit 15 Min, Fahrt 3 DM.
Taxi Kranebitten → Innsbruck Bahnhof: Fahrzeit 10 Min. Fahrpreis 17 DM.

Leihwagen

Allgemeines

Mit dem Flugzeug oder mit der Bahn Anreisen und dann mit dem Leihwagen eine Wintertour durch Österreich starten. Spart man sich lange Anfahrt über vereiste deutsche Autobahnen. Reifen sind auch neu. Und wenn man im Schnee mal 'nen Blechschaden verursacht, macht's nichts.

Reservierungen:
mindestens eine Woche vorher bestellen. Schon allein, um möglichst den Wagen zu bekommen, den man möchte. Sonst wird nach Wagenkategorie vergeben.

Tarife:
Die Tarife sind unterschiedlich gestaffelt. Empfiehlt sich, bei der jeweiligen Firma genau nachzufragen. Oft lassen sich Preise herausschlagen, die nirgendwo in einem Prospekt stehen. Kautionen sind üblich.

Grundregeln:
Mindestalter und Führerschein: 19-25 Jahre, je nach Wagentyp. Führerschein seit mindestens einem Jahr. *Kreditkarte* ist in der Regel ein Muß. Wer vom Flughafen weg mietet, muß mit zusätzlichen Gebühren rechnen. Deshalb vorweg buchen. Die *Grundversicherungen* sind im Mietpreis enthalten. Gegen Aufpreis können Zusatzversicherungen abgeschlossen werden. *Zustellung* und Abholung sind möglich, meist gegen Gebühr. Skiträger, Kindersitze kosten extra.

Allgemein gilt:
Wer sich einen Überblick über die speziellen Vorgaben der einzelnen Leihwagenfirmen verschaffen will, braucht Durchhaltevermögen. Teilweise sehr unterschiedliche Gepflogenheiten.

Leihwagen-Anbieter

ARAC

Lokaltarif:

Auto	1 Tag	1-6 Tage	ab 7 Tage
	inkl. 100 km	*inkl. 100 km*	*inkl. 100 km*
Seat Ibiza	72,–	94,30	87,40
VW Passat	157,70	202,30	188,60
Mercedes S 280	360,–	437,–	394,30

Wochenendtarif:

Auto	Wochenende	Superwochenende
	Do 12 - Mo 9 Uhr od. Fr 12 - Mo 9 Uhr	Fr 12 - Di 9 Uhr
	inkl. 1000 km	*inkl. 1300 km*
Seat Ibiza	111,40	171,40
VW Passat	221,–	324,–
Mercedes S 280	608,60	848,60

Kurztarif:

Auto	4-Stunden-Tarif 8-12 u. 13-17 Uhr Nachttarif 18-07 Uhr
Seat Ibiza	34,30
VW Passat	77,–
Mercedes S 280	137,–

Büros:

Büro Innsbruck
Amraser Str. 84
6020 Innsbruck
Tel. (++43) 0512-34 31 61
Fax (++43) 0512-39 39

Büro Dornbirn
Schwefel 77
Tel. (++43) 05572-253 10-21
Mobil (++43) 0664-402 52 48
Fax (++43) 05572-253 10-16

AVIS

Lokaltarif:

Auto	1-3 Tage	4-6 Tage	ab 7 Tage
Fiat Punto	137,–	110,–	96,–
Opel Vectra	278,–	222,–	195,–
Opel Omega 2.0 Caravan	424,–	339,–	297,–

Ferientarif:

Auto	ab 3 Tage	ab 7 Tage	ab 14 Tage
Ford KA	146,–	120,–	83,–
Fiat Punto	190,–	154,–	108,–
Opel Astra	37,–	190,–	133,–

Büros:
Reservierungsbüro für Österreich
Tel. (++49) 06171-68 00
Fax (++49) 06171-68 10 01
In Österreich direkt: Tel. (++43) 0660-87 57

AVIS Büro Innsbruck
Salurnerstr. 15, 6020 Innsbruck
Tel. (++43) 0512-571 17 54
Fax (++43) 0512-577 149

AVIS Flughafen Innsbruck
6020 Innsbruck
Tel. (++43) 0512-571 754
Fax (++43) 0512-577 149

AVIS St. Anton
Avis c/o Hauser-Parkgarage
6580 St. Anton
buchen über Büros Innsbruck

Leihwagen

BUDGET

Lokaltarif:

Auto	1-3 Tage	4-6 Tage	ab 7 Tage
Renault Twingo	113,–	96,–	78,90
Opel Ford Mondeo	259,–	241,70	224,60
Mercedes C-Klasse	341,–	324,–	306,90

Wochenendtarif:

Auto	Fr 12 - Mo 9 Uhr *inkl. 1000 km*
Renault Twingo	135,40
Opel Ford Mondeo	336,–
Mercedes C-Klasse	512,60

Büros:

Innsbruck Stadtbüro
Leopoldstraße 54
6020 Innsbruck
Tel. (++43) 0512-588 468
Fax (++43) 0512-584 580

Innsbruck Flughafen
Fürstenweg 180
6020 Innsbruck
Tel. (++43) 0512-287 181

Leihwagen für alle!
*Budget hat **ja** gesagt. Und exklusiv
für unsere Winterreiseführer-Leser
diesen Gutschein geschickt.
Er ist 3 x gültig. Pro Kreis einmal.
Viel Spaß und bequeme Reise.*

Budget Rent A Car
die weltweite Autovermietung gewährt Ihnen
für Mieten in Österreich mit diesem

Gutschein
**einen Rabatt von 40%
auf den jeweils *gültigen Lokaltarif***

**Ihre Budget Autovermietung
Headoffice Wels
Tel: 072 42/ 77 77 4**

EUROPCAR

Lokaltarif:

Auto	1-6 Tage	ab 7 Tage
Fiat Cinquecento	106,–	96,–
Mitsubishi Carisma	221,–	199,–
BMW 523i Automatik	406,–	366,–
Fiat Ducato (Kleinbus)	393,–	354,–

Büros:

Reservierungszentralen
  für Österreich
Tel. (++43) 01-799 61 76
  für Deutschland
Tel. (++49) 040-520 18 211
  für die Schweiz
Tel. (++41) 01-81 36 566

Europcar Innsbruck
Salurnerstr. 8
6020 Innsbruck
Tel. (++43) 0512-58 20 60
Fax (++43) 0512-58 20 609

Europcar
Flughafen Innsbruck
Fürstenweg 180
6020 Innsbruck
Tel. (++43) 0512-58 20 60

SIXT

Travellertarif: **Wochenendtarif:**

Auto	1-5 Tage	6-7 Tage	Fr 12 - Mo 8 Uhr
VW Polo	98,30	540,–	158,70
Audio A4	171,30	936,40	269,70
Ford Galaxy	222,–	1222,–	317,40

Büros:

Reservierungszentrale
  für Österreich
Tel. (++43) 07143-600 600
  für Deutschland
  und die Schweiz:
Tel. (++49) 0180-5 25 25 25

Innsbruck
Valiergasse 61
6020 Innsbruck
Tel. (++43) 0512-39 02 00
Fax (++43) 0512-39 02 009

Innsbruck Flughafen
Fürstenweg 180
6020 Innsbruck
Tel. (++43) 0512-39 02 00
Fax (++43) 0512-39 02 009

HERTZ

Lokaltarif:

Auto	1-3 Tage	4-6 Tage	ab 7 Tage
Fiat Cinquecento	106,–	94,–	84,–
Opel Vectra	238,–	204,–	172,–
Mercedes C180	469,–	398,–	348,–
Ford Transit	331,–	282,–	244,–

Wochenendtarif (WO): Fr 12 - Mo 9 Uhr
Superwochenendtarif (SWO): Do 16 - Di 9 Uhr

Auto	WO *inkl. 1000 km*	SWO *inkl. 1300 km*
Fiat Cinquecento	146,–	219,–
Opel Vectra	227,–	341,–
Mercedes C180	393,–	589,–
Ford Transit	284,–	426,–

Büros:

Innsbruck
Südtiroler Platz 1
6020 Innsbruck
Tel. (++43) 0512-58 09 01
Fax (++43) 0512-58 09 01 17

Flughafen Innsbruck
Fürstenweg 180
6020 Innsbruck
Tel. (++43) 0512-58 09 01

Bregenz
Hertz c/o Auto Schneeweiß
Am Brand 2
6900 Bregenz
Tel. (++43) 05574-44 995
Fax (++43) 05574-46 66 69

Dornbirn
Franz-M.-Felder-Str. 2
6850 Dornbirn
Tel. (++43) 05572-27 706
Fax (++43) 05572 31 878

Gratis-Zustellung und -Abholung ins und vom Hotel.

Reise-Know-how

ADAC, unterhält ein eigenes Büro in Österreich. Erreichbar 24 Stunden unter Tel. 01/985 69 66. Hilft bei diversen Pannen. Gilt nur mit ADAC-Schutzbrief. Bei kleinen Problemen ruft man Partnerclub ÖAMTC. Tel. 120 aus ganz Österreich. ***ADAC-Skiatlas,*** über 700 Seiten. Ein Standardwerk zum Skilauf. Von Deutschland über Österreich bis in die Schweiz, nach Italien und Frankreich. Alle Skigebiete auf 2 Seiten tabellarisch erfaßt und bewertet. Die letzten 200 Seiten Werbung. Kostet ca. 50 DM, erhältlich bei ADAC und im Buchhandel.

Aktivitäten, Skifahren schön und gut, aber was ist mit den anderen Dingen, die man gerne tut? Je besser ein Ort, desto mehr Möglichkeiten bietet er. Tennis- und Sporthallen. Eislaufen etc. In Rubrik „AKTIVITÄTEN" alle Infos dafür.

Alkohol, wer beim Skifahren keinen Alkohol getrunken hat, ist alleine nüchtern. Als Standard gilt, den kalten Morgen mit einem Schnaps zu wärmen. Aber die Luft wird nicht wärmer. In der nächsten Skihütte muß ein Jagatee her. Die Pause wird mit einem Willi-Birne gefeiert. Zum Mittagessen vereinbart man sich bei Wodka-Feige. An der netten Schirmbar endlich mal Glühwein. Richtig zünftig, einer gehoben wird erst beim Après-Ski. Wie die Leute das aushalten, weiß niemand. Daß so wenige Unfälle passieren, wundert alle. Und so tanzen sie jeden Winter.

Alpines Notsignal, 6 x pro Minute ein hörbares oder sichtbares Signal geben. Eine Minute Pause, wiederholen.

Après-Ski, ab ca. 15 Uhr in allen Skigebieten. Tanzen auf den Tischen, trinken Wodka-Feige, Willi-Birne. Stehen um die Schirmbar und warten bis 19 Uhr. Dann ist Après-Ski vorbei. In Rubrik „APRÈS-SKI" alle Infos dafür.

ADAC in Österreich:
Wiener Telefonnummer
01/985 69 66

Promille-Grenze:
In Österreich 0,5‰. Der Führerschein wird ab 0,8‰ eingezogen.
0,5‰: Richtwert ein Bier ein Schnaps oder 1/4 Wein und Schnaps.
Jugendliche:
Darf Alkohol erst ab 16 Jahren ausgeschenkt werden.

Apotheke, nur in den größeren Orten. Sonst Hausapotheke beim Dorfarzt. Infos dazu in „Service&Hilfe".

Arzt, in jedem noch so kleinem Skigebiet ein Arzt. Adressen und Telefonnummern der Ärzte in den Ortsbeschreibungen bei „Service&Hilfe". Dort auch Zahn-, Kinder-, Sport- und Tierarzt, soweit ansässig.

Bankomat, so heißen in Österreich die *Geldautomaten* bei den Banken. Nur mit EC-Karte samt Pin-Code kann man Geld beheben. Oft auch mit Kreditkarten. Wenn, dann zumindest immer Visa und Master-Card. Oft auch Amex und Diners. Bankomaten sind rund um die Uhr zugänglich. Beinahe in jedem Wintersportort gibt es einen. Oft mehrere. Wo es welche gibt, steht in „Service&Hilfe".

Bergrettung, ganz wichtig im Winter. Lokale Telefonnummer in „Service&Hilfe".

Carven, der unsichere Trend. Die Skier verkaufen sich prächtig, aber niemand kann es. Carven erlernen ist teuer, meist kommt nur ein kleiner Skikurs zustande. Wenn man ihn ganz alleine nimmt, kostet er ca. 280,– pro Tag, 4 Stunden. Niemand weiß so recht, wohin sich das Carven entwickelt. Auf befahrenen Pisten sind die langen schnellen Kurven nicht zu ziehen. Wir haben die Liftgesellschaften nach den Carving-Pisten befragt und die Pisten gesehen. Es sind breitere, abseits der „Tummel-Strecken". An manchen Orten sind Parcours ausgesteckt.

Changeomat, ein Automat, der Geldscheine umwechselt. In jedem mittleren Skiort zumindest einer davon. Er wechselt die gängigen Währungen. Kleiner Kursunterschied, solange man wenig wechselt. Wo es Changeomaten gibt, steht bei „Service&Hilfe".

Wer mit der Botschaft in Österreich Kontakt aufnehmen möchte:
Deutsche Botschaft Wien,
Tel. (++43) 01-711 54-0
Metternichgasse 3, 1030 Wien

Deutsche Botschaft, anders als bei einem Kongo-Urlaub wird sie in Österreich nur bei wirklichen Katastrophen gebraucht. Dolmetschhilfe ist nicht nötig, und auch wenn ein Paß verlorengeht, kommt man ohne weiteres wieder zurück in die

Eisklettern

Heimat. Wenn eine Lawinentragödie in den Medien die Runde macht, rufen viele besorgte Daheimgebliebene bei der Deutschen Botschaft an. In Bonn kann man sich das Büchlein „Unser Konsulardienst Hilfe & Service" bestellen. Tel. 0228-17 52 131. Da wird genau erklärt, was die Botschaften weltweit für einen tun wollen.

DSV, der Deutsche Skiverband. Nicht nur, daß er in Österreich trainiert und seine Läufer Rennen gewinnen, kennt er sich auch bei den Skigebieten ganz gut aus. Hat darüber ein Buch veröffentlicht. Den *„DSV Atlas – Ski Winter"*. Ähnlich wie ADAC-Skiatlas, aber von mehr Format. Im Gewicht hat er gut und gern 4 Kilo. Listet von Deutschland bis Amerika die Skigebiete in Tabellen. Sehr informativ, die vielen Werbeeinschaltungen. Kostet ca. 50 DM.

Deutsche Botschaft Innsbruck
Tel. (++43) 0512-596650.
Adamgasse 5, 6020 Innsbruck.
Das ist eine Konsularabteilung

Deutschland International
http://www.bund.de
http://www.auswaertigesamt.de

EC-Karte, die meisten Liftkassen akzeptieren keine Kreditkarten, haben aber Bankomaten, an denen man das Ticket bargeldlos mit EC-Karte bezahlen kann. Die normalen EC-Scheckkarten funktionieren nur, wenn man sich zu Hause einen Pin-Code geben hat lassen. Die EC-Karten mit Pin-Code funktionieren an allen Bankomaten, nicht allerdings an den Bankomat-Kassen. Also Skipässe meist nur gegen Bargeld.

Einkaufen, in den Wintersportorten haben die Lebensmittelmärkte auch am Sonntag geöffnet. Teilweise den ganzen Tag. Manchmal Vormittag, manchmal Nachmittag. Unter der Woche halten die großen Ketten wie Billa und Spar ihre Läden bis mindestens 19 Uhr offen. Gut sortiert sind auch die diversen Tankstellen-Shops. Man bekommt dort alles für den täglichen Bedarf und viel Kitsch. Kostet natürlich wesentlich mehr. Dafür oft rund um die Uhr geöffnet. Wo Shops außerhalb der allgemeinen Öffnungszeiten sind, steht in „SERVICE&HILFE".

Eisklettern, der Sport weniger Wagemutiger. Wenn die Wasserfälle von der Sturzkante bis zum Boden gefroren sind, wird geklettert. Mit Steigeisen, Pickel und Seil. Nach so einer Klettertour ist man komplett durchnäßt. Näheres in der Rubrik „AKTIVITÄTEN".

Eislaufen, Schuhe kann man sich meistens am Platz ausleihen. Häufig Platzbüffets. Sofern in einem Ort möglich, steht es in „Aktivitäten".

Essen, wichtig bei soviel Sport und frischer Luft. In den Wintersportorten hervorragende Gastronomie. Der Konkurrenzdruck ist enorm. Meistens Familienbetriebe, die Chefs bürgen mit ihrem Namen. Es gibt natürlich auch sehr schlechte darunter. Die kennt man im Ort, sind Außenseiter. Die heimischen Speisen werden aus örtlichen Rohstoffen gekocht. Almrind, Schafe, Wild. Auch die Schweine kommen oft von den kleinen Bauernhöfen. Gefüttert werden sie mit dem, was die zahlreichen Wintergäste am Teller lassen. Viele Betriebe arbeiten „Bio". Wenn sie es behaupten, sollte es stimmen. Die Kontrollen sind streng. Natürlich ist auch Industrieware dabei, vor allem in den Skihütten. Wir haben neben jedem beschriebenen Gasthof in der Spalte eine kleine Auswahl an Gerichten aufgelistet. Samt Preisen. Man kann damit sehr gut Preisvergleiche anstellen und sich auch einen Überblick über das Angebot machen. Die Preise sind sehr präzise notiert. Kleinere Veränderungen können sich aber ergeben haben.

 Eisstockschießen, fast in jedem Ort. Stockverleih obligat. Häufig Jagatee-Schank in der Nähe. Nachts sind Bahnen beleuchtet. Wenn vorhanden, dann in „Aktivitäten".

E-mail, die Tourist-Infos haben fast alle eine E-mail-Adresse. Steht im Buch auf der ersten Seite jeder Ortsbeschreibung bei „Tourist-Info".

Euro-Schecks, sollte man unbedingt mit haben. Neben Bargeld wird hinter den Bergen kaum ein anderes Zahlungsmittel akzeptiert. Scheck nur gültig mit EC-Karte. In vielen Skigebieten darf man Schecks über den Normalbetrag hinaus ausstellen. In Gurgl z. B. bis ca. 1500 DM. Die EC-Karte mit Pin-Code funktioniert nur am Geldautomaten.

ästekarte, sobald man den Meldezettel im Quartier ausgefüllt hat, bekommt man die Gästekarte. Sie bringt eine Reihe von Ermäßigungen. Den Skipaß gibt es billiger, Eintritt in das öffentliche Hallenbad, die Sauna, ins Museum etc. Im Gegenzug dafür zahlt man tägl. zw. 1 u. 2 DM Ortstaxe. Die Preise im Buch sind ohne Gästekarte.

Gastronomie, in jedem von uns besuchten Ort haben wir eine Reihe von Gastronomie-Betrieben besichtigt. Zum einen haben wir Leute gefragt, wo sie gerne essen. Zum anderen haben wir einfach hineingeschaut, wenn sie am Weg gelegen sind. Das Ergebnis steht in jedem Ort unter der Rubrik „GASTRONOMIE".

Geld, in jedem kleinen Ort zumindest eine Raiffeisenkassa. Allgemeine Bankböffnungszeit: 8-12 u. 14:30-17 Uhr. Oft haben die Geldinstitute länger geöffnet und auch am Samstag. Wo Banken sind und wann sie geöffnet haben in „SERVICE&HILFE".

Gendarmerie, kommt man automatisch zur nächsten Zentrale. Sind rund um die Uhr besetzt. Die Gendarmerie im Prinzip touristenfreundlich. Schnell fahren, betrunken fahren und ungehobeltes Benehmen werden streng geahndet. Die Telefonnummer der örtlichen Gendarmerie in „SERVICE&HILFE".

Notruf 133 aus ganz Österreich

Hallenbad, viele Hotels haben Hallenbäder. In manchen Regionen zu günstigen Preisen. Gibt Hotels, die haben für 100 DM pro Nacht und Person, Frühstück, 4gängiges Abendmenü und Relaxzone samt Hallenbad. Z. B. *Hotel Landhaus Ramsau*, in Ramsau am Dachstein. Gleich bei Schladming. Das Buch über die Region ist in Vorbereitung. Öffentliche Hallenbäder, die Top-Orte haben alle eines. Abgesehen von Lech am Arlberg. Werden nur noch moderne Bäder im Karibik-Design erbaut. Sportanlagen mit 25- oder 50-m-Becken sind out. Planschen und Wasserspaß ist gefragt. Mancherorts ist der Eintritt ins Bad im Skipaß inkludiert. Oder ein bißchen draufzahlen. Soweit es öffentliche Hallenbäder gibt, haben wir sie unter „RELAXEN" beschrieben. Welche Hotels Hallenbad haben, hinten bei den „GELBEN WOHNEN-SEITEN".

Handy, funktioniert in Österreich fast überall. Telefone stellen sich automatisch auf eine österreichische

In Österreich zwei Anbieter.
Staatlich die Nummer 0664 (A1).
Privat 0676 (max-mobil).
Verboten: ab 1. Juli 99 im Auto nur noch mit Freisprech-Anlage.

Notruf:
Rettung 144
Polizei/Gendarmerie 133
Feuerwehr 122

GSM-Frequenz um. In Österreich wählt man dann immer die lokale Nummer mit der Vorwahl. Die Null (0) wählt man mit. Z. B. (Vorwahl) 05212-3243 (lokale Nummer). Nach Deutschland muß man die Landesvorwahl 0049 wählen und dann die Regionalnummer ohne Null (0) weiter. Aus dem Handy-Speicher kann man die Nummern von zu Hause nur dann nehmen, wenn die ++49 schon eingegeben ist.

Hilfe, bei Autopannen Tel. 120 oder 123. In ganz Österreich. Wer die Gendarmerie z. B. zu einem Blechschaden ruft, zahlt 72 DM „Blaulichtsteuer". Im Skigebiet Hilfe bei jedem Lift und jeder Hütte. Auf Autobahnen im 2-km-Abstand orange Notrufsäulen. Deckel hochnehmen und sprechen. Mit lautem Schreien kann man auch auf sich aufmerksam machen.

Hütte, alles was Schnaps und Gulaschsuppe in einem Skigebiet verkauft, ist in Österreich eine „Skihütte", kurz „Hütte". Davon gibt es in jedem Skigebiet zahlreich. Üblicherweise an den Mittel- und Bergstationen und an den gutbefahrenen Pisten. Es sind große SB-Restaurants genauso, wie schiefe Holzhütten mit Flunkerlicht. Oder auch schöne und weniger schöne Gasthäuser. In den Skigebieten beschreiben wir jede Hütte und bringen Speisen und Getränke samt Preise.

Informator, ein elektronisches 24-Stunden-Informationssystem zumeist direkt beim Büro der Tourist-Info. In größeren Wintersportorten steht so ein Informator schon am Ortsanfang. Die Geräte gibt es in mehreren Ausführungen, sie alle funktionieren nach dem selben System. Auf einer beleuchteten Scheibe sind neben den Fotos der Pensions-Häuser und Hotels rote und grüne Lämpchen. Rot heißt besetzt, grün heißt frei. Drückt man einen Knopf neben dem Foto, leuchtet auf dem Ortsplan der Standort des Hauses auf. Bei jedem Informator ein Gratis-Telefon, mit dem man direkt beim Quartier anrufen kann. Der Nachteil des Informators ist, daß bei weitem nicht alle Häuser abgebildet sind, und die abgebildeten oft schon ausgebucht. Man kann sich aber eine Liste der freien Quartiere ausdrucken lassen. Da hat man dann alle. Ganz modern die „Touch-screen-Infosysteme", wo man auf den Bildschirm tippt und die gewünschten Infos kommen. In den meisten Fällen steht bei den Häusern der Preis dabei. Die einzelnen Vermieter sind mit dem System direkt verbunden und geben ihre Informationen aktuell ein. Diese Systeme beantworten aber auch noch viele andere Fragen: wo kann man Tennisspielen, gibt es ein Hallenbad? Trotz der Güte des Systems stehen die Leute meist mit großen Augen davor und wissen zuerst nicht, was tun?

Internet, praktisch alle Tourist-Infos haben Internet-Adresse. Da macht man die tollsten Erfahrungen. Häufig ist das Angebot eine Katastrophe. Unaktuell sind sie, und wenige brauchbare Infos. „Links" zum Weiterklicken kaum vorhanden. Manche Top-Skiorte können sich mit ihrem Internet-Angebot sehen lassen. Hotels haben auch immer öfter Homepages. Die Internet-Adressen der jeweiligen Tourist-Info stehen am Beginn einer jeden Ortsbeschreibung bei „TOURIST-INFO".

Karten *„Freytag & Berndt",* der große Autoatlas Österreich, 1:250.000. Vom Aufbau sehr gut, mit dem lästigen Bug in der Mitte lernt man zu leben. Manchmal ärgerlich, wenn eine Weggabelung in der Buchmitte verschwindet. Kostet ca. 47,–
„Shell/Marco Polo Generalkarte", 1:200.000. Gut für Tüftler und Studierer. Was sich in eine zivile Karte für Otto an Informationen einzeichnen läßt, ist eingezeichnet. Gestochen scharfes Kartenbild, gut lesbar, letztendlich ein Markenprodukt. Kostet ca. 14,30.
Karten aus dem *„Haupka Verlag",* 1:100.000. Hat Österreich in 8 Karten zerteilt. Kartenbild erinnert an ehemalige osteuropäische Produkte. Aber sehr ordentlich mit vielen Infos. Kostet ca. 14,30. Die gelbe *„ÖAMTC-Karte",* 1:150.000. Ident mit der blauen Serie von *„Kümmerly + Frey".* Die ÖAMTC-Karte ist erheblich billiger 10,80 statt 13,70. In die Karte nicht jede Kirche und jedes Kloster eingezeichnet, dadurch klar und übersichtlich.

Kegeln, ob vor Ort möglich, steht in „AKTIVITÄTEN".

Kinder, in den meisten Orten Gästekindergarten. Ab ca. 4 Jahre kümmert sich die Kinderskischule. Die kostet einiges Geld. Berühmt für die Kinderskischule ist der Ort Serfaus. Auch die am Stubaier Gletscher hat einen guten Namen. Kinderzüge, Kinderdisco, Kinderskirennen. Es gibt auch eigene Kinderhotels. In Serfaus, das Hotel Löwe ist bekannt. In vielen Skigebieten fahren Kinder gratis am Lift. Bis 6 Jahre gratis in Begleitung eines Elternteils, das ist normal. Es gibt Skigebiete, die lassen Kinder bis 8, 10 und sogar 12 Jahre gratis fahren. In jeder Ortsbeschreibung die Rubrik „KINDER". Da erfahren Sie die lokalen Besonderheiten. Individuelle Fragen mit Tourist-Info abklären. Oder mit Hotel. Ob ein Hotel kinderfreundlich ist und es Kinderermäßigung gibt, steht auf den „GELBEN WOHNEN-SEITEN".

Kreditkarten, eine Qual in Österreich. In den Wintersportregionen steht man mit einer Kreditkarte häufig ohne Geld da. Die wenigsten Hotels und Restaurants akzeptieren sie. Kaum eine Liftgesellschaft bietet diesen Service an der Kassa. Mit großer Wahrscheinlichkeit kann man mit Kreditkarte in den Sport-Shops zahlen und bei Tankstellen. Muß sich aber immer vorher erkundigen, sonst kann es peinlich werden. In vielen Orten Bankomaten mit Kreditkartenfunktion.

Kunstschnee, auf meine Pisten lasse ich nur Wasser und Kunstschnee. Anlagen-Erbauer müßte man sein. Das Geschäft boomt. Die Liftgesellschaften habe aufgerüstet. „Naturschnee-Piste" ist mittlerweile schon ein Verkaufsschlagwort geworden. Kaum mehr ein Hang, der für den Notfall nicht beschneit werden könnte. Ganze Regionen sind abhängig vom Schnee. Ein schlechter Winter, und alle sind pleite. Wie der Schnee zubereitet wird, informieren die Gesellschaften in Prospekten. Alles nur Wasser und Minus-Grade. Keine Chemie, heißt es. Mittlerweile gibt es schon wahre Kunstschnee-Gurus. Jeder hat sein Geheimnis, damit der Kunstschnee dem Naturschnee nahe kommt. Wir sind auf die Beschneiung nicht im Detail eingegangen, weil man davon ausgehen kann, daß beschneit wird.

Lebensmittelmärkte

Langlaufen, wer im Sommer joggt, möchte im Winter Langlaufen. Loipen gibt es in jedem Wintersportort. Je nach Gelände werden sie angelegt und ständig gespurt. Beschneit werden sie nicht. Wer wirklich Langlaufen möchte, sollte eine hohe Region wählen, wo es auch garantiert Schnee gibt. Denn auch wenn es oben in den Skigebieten toll geht, heißt das nicht, daß im Tal die Loipen funktionieren. Im Zillertal zum Beispiel kommen Langläufer bestenfalls alle 10 Jahre auf ihre Rechnung. Es gibt auch Loipen in Skigebieten und auf den Gletschern. Am Stubaier Gletscher sogar eine Dusche für Langläufer. An den Loipen „Langlauf-Hütten". Das ganze Drumherum wird professioneller. In den Sportgeschäften kann man sich die Ausrüstung ausborgen. Eigene Skatingstrecken werden auch angeboten. Infos in der Rubrik „LANGLAUFEN".

Lawinen, eine heikle Sache. Aktuelle Lawinengefahr wird im Skigebiet mit orangen Warnblinkleuchten angezeigt. Bei den Talstationen Tafeln, die alle Pisten auflisten. Ist eine wegen Lawinengefahr gesperrt, leuchtet ein rotes Licht daneben. Wenn es überall orange blinkt, der Schnee horizontal schneit und die Hand vor dem Gesicht nicht sichtbar wird, dann sollte man von Abfahrten Abstand nehmen. Am Morgen nach durchschneiten Nächten werden allerorts die lawinengefährdeten Hänge gesprengt. Manche Pisten bleiben länger zu. Tiefschneehänge sind naturgemäß sehr gefährlich. Auch wenn alles harmlos aussieht, eine Lawine kann es immer geben. Umgekehrt dafür, was im Winter in den österreichischen Bergen abgeht, kommt selten jemand bei einem Lawinenunglück um. Trotzdem, auf den eigenen Menschenverstand und die erfahrenen Einheimischen hören.

Lebensmittelmärkte, in Österreich bekämpfen sich die deutsche „Rewe-Gruppe" mit den Billa- und Meinl-Märkten und die „Österreichische Spar" mit den Spar-, Interspar- und Familia-Märkten. Man kann aber davon ausgehen, in echten Skiorten am Sonntag einen offenen Laden zu finden. Infos darüber in „SERVICE&HILFE".

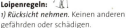

Loipenregeln:
1) Rücksicht nehmen. Keinen anderen gefährden oder schädigen.
2) Markierung und Laufrichtung. Markierungen, Signale beachten. In angegebener Richtung laufen.
3) Spurwahl. Bei mehreren Spuren freie Spuren-Wahl.
4) Überholen. Auf beiden Seiten erlaubt.
5) Geschwindigkeit. Anpassen an Können, Gelände, Loipenverkehr und Sicht. Sicherheitsabstand.
6) Gegenverkehr. Bei Begegnungen rechts ausweichen. „Und grüßen".
7) Stockführung. Beim Überholen Stöcke eng an Körper halten.
8) Loipe freihalten. Beim Stehenbleiben oder Sturz, Spur verlassen.
9) Bei Unfällen. Hilfe leisten.
10) Ausweispflicht. Bei Unfall Personalien angeben.

Lawinenwarndienst Tirol
Boznerplatz 6 / Stöcklgebäude
A-6010 Innsbruck
Tel. (++43) 0512/5082251
Fax (++43) 0512/581839-81
http://www.lawine.at

Lawinen-Warntafeln:
Gelbe Tafel, mit einem Fahrverbots-Kreis: heißt akute Lawinengefahr. Hineinfahren absolut verboten.
Finger-Tafel, mit großer weißer Hand vor rotem Hintergrund: Es könnte irgendwo eine Lawine abgehen. Ungesichertes Gelände.

Geöffnet haben sie unter der Woche von 8-19 Uhr. Am Samstag 8-17 Uhr und am So je nach Wintersportort.

Liftgesellschaft

> **Liftgesellschaft:** ++43/5256-6274
>
> *Auf jeder Skipaßseite:
> Links oben die Telefonnummer der
> Liftgesellschaft*

Liftgesellschaft, die Macht in jedem Ort. Sie bestimmt die Richtung. Sie hat das Geld. Gehört meist einigen Bauernfamilien, die seit Generationen die Scholle beleben. Mittlerweile absolute Profis, lernen seit 60 Jahren das Busineß. 1937 wurde z. B. in Zürs der erste Schlepper errichtet. Wintersport ist mittlerweile ein Geschäft wie Rodeo. Wer es am besten macht, hat die Leute. Modernste Abrechnungssysteme, Top-Anlagen und Management zeichnen die Gesellschaften aus. Streng werden sie kontrolliert. Sie unterliegen dem österreichischen Eisenbahngesetz. Das heißt, es ist fast egal wie dumm und ungeschickt sich ein Passagier verhält. Bei jedem Unglück ist die Liftgesellschaft haftbar. Deshalb sitzen am Anfang und Ende eines Liftes Mitarbeiter. Sie sind für die Sicherheit verantwortlich, und sehr streng, sobald jemand aus der Reihe tanzt.

Lifte, in den Skigebieten viele verschiedene Arten von Liften. Die meisten sind erbaut von Firma *Doppelmayr*. Auf den Säulen alter 2er-Sessel liest man oft den Namen Girak. Doppelmayr ist Mercedes. Ihr erster Lift war ein Schlepper, erbaut 1937 in Zürs am Arlberg.

> **Kinder** unter 4 Jahren und unter 110 cm Körpergröße dürfen nicht mit dem Schlepplift fahren. Das ist von den österreichischen Behörden vorgeschrieben.

Schlepper, immer seltener anzutreffen. Werden nach und nach durch moderne Sessel ersetzt. Die Zeit, wo man sich den Bügel herunterfangen mußte, ist bald vorbei. Viele Skigebiete wollen in hohen Lagen nicht auf Schlepper verzichten, weil sie wesentlich weniger windanfällig sind. Sessel müssen bei beginnendem Sturm abgeschaltet werden. Es ist verboten, den Bügel zwischen die Beine zu klemmen. Snowboarder hängen sich mit einem Bein in den Bügel ein. *Zu zweit,* mit dem Schlepper fährt man normalerweise zu zweit. Wer alleine fährt, muß aufpassen, daß der Bügel nicht zur Seite flüchtet. Gut ist es, wenn man mit der äußeren Hand das Ende des Bügels festhält. Da kann er nicht wegrutschen. Bei besonders steilen Schleppliften ist diese Technik sehr hilfreich.

Tellerschlepper, hauptsächlich auf Übungswiesen anzutreffen. Haben keinen Bügel, sondern Scheibe. Nimmt sie zwischen die Beine, das ist sicherer und einfacher als mit herkömmlichem Bügelschlepper. Mit Tellerschlepper fährt man alleine.

1er-Sessel, vielfach nur noch aus Nostalgie. Gibt nur noch ganz wenige, gebaut werden sie nicht mehr. Sie schaukeln, hüpfen, rattern und fahren sehr langsam.

2er-Sessel, werden nicht mehr gebaut, aber noch zahlreich vorhanden. Es gibt sie in den verschiedensten Ausfertigungen. Die ältesten knallen am Einstieg unerbittlich gegen die Waden oder Kniekehlen. Man weiß nicht, wie man seinem Schlag ausweichen soll. Deshalb hat man viele 2er-Sessel mit Laufbändern nachgerüstet. Manche 2er haben Windschutzkappen, trifft man allerdings ganz selten.

Sessellifte mit Laufmatten: trifft man in vielen Skigebieten und ermöglichen einen schnelleren Transport. Bevor man in den Sessel steigt, muß man mit den Skiern auf eine weiße Laufmatte, die einem zum Abgrund hin schiebt. Von hinten nähert sich in vollem Tempo der Sessel, kurz bevor man abstürzen würde, wird man vom Sessel eingeholt und schon sitzt man. Durch die zwei Geschwindigkeiten schlägt die Sesselkante nicht so gegen die Beine. Mattenlifte sind ein Kompromiß zu den topmodernen kuppelbaren Sessel. Wer das Geld dazu nicht hat oder haben will, erhöht die Transportfrequenz und den Komfort durch die Matte. Laufmatten gibt es bei 2er, 3er, 4er und 6er.

Laufbänder, werden vielfältig eingesetzt. In den Kinderskischulen, damit die Kleinen nicht ständig ein Hügelchen hochtreten müssen, und langsam auf das Baby-Liftfahren vorbereitet werden.

3er-Sessel, werden nicht mehr gebaut. Relativ selten. Funktionieren wie die 2er, knallen entweder gegen die Knie oder haben ein Laufband.

Kuppelbare Sessellifte, die neueste Technik. Sessel, die diese Eigenschaft haben, zählen zu den Freunden des Skifahrers. Mit hoher Geschwindigkeit kommt der Sessel in die Station, und ehe er uns in die Knie schlagen oder gegen die Waden fahren kann, kuppelt er sich vom Seil ab und wird von einer Art Zahnrad sanft zum Skifahrer vorgerollt. Man steigt ein, als würde ein

Ein normaler Sessel darf maximal eine Geschwindigkeit von 2,40 m pro Sek. haben. Mit Matte darf er 2,80 m pro Sek. fahren.

Förderbandeinstieg

Kuppelbare Klemme

Lifte

Der 6er-Bubble bietet besten Wetterschutz.

Ministersekretär den Sessel rücken. Dann schnappt die Klemme das Seil, und nach einem Schwupp hängt man in der Luft.

4er-Sessel, werden fleißig gebaut. Sie ersetzen Schlepper und 2er-Sessel. Die meisten von ihnen sind kuppelbar. Manche haben nur eine Laufmatte, andere sind kuppelbar und haben Laufmatte. Oft haben sie zusätzlich eine Wetterschutzkappe.

Wetterschutzkappe, im Fachjargon nennt man sie „Bubble". Kann sie herunterklappen, muß es aber nicht. Sie soll die sitzenden Skifahrer vor Nässe und Wind schützen. Haben den Nachteil, daß sie dem Wind größere Angriffsfläche bieten, daher rascher gestoppt werden müssen.

6er-Sessel, das Neueste am Markt. Sind immer kuppelbar, haben meistens Bubble, oft zusätzlich Laufmatte. Fahren flott und sanft. Anstellen kaum mehr nötig.

Lift-Stopp, immer wieder bleibt der Lift stehen, egal ob Schlepper, Sessel oder die kleinen Gondeln. Bei Großgondeln ab 30 Personen sind Stopps ungewöhnlich. Die Pause sollte nur kurz dauern, meistens hat ein Skifahrer Probleme beim Ein- oder Ausstieg. Sitzt man über Einbruch der Dunkelheit hinaus, wurde man wahrscheinlich vergessen. Ein Problem, wo niemand einen wirklich guten Ratschlag hat. ***Bei aufkommendem Sturm*** wird der Sessel ganz langsam und fährt nur noch solange, bis der letzte Skifahrer oben ist. Ganz langsam deshalb, damit die Seile nicht aus den Rollen springen.

4er-Gondel, werden nicht mehr gebaut. Bringen zu wenige Skifahrer rasch nach oben. Waren sehr beliebt, weil intim. Werden zunehmend durch 6er oder 8er ersetzt.

Einsteigen, die Gondelbahnen haben das selbe System wie die kuppelbaren Sessel. In der Station lösen sich die Kabinen vom Seil, werden langsam weitertransportiert. In dieser Phase öffnen sich die Türen wie bei einem Autobus. Jetzt muß man schnell die Skier in die Halter links und rechts der Türe stecken und in die Gondel springen. An Bergstation umgekehrter Vorgang. Niemals über Einstiegszone hinaus der Gondel nachlaufen. Die Türen schließen unerbittlich, bekommt sie nicht mehr auf. Wird mitgeschleift, hängt irgendwie aus der Gondel raus, kommt ums Leben oder nicht. Die Sicherheitskräfte würden einen solchen Fall nicht gleich bemerken, deshalb darf man nicht mit einen Notstopp rechnen. Die Liftgesellschaften werden das bestreiten, wir haben es während unserer langen Reise mehrmals beobachtet. Ging immer glimpflich aus, aber Schulter und Hand ragten bis zur Bergstation aus der Gondel.

6er-/8er-/10er-/12er-/24er-Gondel, funktionieren alle mehr oder weniger nach dem gleichen System wie die modernen Sessel. Sind so konstruiert, daß die Skifahrer sitzen können. In der 24er-Gondel können 19 Leute auf Lehnbänken rasten. Ab 12er-Gondel nimmt man die Skier mit in die Kabine. Das mögen die Leute nicht. Im Trend sind 6er- und 8er-Gondeln. Die besten laufen auf zwei Seilen, sind sturmsicher. Fahren noch, wenn andere aus Sicherheitsgründen längst stillstehen.

80er-Gondel, Großgondeln werden nur noch ganz selten gebaut. Niemand mag sie. Ein amerikanischer Jet verirrt sich, schon sind 80 Leute tot. Außerdem steht man eng, bekommt die Skispitzen der anderen ins Auge oder sonst wo hin. Die langen Wartezeiten sind genauso lästig.

Gondeln in der Station

Standseilbahn, fand man früher einmal lustig. Schienen auf Eisenstelzen zum Gipfel. Die bekannteste in Österreich ist die Arlberg-Kandahar-Bahn. Von der Bequemlichkeit wie Großgondeln. Langes Warten. Innen in jedem Waggon mehrere Stehsektoren. Glaubt man, daß die Kabine längst voll ist, drücken sich noch immer ganze Gruppen hinein. Zuletzt steht man so eng, wie Clinton und Lewinsky am Foto.

Museen, kommen selten vor in Winterorten. Oft haben sie gerade im Winter geschlossen. Geöffnet sowieso nur einen halben Nachmittag pro Woche. Soweit es welche gibt, haben wir sie in den Ortsbeschreibungen erwähnt.

Nachtskilauf, fast überall 1 x pro Woche. Kommt aber immer stärker. Ist sehr beliebt. Die Pisten mit Flutlicht erhellt, die Hütten an der Strecke geöffnet. Ende ca. 21-22 Uhr. Die Liftfahrten nicht im Skipaß, kostet extra. Das wie in der Rubrik „NACHT-SKILAUF" in den Ortsbeschreibungen.

Niederländische Botschaft, eine Niederlassung in Wien und eine in Innsbruck.

Niederländische Botschaft,
Wien: Tel. (++43) 01/589 39
Opernring 3-5. 1010 Wien
Innsbruck: (++43) 0512/587 492
Salurnerstraße 1, 6020 Innsbruck

Notrufsäulen, nur an den Autobahnen. Im Abstand von 2 km. Orange hohe Säulen mit einem Lichtreflektor. Auf den weißen Begrenzungssäulen an der Autobahn kleben kleine Pfeile. Sie zeigen in die Richtung der nächstgelegenen Notrufsäule. Sie funktionieren ganz einfach. Man hebt den Deckel mit dem großen Handgriff, und schon kann man mit der nächsten Autobahnmeisterei sprechen. Meistens wird man lange ausgefragt. Dabei sollte man nicht ungeduldig werden. Auch wenn es nach Verhör riecht.

Öffnungszeiten, als Richtschnur kann man allgemeine Öffnungszeiten von 9-18 Uhr annehmen. Da hat mit Sicherheit alles offen. Bäcker sperren um 6 Uhr auf, Banken um 8 Uhr. Boutiquen ab 9 Uhr. Am Samstag haben Lebensmittelmärkte bis 17 Uhr geöffnet. In Winterorten auch am Sonntag. Entweder Vormittag oder Nachmittag. Wann die einzelnen Banken, Gaststätten, Tourist-Infos, Ärzte etc. geöffnet haben, in den jeweiligen Ortsbeschreibungen bei „TOURIST-INFO" und „SERVICE&HILFE".

Optiker, wird wichtig, wenn bei einem Sturz das Glas aus der Brille ist. Dann kommt man drauf, daß der nächste Optiker im 40 km entfernten Städtchen ist. Deshalb bei „SERVICE&HILFE" der nächste Optiker.

Orientierung, auf der zweiten Seite jedes Ortes eine kleine Orientierung. Ganz grob werden die großen Adern beschrieben. So, daß man sich gleich zurechtfindet.

Pannenhilfe, in Österreich zwei große Pannen-Clubs. ÖAMTC, steht der „schwarzen" Regierungspartei ÖVP nahe. ARBÖ, Autofahrer-Club der Sozialisten. Beide über ganz Österreich verstreut. Buhlen um die Panne. Pannendienst-Nummer: aus ganz Österreich ohne Vorwahl. Gilt auch für Handys.

Pannendienst-Tel.-Nummer:
ÖAMTC, 120 ARBÖ, 123

Paragleiten, in großen Skiorten gang und gäbe, daß junge stemmige einheimische Männer Tandem-Springen anbieten. Kostet meist ca. 150 DM. Bei „AKTIVITÄTEN" die Angebote notiert.

Parken, bei Talstationen große Parkflächen. In besseren Skigebieten mit Parkwächtern. Die weisen Platz zu. Durchaus üblich Parkhäuser oder Garagen. Gebühr für den Parkplatz grundsätzlich im Skipaß enthalten. Wenige Liftgesellschaften verlangen für Parkplatz extra. Kitzbühel Hahnenkamm etwa und auch die Arlberg-Bergbahnen bei der Talstation Alpe Rauz. In Ischgl z. B. parkt man bis in die Garage gratis. Infos über die individuelle Parkplatzsituation in „ORIENTIERUNG" und „Talstations-Beschreibung".

Pferdeschlitten, wird überall angeboten. Meist geht es zu einem Gasthof. In Decken gehüllt sieht man dem Atem der Pferde. Bei Dunkelheit das Flimmern des Begrenzungslichtes. Aus so einer Schlittenfahrt läßt sich alles machen. Einen kleinen Flachmann einstecken, eine dicke Zigarre, einen tollen Menschen an der Schulter. In sich ruhen, den Blick schweifen lassen. Und der eingeborene Kutscher am Bock. Beliebte Sache Pferdeschlitten fahren. Wir haben sie zu „AKTIVITÄTEN" gestellt.

Eine volle Kutsche für ca. 1.30-2 Std. kostet zw. 70 und 100 DM.

Pisten: Sind markiert, werden täglich präpariert und nach Liftende nochmals kontrolliert. Und sie sind lawinensicher. Pisten sind nach Schwierigkeit markiert. Mit runden Tafeln in verschiedenen Farben. Manche Gebiete machen das sehr ordentlich, andere nachlässig. Ein Skigebiet, das etwas auf sich hält, hat perfekte Pistenmarkierung. Gesperrte Hänge werden gesperrt mit einer gelben Tafel, die Fahrverbots-Kreis in der Mitte hat.

Schwarze Pisten: schwierig. Nur für gute Skifahrer. Das Problem dabei, es scheint keine genaue Definition zu geben. So sind in manchen Skigebieten Pisten schwarz klassifiziert, die anderswo als blaue Pisten gelten. Selten ist eine schwarze Abfahrt so steil, daß die

Todesfarbe gerechtfertigt wäre. Wir haben versucht, bei den Pistenbeschreibungen Hinweise darauf zu geben. Die Sache hat auch einen Haken. Die Einschätzung einfach und schwierig kann nur jeder für sich treffen. Schwarze Pisten sind immer die schwierigsten Abfahrten im Skigebiet. Noch schwieriger schwarze Skirouten.

Rote Pisten: mit dieser Farbe sind Pisten von mittlerem Schwierigkeitsgrad gekennzeichnet. Da muß man sich auf alles gefaßt machen. Flache Ziehwege, die man nur durch kräftiges Antauchen hinter sich bringt. Genauso Hunderte Meter breite Gebirgshighways oder schmale Schneisen zwischen Felsen. Für die Masse der Skifahrer sind sie zu bewältigen.

Blaue Pisten: das sind die einfachen Strecken, die auch jeder Anfänger schaffen sollte. Sobald er bremsen kann. Oft sind es Ziehwege, die einen Hang in Serpentinen bewältigen, während die rote Piste gerade durchzieht. In guten Skigebieten sind es breite Pistenautobahnen, wo selbst ungeübte Skiläufer fahren wie Könner.

Jedes Skigebiet versucht von jeder Pistenkategorie ein bißchen anzubieten. Deshalb darf man die Markierung nicht ganz so ernst nehmen. Sie ist nur ein grober Hinweis, was bei der Verschiedenheit der Tausenden Pisten in Österreich gar nicht anders möglich ist. Bergabhänge halten sich nicht an Normen.

Skirouten: sie sind mit auf den Kopf gestellten Vierecken markiert. Entweder rot oder schwarz eingerahmt. Werden nicht präpariert und nicht kontrolliert, wohl aber *lawinengesichert*. Skirouten können bei schlechtem Schnee eine richtige Qual werden. Bei Bruchharsch zum Beispiel. Meistens haben sie viele Mugel, und selten sind sie anfängergeeignet. Wir haben unsere Entscheidung nicht nur einmal verflucht, eine Skiroute zu fahren. Da hat man es eilig und braucht für eine 10-Min.-Strecke 45 Min.

Pisten-Varianten: das sind Abfahrten abseits aller Markierungen. In manchen Skigebieten sind sie in den Pistenplan eingezeichnet, damit kann man aber seriös nichts anfangen. Besser ist, man hält sich an die Spuren der „Vorläufer". Varianten sind natürlich auch nicht präpariert, nicht kontrolliert und auch nicht vor Lawinen geschützt. Wenn Schnee und Witterung nicht passen, soll man sich weder eine Skiroute noch eine Variante antun. Noch dazu, wo die Liftgesellschaft keinerlei Verantwortung übernimmt. Auch keine letzte Kontrollfahrt. Wer wirklich Spaß abseits der Pisten haben möchte, sollte sich den Luxus eines *Ski-Guides* nehmen. Erstens kommt man alleine ohnehin nicht weit, und zweitens muß man sich nicht ständig fragen wohin? Auch weiß ein erfahrener Ski-Guide, ob die Schneeverhältnisse so sind, daß das Fahren auch Spaß macht.

Es ist auch "Dein" Wald

Pistenregeln, ergeben sich von selbst. Niemanden niederfahren, vom Sessel werfen, beschimpfen und bespucken. Wer sich nicht von anderen verletzen lassen möchte, stellt sich niemals hinter einer unübersichtlichen Kurve auf. Gefährlich auch unterhalb von Kanten. Immer am Rand stehenbleiben. Niemals plötzlich die Linie verlassen. Vor Richtungswechsel Blick zurück. Wenn ein Hang gesperrt ist, ihn niemals befahren. Es gibt zwei Warnschilder.

Post, hat prinzipiell von 8-18 Uhr geöffnet. Kassaschluß 17 Uhr. In größeren Orten abends bis 19 Uhr. In kleineren Mittagspause von 12-14 Uhr. In den großen Winterorten hat die Post auch am Samstag vormittag geöffnet. Über Öffnungszeiten und wo informiert „SERVICE&HILFE".

Preise, alle Preisangaben dieses Buches in DM. Es sei denn, es ist ein Betrag als andere Währung extra bezeichnet. Z. B. 10 Schilling. Dieses Buch ist voll mit Preisangaben. Das ist immer ein großes Risiko. Die Preise könnten springen wie Böcke. In Österreich das Preisniveau sehr konstant. Man darf sich eher eine Verbilligung erwarten, als eine saftige Preissteigerung. Unsere Preisangaben können nur einen kleinen Dienst erweisen. Mehr als eine grobe Orientierung werden sie wohl nicht zulassen. Obwohl wir die Preise für jeden Winter aktualisieren. Die DM-Preisangaben sind ganz schlicht zustandegekommen. Wir haben die Schillingpreise durch sieben dividiert. Und dann die Pfennige gerundet. Ein präzises System läßt sich nicht finden.

Pistenregeln: der internationale Skiverband will befehlen:
1) Rücksicht auf andere
2) Fahren auf Können abstimmen.
3) Eigene Spur wählen.
4) Abstand beim Überholen
5) Bevor Piste queren, nach oben und unten schauen.
6) Auf übersichtlichen Stellen stehenbleiben.
7) Nur am Pistenrand hochsteigen.
8) Zeichen, Markierungen beachten.
9) Bei Unfall – Hilfe leisten.
10) Ausweis immer mit.

Getränkepreise, die im Buch bei Skihütten, Restaurants und Gasthöfen angegeben sind, beziehen sich auf Standardmaße. Abweichungen sind angegeben.
Bier: 0,5l
Weizen: 0,5l
Wein: 0,25l
Glühwein/Jagatee: 0,25l

Relaxen

Relaxen: Soweit es ein Angebot gibt, haben wir es uns angesehen. Manche Orte haben Öffentliche Hallenbäder mit 100-m-Wasserrutsche für Kinder. Saunalandschaften nach den höchsten Ansprüchen. Andere Orte bieten wieder gar nichts.

Reisevorbereitung:

Den passenden Winterort finden: in diesem Buch und den anderen Bänden *„Winterreiseführer Österreich"* werden die Winterorte vorgestellt. Anhand der vielen konkreten Informationen kann man den geeigneten Urlaubs-Ort entdecken. Es sollte alles stimmen. Das skifahrerische Erlebnis, die Erwartungen in Après-Ski und Nachtleben. Es gibt Regionen, da hat man für 100 DM alles. Relaxzone, Gourmet-Verpflegung etc. In anderen Regionen hat man darum gerade mal ein Zimmer mit Frühstücksbüffet.

Fragenkatalog: Alle diese Fragen werden im Buch beantwortet. *Wie komme ich hin?* Mit dem Auto, gibt es eine gute Bahnverbindung, kann man fliegen? *Das Skigebiet,* wie viele km Pisten hat es? Wie hoch liegt es? Ist es schwieriges oder gemütliches Gelände? *Was kostet der Skipaß,* für einen Tag, für eine Woche? *Skipaßvergleich,* bei Skipaß-Seiten am Beginn jedes Skigebiets. *Ski,* sollen die alten mit, neue angeschafft werden, oder leiht man sich die neuesten vor Ort? *Snowboarden,* gibt es Halfe-Pipe oder Funpark? *Wie will man wohnen?* Was kostet es? *Après-Ski?* Sucht man Action oder Urigkeit? *Nachtleben,* will man tanzen oder schlafen? *Preisniveau,* gut zu vergleichen an den Getränke- und Essens-Preisen bei „GASTRONOMIE" und Hütten. Und bei den Preisangaben auf den „GELBEN WOHNEN-SEITEN".

Reisezeiten:

Im **Dezember** erwacht in den Winterorten das Leben. Am ersten oder zweiten Samstag starten die Orte mit sogenannten „Ski-Openings". In dieser Zeit bis zum 23. Dezember ist alles *wesentlich billiger.* Und der Schnee noch furchtbar frisch. Viele Leute nutzen die Zeit vor Weihnachten, voll in den jungen Winter einzutauchen **Weihnachten bis Heilige Drei Könige** ist absolute

Hochsaison. Die Preise haben ihre max. Höhe erreicht, die Orte sind ausgebucht. Alle wollen Winter. In dieser Zeit häufig am Lift stehen. Und auch in den SB-Restaurants an den Bergstationen. Rundherum wird geboten, was der Winter zu bieten hat.

Im **Januar,** da reden alle nur noch vom „Jänner-Loch". Heißt, nach den tollen Weihnachtswochen sind die Orte leer, die Leute ausgepowert. Ferien sind vorbei. Alles wird erheblich billiger. Jetzt kommen die erfahrenen Wintermenschen. Sie wissen, wegen der Inversionwetterlage im Januar ist es oben in den Bergen wesentlich wärmer als im Tal. Im Januar außerdem viel Sonne. Er ist der echteste Wintermonat. Und absolut noch frei für alle.

Im **Februar** fiebert ganz Winterösterreich den Krokusferien und der Faschingswoche entgegen. Die Krokusferien bringen Holländer-Horden, da geht es zwei Wochen überall rund. Absolut wieder ***Hochsaison.*** Die Faschingswoche bringt Deutsche in Massen. Ende Februar kündigt sich das Ende des Winters an. Wärmer ist es, nachmittags wird der *Schnee schon sulzig.* Schwer zu fahren. Durch die Schwünge häufen sich nasse Schneeberge auf, die eine ständige Sturzgefahr bedeuten. Herrlich verreißt es die Ski.

Der **März.** Oft nur noch am Vormittag zu fahren. Die ersten Pisten müssen geschlossen werden. Für die künstliche Beschneiung fehlen die kalten Nächte. Viele kommen noch einmal, um eine Woche Wintersonne anzuhängen. Après-Ski und Nachtleben gut wie schon im Dezember. Sobald man tagsüber Ski fährt, ist man auf einer gewissen Erlebnisschiene, die an Après-Ski-Stimmung und Nachtleben-Erleben-Wollen nicht vorbeiführt. Egal, ob bei Haxe in der Hütte oder Bein in der Disco.

Der **April.** Alles hofft noch auf Schnee vor den Osterfeiertagen. Die Woche in den höheren Regionen absolute Hochsaison. In vielen Top-Regionen der Winter aber schon gelaufen. In *Saalbach-Hinterglemm* z. B. haben die meisten Häuser zu dieser Zeit schon geschlossen. Am Arlberg ist volles Haus. Ein bis zwei Wochen nach

Ostern stellen die meisten Gesellschaften die Lifte ab. Bis **Mai,** fahren neben den Gletschern (Kaprun z. B.) auch die Lifte am Obertauern und in Ischgl.
Wie lange die Anlagen in Betrieb sind, steht auf der **„Skipaß-Seite".**

Kann auch Polizei 133 oder Feuerwehr 122 anrufen.

Rettung, österreichweit die Nummer 144. Auch mit Handy. In den Winterorten eigene Bergrettungsdienste. Die Nummer steht in „SERVICE&HILFE".

Rodeln, eine Rodelbahn gehört zu jedem guten Winterort. Toll, wenn sie abends beleuchtet. In *Kühtai* z. B. die ganze Nacht. Oft beginnen sie an der Mittel- oder Bergstation einer Gondel. Entweder zu Fuß rauf, oder Ticket lösen; ca. 15 DM. Viele private Rodelbahnen auf Forststraßen. Sie werden aufwendig gepflegt. Oben immer eine Hütte für Rodelabende. Bahnen nicht immer, aber oft beleuchtet. Die Hüttenwirte bringen einen mit Geländewagen rauf. Wenn man möchte. Sie verleihen Rodeln um ca. 6 DM. Am Bahnende einfach stehen lassen. Rodeln ist gefährlich. Immer wieder gibt

es Verletzte und Tote. Soweit Rodelbahnen vorhanden, haben wir die meisten gesehen. Infos in der Rubrik „RODELN UND WANDERN".

Beispiel: Zahlt man in Gurgl in der Hochsaison für einen 6-Tages-Skipaß 308 DM, sind es in der Nebensaison 271 DM. Für Hotels gilt das selbe. In der Hochsaison für ein Zimmer 70 DM, in der Nebensaison noch 45 bis 50 DM. Zahlt man 200 DM, bekommt man das selbe in der Nebensaison um 140 DM.

S**aisonen,** die Skiorte haben die wildesten und verrücktesten Preisgestaltungen. Vergleiche kaum möglich. Es gibt keinerlei Standards in Österreich. Weder was die Tickets betrifft, noch sonstige Angebote. Manche Skiorte haben vier verschiedene Saisonzeiten, und alles ist plötzlich wesentlich teurer oder billiger.

Sauna, in vielen Skiorten öffentliche Sauna. Das sind „Saunalandschaften". Viele verschiedene Kammern mit diversen Temperaturen und Luftfeuchtigkeiten und Gerüchen. Die klassische Finnische Sauna mit Aufgüssen, Kaltbecken und Freiluft-Areal immer dabei. Die tollsten Dinge gibt es. Rundherum die Kammern, in der Mitte ein Whirlpool. Infos darüber stehen bei „Relaxen". Viele Beherbergungsbetriebe haben Sauna. Sogar Frühstückspensionen. Meistens ist die Benützung im Preis enthalten. Bessere Hotels und

Appartement-Häuser haben gestaltete Relaxzonen. Die Hauseigentümer sind sehr stolz darauf . Was die Hotels so anbieten, steht in den „GELBEN WOHNEN-SEITEN".

Schnee, mit dem „Schneekristall" fängt alles an. Ursprünglich ist er 6eckig. Gefallen ihm Temperatur und äußere Umstände, kommt er in dieser Form an. Kristall neben Kristall. Oft verbinden sie sich während des Fallens, weil der Wind sie umherwirbelt. So entstehen die Schneeflocken. Je wärmer es ist, desto größer sind sie. Schließlich gehen sie in Regen über. Die Wissenschaft kennt 1000 verschiedene Schneekristalle und viele verschiedene Schneearten.

Die bekanntesten Schneearten:
Neuschnee, wird maximal 24 Std. alt. Bei warmem Wetter nasser Neuschnee, sonst trockener.
Pulverschnee, die Schneedecke besteht aus ca. 95% Luft und 5% Schneekristallen. Trockener Neuschnee. Die 6eckigen Kristalle fallen einzeln, kommen erst am Boden zusammen.
Pappschnee, die Schneedecke besteht aus ca. 80% Luft und 20% Kristallen. Nasser Neuschnee. Haben sich die Kristalle schon während des Fallens zusammengeschlossen. Große Flocken sind entstanden. Ein Zeichen, daß es wärmer wird.
Sulzschnee, die Schneedecke besteht aus ca. 30% Luft und 70% Schnee. Das ist jener Schnee, zu dem die Leute Firn sagen. Tritt erst im Frühjahr auf. Nachts friert die Schneedecke, in der Früh ist sie steinhart, am Vormittag beginnt sie zu schmelzen. Dann ganz toller Skifahrschnee für ca. zwei Stunden. Später am Tag türmen sich auf der Piste überall wäßrige Schneehaufen. Die zwingen in die Spur der anderen.
Firnschnee, wenn die Leute vom Firn reden, meinen sie Sulzschnee. Firn ist wissenschaftlich gesehen Schnee, der mindestens 1 Jahr alt ist und sich langsam in Gletschereis umwandelt.
Graupelschnee, auch „Graupeln" genannt. Mag niemand. Ist ein Verwandter des Hagels. Ganz kleine eisige Kugeln, die alles durchdringen, überall hineinschlüpfen und im Gesicht weh tun.

Schneeketten

Filzschnee, Schnee, der sich abbaut. Die Kristalle haben ihre Äste verloren, abgerundet und liegen eng.
Preßschnee, die Kristalle werden durch die Kraft des Windes so eng aneinandergepreßt, daß eine feste Schneeplatte entsteht.
Schwimmschnee, nicht auf Pisten anzutreffen, sondern nur bei Touren. Die Schneedecke ist dünn und hat keine Verbindung zum Boden, Hohlraum ist entstanden. Für Tourengeher eine Gefahr. *Fachberatung: Lawienenwarndienst Tirol. Danke an Patrick Nairz.*

Schneeketten, sollte man schon mithaben. Wer in einem Wintersportort Ketten kaufen muß, zahlt wesentlich mehr. Es ist meist ein Ketten-Shop in der Nähe, wenn man hängenbleibt. Ketten in den gängigen Größen gibt es bei Tankstellen. Eigene Geschäfte dafür in den wenigsten Orten.

Schneeschuhwandern, wie die Trapper im Film durch die einsame Winterwildnis. Immer mehr probieren es. Allerdings noch ein teures Vergnügen. Die Schneeschuhe muß man borgen, und der Guide kostet mindestens 250 DM.

Schneetelefon, rechts oben am Beginn jeder Ortsbeschreibung und jedes Skigebietes die Nummer des örtlichen Schneetelefons. Das sind meistens Tonbänder, ab und zu Live-Telefonnummern von Liftgesellschaft oder TI. Die Tonbänder laufen 24 Stunden, Infos sind tagesaktuell. Gibt auch Orte, die lassen das Band mehrere Tage laufen. Bei den Schneeangaben sind die Liftgesellschaften gerade so optimistisch, daß man es ihnen nicht vorwerfen kann. Sehr verläßliche Schneeinformation bei der TI; tagsüber anrufen. Wenn es keinen Schnee hat, klingt die Stimme gepreßt.

Schweizer Botschaft, Niederlassungen in Wien und Innsbruck.

Service & Hilfe, am Anfang jeder Ortsbeschreibung „SERVICE & HILFE". Hier die wichtigsten Infos rasch und ohne Worte. Wo ist die Bank? Wie finde ich einen Arzt? Wohin kann ich mich wenden?

Skiausrüstung, man muß sich heutzutage keine teure Skiausrüstung mehr kaufen. In praktisch jedem

---

Schneetelefon: ++43/5226-8151

Schweizer Botschaft:
Wien: Tel. (++43) 01/795 05-0.
Prinz-Eugen-Str. 7, 1030 Wien.
Innsbruck: (++43) 0512/5370 500.
Karl-Kapferer-Str. 5, 6020 Innsbruck

Wintersportort kann man komplette Ausrüstung leihen. Das heißt: Ski, Schuhe, Stöcke, Snowboards, Big-Foot, Tourenski etc. Skischulen bieten ebenfalls häufig Arrangements inkl. Skiausrüstung, ohne Kleidung. So kann man locker das Skifahren oder Boarden ausprobieren, ohne sich in finanzielle Unkosten zu stürzen. Kleidung kann man sich in den wenigsten Fällen ausleihen. In manchen Sport-Shops kann man dünne Regenhäute leihen. In ganz Österreich ist uns nur ein Sport-Shop bekannt, wo man auch Ski-Kleidung ausborgen kann. Es ist im Gondelgebäude an der Talstation in Scheffau. Von dort mit der Gondel ins größte zusammenhängende Skigebiet Österreichs. Die Station liegt nahe der Inntalautobahn bald nach Kufstein, aus Deutschland kommend. Ideal für Wochenendausflügler.

Skibus, eines der stärksten Verkehrsmittel in Österreich. Fahren teilweise mit der Frequenz einer U-Bahn. Den ganzen Tag, solange die Lifte in Betrieb sind. Mit Skipaß die örtlichen Skibusse immer gratis. Manchmal genügt die Skiausrüstung. Ganz wenige Orte haben keine Skibuslinie, weil alles zu Fuß zu machen ist. Soweit es Skibusse gibt, sind sie im Buch unter der Rubrik „SKIBUS". Die fixen Fahrpläne werden immer erst ab kurz vor dem Winter erstellt. Jeder Vermieter hat Pläne, und auch in TI sind sie zu haben.

Skidepot, an vielen Talstationen und auch Gondel-Bergstationen Skidepots. Entweder Räume, die abends versperrt werden, oder Kästen für 2 Paar Ski/Schuhe. Kosten pro Nacht 10 Schilling. Es gibt auch versperrbare Skiständer. Die Depots haben den Vorteil, daß man die Bretter nicht ständig zwischen Quartier und Talstation hin- und herschleppen muß.

Skidiebstahl, durch die vielen absperrbaren Skiständer und Kästen ist Skidiebstahl stark zurückgegangen. Und auch, weil die Skibusse immer öfter so konstruiert sind, daß man die Skier mit hinein nehmen kann. In letzter Zeit haben sich Ost-Banden darauf spezialisiert, Skier professionell zu klauen. Ganz unauffällig machen sie das. Laden ihre Autos voll, und sind weg. Wurde man bestohlen, unbedingt bei der

Skikarten

Gendarmerie Anzeige machen, damit die Versicherung zahlt. Die Gendarmerie ist sehr aufmerksam und viel zu fleißig, als den Sachverhalt bloß aufzunehmen. Die Herren fahnden nach jedem Paar Ski. Im Keller der Pension, am Gepäckträger des Autos. Und an allen Plätzen, wo sie vermuten, daß Versicherungsbetrüger die Ski versteckt haben könnten. Oft werden sie fündig. Das hat zur Folge, ein Strafverfahren und bis zu 6 Monate Knast. Obendrein, es kann Aufenthaltsverbot für Österreich geben.

Skikarten: jedes beschriebene Skigebiet wird mit einer großen *Panorama-Karte* illustriert. Auf den ersten Blick sollte man erkennen die Größe des Skigebiets und die Qualität der Lifte.

Kartendesign exklusiv für Klangbildverlag by Kratzig, Wien: kratzig@silverserver.co.at

Info-Stege

Festkogl-Hütte ....

8er-Gondel Top-Express Gurgl ....

4er-Sessel Roßkar ....

Talstation 6er-Gondel Festkogl ....
Talstation 2er-Sessel Gaisberg &
4er-Sessel Roßkar ....

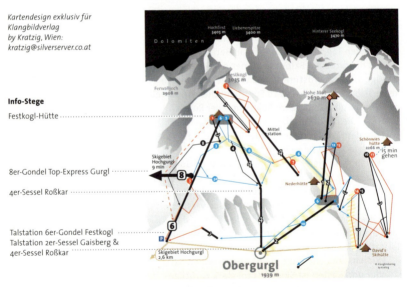

Großraum-Gondel: 18   **6er-Gondel:** 6
Standseilbahn:
2er-Sessel: 2   **4er-Sessel:** 4   **6er-Sessel:** 6
Schlepper:

Ebenfalls sieht man, welche **Pisten** ⬥ ❼ ❹ bei den Liften beginnen und wo die **Skihütten** 🔺 sind. Die Skigebiets-Karte wird auf jeder Doppelseite wiederholt. Am Rand **„Info-Stege"**, damit man immer schnell sieht, worüber im Text gesprochen wird.

Skipaß, bei jeder Skibeschreibung eine **„Skipaß-Seite".** Informiert über Ticket-Preise, die Saisonen, die Zahlungsmittel z. B. Kreditkarten. Meistens kann man ihn nur mit Bargeld oder Scheck + Karte bezahlen. Kreditkarte ganz selten. Deutsche EC-Karte mit Pin-Code funktioniert nicht immer, auch wenn es solche Einrichtungen gibt. Info von Deutscher Bank. Soweit es Ermäßigungen, Einzelfahrten oder besondere Eigenwilligkeiten gibt, sind sie erwähnt. Mit Hilfe der Skipaß-Seite kann man seinen Urlaub preislich kalkulieren. Skifahren ist überall schön. Und auf jeden Skiberg tummeln sich winters die Menschen in bunten Skianzügen. In einem günstigen Skigebiet läßt sich der Winter mit genausoviel Freude erleben. Die Sonne, der Fahrtwind und die Hütten. Der Skipaß macht einen großen Brokken des Urlaubsbudgets aus. Preisvergleich lohnt.

Abb.: Das berühmte „Drehkreuz". Karte stecken oder mit moderner Key-Card durchsausen.

Rückvergütung, bei Verletzungen. Skipaß muß sofort an einer Hauptkassa zurückgegeben werden. Rückvergütet werden die nicht genutzten Tage. Bringt man den Skipaß am Tag nach dem Zwischenfall bis 9 Uhr zur Kassa zurück, gibt es das Geld für diesen Tag auch noch zurück. Wer später kommt, muß den Tag noch zahlen. In manchem Skigebiet darf man bis 10 Uhr kommen. Ein Attest vom örtlichen Arzt braucht man, kann auch kurzfristig nachgereicht werden.

Tarifpolitik, sind praktisch alle Bergbahnen Österreichs sehr flexibel und kundenorientiert.
Einzelfahrt: wird nur Fußgängern, Rodlern, Langläufern, Paragleitern angeboten. In Ausnahmen auch Tourengehern. Skifahrer bekommen sie nicht, weil oben meist keine weiteren Kontrollen. Sind im Vergleich zum Ticket sehr teuer. Geht nur an bestimmten Liften.
Tageskarten: gelten von der ersten bis zur letzten Liftfahrt. Die teuerste Möglichkeit des Skilaufs. Mit jedem weiteren Tag wird der Skipaß günstiger.

1Tag z. B. 50 DM 6Tage 250 DM. Somit ist der 6. Tag gratis.

Skipaß

Preisbeispiel Staffelkarte:
Sölden.
Tageskarte 63,– ab 11 Uhr 53,–
ab 12 Uhr 45,80
ab 13 Uhr 38,50 ab 14 Uhr 31,50.

Staffelkarten: das sind Karten, die ab 11, 12, 13 oder 14 Uhr beginnen und im Preis dementsprechend reduziert sind. Man bekommt sie immer erst wenige Minuten vor der vollen Stunde. Das ist technisch noch nicht anders lösbar.

Wahlabo-Karten: dabei kauft man ein Ticket, das 7 Tage gültig ist, aber z. B. nur an 5 Tagen innerhalb dieser Zeitspanne benützt werden kann. Das klingt im ersten Moment verlockend. In Sölden kostet ein *Wahlabo 5 in 7 Tagen* 284,30. Im Vergleich dazu eine 5-Tages-Karte 255,80, knapp 30,– billiger. Kauft man eine 3-Tages- + eine 2-Tages-Karte, so zahlt man in Sölden 164,30 + 114,30. Ist man mit 278,50 noch immer 5,80 günstiger als mit Wahlabo. Es lohnt sich, die Angebote genau zu studieren.

Schnupper-Karte: eine echte Schnupperkarte bringt gratis Skilaufen. In vielen Skigebieten wird sie angeboten. Man kauft um 15 Uhr eine Tageskarte für morgen und darf damit heute noch fahren. Oft werden Staffel-Karten als Schnupper-Karten angeboten.

Kartentypen, alle Bergbahnen Österreichs arbeiten längst mit elektronischen Kartensystemen. Es gibt verschiedene Kartentypen: die normale codierte Steckkarte, die man an den Kontrollpunkten jedesmal stecken muß.

Key-Card, wiederaufladbares elektronisches Skiticket. Funktioniert in allen Gebieten. Kostet 15 DM extra. Muß dann am Drehkreuz nicht mehr die Karte stecken. Wird per Funk entwertet. Wir haben immer wieder Leute gesehen, die mit ihrer Key-Card ganz schön herumgefuchtelt haben, bis sich das Drehkreuz bewegte.

Swatch-Access, eine echte Swatch, Skipaß am Handgelenk. An fast jeder Liftkassa in Österreich ist diese Uhr um 100 DM zu kaufen. Sie wird aufgeladen, und in den Kontrollschleusen sollte man auch durchkommen, wenn die Uhr unter dem Anorak ist. Wir haben gesehen, daß man mit dem Handgelenk winken muß, damit das Drehkreuz den Weg frei gibt. Das System funktioniert in ganz Europa. Aber nicht lückenlos.

Abb.: Swatch-Access. Damit weist man sich als absoluter Ski-Freak aus.

Ausweispflicht, wer vergünstigte Karten möchte, muß Alter etc. ohne Ausnahme mit einem gültigen Ausweis nachweisen. Z. B. für Kinder, Jugend und Seniorentarif.

Verlorene Skipässe, werden grundsätzlich nicht ersetzt. Weil damit Schwindlern Tür und Tor geöffnet wären. Bei verlorenem Skipaß ohne Foto besteht kaum die Hoffnung, ihn jemals wieder zu bekommen. Hat er ein Foto, dann eventuell bei einer der Talstationen, je nachdem, ob ihn zufällig jemand abgegeben hat. Ein verlorenes Ticket ist meistens für immer weg, wie das Geld, das man im Lotto einsetzt.

Ski-Zip, eine tolle Entwicklung gegen verlorenen Skipaß. Eine ausziehbare Schnur, die sich von selbst einrollt. Bequem für normale codierte Steckkarten. Der Ski-Zip wird in die Öse des Skianzug-Reißverschlusses eingehängt. Man hat das Ticket so immer sofort bei der Hand, kann es locker stecken. Verlieren kaum mehr möglich, wenn man alles richtig macht. Wir haben in zweimal 4 Monaten täglichen Skifahrens damit kein einziges Ticket verloren. Und der Ski-Zip hat die Strapaz des täglichen Kartenwechselns tadellos durchgehalten.

Gibt es an jeder Liftkassa zwischen 4 u. 7 DM. Oft gratis beim Kauf von Skiern etc.

Kampf den Schwindlern, die Liftgesellschaften rüsten elektronisch hoch, weil sie mit cleveren Gegnern konfrontiert sind. Ein Bus mit 40 Leuten kommt, 20 fahren mit der Gondel hoch. Einer sammelt oben die Tickets, fährt hinunter und teilt sie auf die anderen auf. Das finden Liftgesellschaften nicht lustig. Deshalb die rasante Entwicklung hochmoderner Kontrollsysteme. Die Chips werden besser, und man sollte nicht annehmen, daß nur Datum und Gültigkeit kontrolliert werden. Bei jeder „Entwertung" werden viele Infos an den Zentralrechner weitergegeben. Der Weg eines jeden Skifahrers läßt sich auf die Minute nachvollziehen. Daraus gewinnen die Liftgesellschaften Infos über das Verhalten der Skifahrer. Nicht bei Tageskarten, weil da keine persönlichen Daten erfaßt werden. Erst bei Wochenkarten Bild und Namen geben. Das System läßt auch zu, daß bei der Kontrollstation am Computer des Kontrollors automatisch das Bild des

Tarifstruktur: Skischulen haben eigenwillige Tarife: So kostet z. B. in Mayrhofen/Zillertal der erste Tag 86,– 3 Tage 186,– und 6 Tage 207,– Damit sollen die Leute motiviert werden, die Skischule länger zu buchen.

Skifahrers erscheint. So kann man sofort feststellen, ob die Karte zum Gesicht paßt. Die meisten „Liftler" sind jedoch ohnehin mit ihren Fingernägeln beschäftigt. Oder mit der Nackten auf Seite 5 der „Kronen-Zeitung".

Skischule, in jedem Wintersportort Österreichs mindestens eine, wenn nicht gleich mehrere. Früher ein geregeltes Gewerbe, jetzt kann es ausüben, wer will. Soweit die Befähigung da ist. Die Unterschiede nicht sehr groß. Langsam beginnen sich die Anbieter zu spezialisieren. Innerhalb eines Orts kaum Preisunterschiede. Die Nachbarn machen sich das untereinander aus. Regional größere Preisunterschiede. Infos in der Rubrik „SKISCHULE".

Skiservice, bald an jeder Ecke. Das ist gut und wichtig, denn nach ein paar Tagen auf Kunstschnee verlieren die Skier ihre Qualität, und man gurkt nur noch rum. Die Kanten greifen nicht mehr, der Belag wird matt, und auf den Skiwegen ziehen die anderen vorbei, und man selbst muß mit Stockstößen nachhelfen. Das Problem dabei, ordinäres Wachsen und Kantenschleifen sind unverschämt teuer. So wollen die freundlichen Leute bis zu 30 DM dafür.

Wachsen: beim Wachsen glaubt jeder Servicemensch an sein Geheimrezept. Alle sind die besten. Eine Wissenschaft ist das. Wie im Weltcup. Meistens geht der Ski am nächsten Tag dann tatsächlich besser.

Kanten: bei normalen Skiern werden die Kanten im Winkel 90° geschliffen. Damit laufen sie beim Geradeausfahren auf einem Skiweg problemlos. Muß kaum Angst vor „Verkanten" haben. Besondere Profis lassen ihre Skikanten „hängend" schleifen. Das heißt, in einem Winkel von 89° oder 88°. Das macht Geradeausfahren zwar etwas schwieriger, bringt es dafür in der Kurve. Kantenschleifen bringt mit sich, daß die Kante dünner wird. Irgendwann ist sie dann weg und der Ski kaputt.

Skitouren, dieses Buch berührt das Thema Skitouren kaum. Wir beschreiben keine Touren, weil wir die Verantwortung nicht übernehmen können. Wir wollen niemanden motivieren, ohne erfahrenen Bergführer los zu gehen. Ganz im Gegenteil. Wir warnen davor, die süßen Berge zu unterschätzen. Selbst im harmlosesten Skigebiet ist man bei einem rasch aufziehendem Winterunwetter in höchster Gefahr. Niemals bei beginnendem Schlechtwetter los. Es wird nicht besser. Es wird immer schlechter und schlimmer. Bergführer sind zwar teuer, kosten ca. 280 DM am Tag. Aber das Erlebnis kann man oft erzählen. Kostet dann pro Erzählung ca. 10 DM. Infos in der Rubrik „SKIROUTE".

Skiunfall, sind mehrere Dinge hintereinander bzw. gleichzeitig zu tun. Sturzstelle nach oben hin absichern. Man steckt Skier über Kreuz in den Boden. Mindestens 25 m von der Unfallstelle. Beim nächsten Lift oder Hütte die Bergrettung verständigen. Jemand sollte immer beim Gestürzten bleiben. Erste Hilfe leisten, soweit man dazu fähig ist. Hier gelten die allgemeinen Erste-Hilfe-Regeln. Ist der Verunglückte transportfähig, kommt ein Aluminium-Aekja. Bei schwereren Verletzungen ein Hubschrauber. Die kommen immer rascher. Mehrere Rettungshubschrauber sind in Tirol im Einsatz.

Skiverleih, stark vertreten in den Skigebieten klarerweise die Sportartikelbranche. Problemlos kann man sich in jedem Ort alle Arten Skier, Boards, Carver, Langlaufskier, Schuhe etc. ausborgen. Das Material ist top, braucht man in den meisten Fällen nicht zweifeln. Im Buch Infos zu „Skiverleih" auf Seite zwei jeder Ortsbeschreibung. Sind an einem Ort mehrere Anbieter, so lohnt sich evtl. ein Preisvergleich. In den meisten Fällen wird man draufkommen, daß die Preise gleich sind.

Ski/Snowboard pro Tag ca. 32-43,–
Kinderski 9-16,–
Kinderschuhe 4,50-6,50
Langlaufski, Stöcke, Schuhe 10-20,–
(alles Tuxertal)

Sport-Shops, haben sieben Tage die Woche offen. Bei jeder Talstation zumeist mindestens einer. Verleih, Service, Verkauf. Oberbekleidung nur in den Hauptgeschäften. Ski und Schuhe und Accessoires immer. In fast allen Sport-Shops gelten Visa, Master, Diners, Amex. Im Buch stehen sie bei Talstationen.

Squash, sofern in einem Ort möglich, steht es in „AKTIVITÄTEN".

Sonne, sie macht die Berge erst richtig schön. Weil sie im Winter nicht lange scheint, haben wir die Sonnenscheinzeiten auf den Terrassen vermerkt.

Damit man nicht anfährt, die schattigen Hütten und Terrassen.

Snowboarden, sie gehören mittlerweile in allen Skigebieten dazu. Die anfängliche Ablehnung hat sich in breite Akzeptanz verwandelt. Die meisten Skigebiete bemühen sich zumindest einen kleinen Funpark und eine Half-Pipe anzulegen. Immer so, daß die Snowboarder von vielen gesehen werden können. Das haben sie gern. Vom Unterricht bis zum Verleih und den Fun-Parks gibt es für Snowboarder überall etwas. Auch viele Schirmbars, Bars und Discos sind auf sie abgestimmt. Infos siehe Rubrik „SNOWBOARDEN".,

Straßensperren, im Winter manche Bergstraßen bei starkem Schneefall gesperrt. Andere wieder den ganzen Winter. Z. B. Großglockner-Hochalpenstraße. Die Verbindung „Lech-Warth", die Silvretta-Hochalpenstraße vom Montafon ins Paznauntal und die Straße zum Timmelsjoch. Auf ihr im Sommer durch das Ötztal nach Italien. Gesperrt auch die Straße über das Furka-Joch, das ist die Verbindung von Rankweil nach Damüls.

Talstation, ein Zentrum in jedem Skigebiet. Haben gute Infrastruktur, meist viele Parkplätze, Sport-Shop, Schirm-Bar, Restaurant, Skidepot, manchmal Selbstversorger-Räume, manchmal sogar eine eigene Bank, z. B. Flachau 8er-Jet. Das ist der Ort, wo der wilde Skifahrer Hermann Maier herkommt.

 Tanken, an Autobahnen 0-24 Uhr. In Winterorten meist zwischen 7 u. 19 Uhr. Am Sonntag etwas kürzer. Wo nächste Tankstelle steht in „SERVICE&HILFE".

Taxi, in den Winterorten gutes Angebot. Allerdings sehr teuer, oft wird man gar betrogen. Manche Tourismusverbände versuchen deshalb öffentliches Taxiservice aufzubauen. Saalbach-Hinterglemm z. B. Da treiben's die Taxler besonders. Wo Taxi und Tel.-Nummer in „SERVICE& HILFE". Genau nach dem Preis fragen und festmachen.

 Telefonieren, bei „TOURIST-INFO" und „SCHNEETELEFON" haben wir jedesmal die gesamte Tel.-Nummer dazugeschrieben. Sonst sind nur die örtlichen Teilnehmernummern angegeben, da, wenn man vor Ort

ist, keine Vorwahl benötigt. Gemeindevorwahlen sind dann dabei, wenn sie nicht mit der Vorwahl des Ortes übereinstimmen.

„0043/" – das ist die Vorwahl nach Österreich.
„/2683" – das ist die Vorwahl der Gemeinde.
„– 2344" – das ist die Nummer des Teilnehmers.

→ **aus Deutschland:** muß man immer die komplette Nummer wählen. Also 0043/dann die vierstellige Vorwahl z. B. /1234 und dann die Teilnehmernummer.

→ **in Österreich:** fällt ++43 weg. Man muß dann vor die Vorwahl der Gemeinde eine „0" setzen. Z. B. 01234– und die Teilnehmernummer.

→ **in der Gemeinde:** da fällt dann auch die Vorwahl weg. Muß nur noch die lokale Teilnehmernummer wählen.

→ **mit GSM-Handy:** muß immer die Vorwahl dazuwählen. Auch wenn man innerhalb der Gemeinde telefoniert. Deshalb Vorwahl bei „SERVICE&HILFE" immer angegeben.

Tennis, die besseren Orte haben alle eine Halle. Sind mit Granulatböden ausgelegt. Schlägerverleih obligat, auch wenn es Krücken sind. Ein Tennis-Stüberl immer dabei. Am Vormittag und Nachmittag günstiger als am Abend. Sollte reservieren. Wenn Tennishalle, dann steht sie bei „AKTIVITÄTEN".

Toiletten, in Skihütten meist im Keller, muß sich über rutschige Treppen nähern. Bei den großen Liftstationen sind sie selbstverständlich. Manchmal auch bei kleineren im Skigebiet. Soweit Toiletten vorhanden, haben wir sie erwähnt. Sind doch wichtig. In manchen Damentoiletten Wickeltische. Die WC sind fast immer gratis. Damen müssen meist anstellen, bei Herren geht das geschwind.

Tourist-Info, bei jeder Ortsbeschreibung. Gleich am Beginn alles über die Tourist-Info. Unter Tourist-Info findet man die Öffnungszeiten, die Telefonnummern und sonstige Adressen wie Post oder Internet. Die Tourist-Info ist der beste Freund des Reisenden. In jedem noch so kleinen Nest. Es sind öffentlich-rechtliche Verbände. Jeder, der im Ort irgendwie am

Telefonnummern: Anne ist tagelang gesessen und hat nichts anderes gemacht als alle in diesem Buch genannten Telefonnummern auf ihre Richtigkeit zu überprüfen. Bitte haben Sie Verständnis, daß überall ein „Hund begraben" sein könnte. Wir haben alles menschenmögliche versucht, keine einzige falsche Angabe in diesem Buch zu geben. Es wird uns nicht gelungen sein. Wir bitten für jede „schlechte Information" um Entschuldigung. Bitte schicken Sie uns jede Art von Berichtigung. Wir sind froh und dankbar darüber.

Wir kürzen Tourist-Info im Buch oft mit TI ab.

Trinkgelder

Tourismus mitnascht, ist Zwangsmitglied und muß hinzahlen. Die Tourist-Infos verfügen meist über hervorragendes Informationsmaterial, das lächelnd und kostenlos übergeben wird. Für alle Probleme sind sie Ansprechpartner. Sie sind hilfsbereit, verstehen sich als die erste Serviceadresse. Sie dürfen keine Empfehlungen weitergeben. Bei der Frage nach einem guten Quartier oder Restaurant bekommt man keine Antwort, denn Tourist-Infos müssen neutral sein. Wer geschickt fragt, kommt zum Ziel. Z. B. eine Frage, die immer funktioniert: Wohin gehen Sie, wenn Sie mit Ihrer Frau einen schönen Abend verbringen wollen?

Trinkgelder, sind absolut üblich. Bei kleineren Beträgen 10%, bei größeren 5% vom Gesamtpreis. Das schlagen zumindest die für Etikette Verantwortlichen vor. Wurde man schlecht betreut, gibt man natürlich nichts.

Wetterpanorama, ORF, 3-Sat. Das österreichische Fernsehen zeigt täglich zwischen 7 u. 9 Uhr aktuelle Fernsehbilder aus den Skigebieten. Jedes Gebiet wird für ca. 30 sek. gesendet, und die Live-Bilder lügen nicht. Zielgerichtet kann man dabei allerdings kaum vorgehen. Wenn alle durch sind, geht es von vorne los.

Winterreiten, in vielen Orten möglich. Ganz unkompliziert. Nach kürzester Zeit darf man mit dem Pferd über die Schneefelder. Ein Gefühl, das warme schnaubende Pferd unter sich über den kalten Schnee. Jeder Schritt spannend. Eine Stunde kostet je nach Region zwischen 25 u. 50 DM. Angebot siehe „GELBEN WOHNEN-SEITEN".

Winterwandern, meist entlang der Loipen oder auf den Rodelbahnen. Winterwanderer können sich in diesem Buch bei „LANGLAUFEN" UND „RODELN & WANDERN" schlau machen.

Wohnen, wer sich sein Quartier selbst sucht und nicht über das Reisebüro, hat im Normalfall nur einen Ansprechpartner: die örtliche Tourist-Info. Anruf genügt, und nach spätestens einigen Tagen sollte ein dickes Kuvert am Tisch liegen. Darin bunte Werbebroschüren und alles wichtige Infomaterial. Vor allem ein Heft mit allen Herbergen des Ortes. Die teureren Absteigen zeigen sich mit Bildern, die günstigen nur mit Namenszeile und ihrem Angebot erwähnt. In diesen Prospekten ist meistens auch ein Ortsplan, der die Lage eines jeden Hauses zeigt.

Telefonat mit der Tourist-Info:
wichtig, möglichst genaue Angaben machen über seine Wohn-Wünsche. Dann findet man leichter, was man sucht.

Checkliste:
Wo soll das Haus liegen? Kann man mit den Skiern zum Lift fahren? Liegt es nahe der Talstation? Braucht man einen Skibus? Liegt das Haus abseits von Lärm und Straße? Können Kinder rund ums Haus gefahrlos spielen? Ist man nahe an Zentrum und Nachtleben? Will man Vollpension = VP (Frühstück, Mittag-, Abendessen), Halbpension = HP (Frühstück/ Abend) oder nur Übernachtung mit Frühstück (ÜF). Will man eine Garage, Hallenbad, Sauna, Solarium, Dampfbad, Fitneßraum, TV etc.

Appartement:
was soll es haben? Gibt es Geschirrspüler, Geschirr, Küche oder nur Kochgelegenheit. Bettwäsche, wird Frühstück angeboten, Abendessen. Ist es ein Hotel-Appartement, hat es Infrastruktur?

Alle Standard-Fragen zu Wohnen beantworten die „GELBEN WOHNEN-SEITEN".

Die gelben Wohnen-Seiten:
Es war uns einfach nicht möglich, das Kapitel Wohnen so ausreichend zu bearbeiten, wie wir es gerne getan hätten. Um ein Haus wirklich beurteilen zu können, sollte man mehrere Tage darin verbringen. Dazu fehlte uns die Zeit, wollten das Buch nicht erst im Jahr 2039 veröffentlichen. Das Kapitel Wohnen gibt Ihnen einen sehr detaillierten Überblick über die Möglichkeiten in jedem Ort. Manche Häuser haben wir gesehen, da haben wir unseren Eindruck

Zuletzt

dazugeschrieben. Damit Sie bei der Wohnungssuche ein paar Ansprechpartner haben, sind in jeder Preiskategorie mehrere Häuser angeführt, deren Angaben bezüglich Luxus etc. haben wir übernommen.

Ob die Vermieter nett sind oder garstig, ob die Zimmer sauber oder schmutzig, ob die Sauna funktioniert oder nicht, das alles wissen wir nicht. Die Nennung in diesem Buch bedeutet also keine Empfehlung für den Hotelier oder Vermieter.
Bitte: Schreiben Sie uns Ihre Erfahrungen.
Klangbildverlag, Wattmanngasse 12, A-1130 Wien.

Zuletzt wünschen wir Ihnen tolle Tage in Österreich. Verbeugen uns vor Ihnen, weil Sie gütig das Buch konsumieren. Und bitte, verzeihen Sie uns mögliche Fehler. Es kann sich leider überall einer eingeschlichen haben. Vielleicht sogar einer, der sich fortsetzt. *Danke für Ihr Verständnis.*

Ihr Klangbildverlag

Arlberg Ost

81-103 Orte Arlberg Ost

- 81 St. Anton am Arlberg
- 95 St. Christoph
- 101 Stuben

104-138 Skigebiete am Arlberg Ost

- 106 St. Anton - St. Christoph - Stuben
- 133 Rendl

257-293 Wohnen Arlberg Ost

- 258 St. Anton am Arlberg
- 264 St. Christoph
- 265 Stuben

9-38 Anreise Arlberg Ost

- 10 **mit dem Auto**
- 14 aus Deutschland
- 14, 17 aus der Schweiz
- 22 **mit der Winterbahn**
- 34, 29 aus Deutschland
- 34, 33 aus der Schweiz
- 36 **mit dem Flugzeug**

Schneetelefon: ++43/5446-2565

St. Anton am Arlberg 1300 m

2300 Einwohner
8000 Betten

Einer der mondänen Skiorte Österreichs. Die Fußgängerzone am Vormittag belebt, wie die Getreidegasse zu Salzburg. Zwischen Abendruhe der Lifte und Dinner im Hotel bummeln die Gäste durch das Zentrum. Bunte Auslagen, teure Geschäfte, Après-Bars im Freien. Viele reiche Menschen. Viel optimaler kann es ein Ort nicht treffen. Wenige Kilometer von der Autobahn, ohne Anfahrtsprobleme. Ein riesiges, spannendes Skigebiet in rauher Alpenkulisse, direkt davor und obendrein bestens erreichbar mit der Bahn. 2001 geschieht hier die Ski-WM. Deshalb derzeit umfangreiche Bauarbeiten, die im Winter ruhen, aber ihr Antlitz nicht verbergen. Der Bahnhof wird unterirdisch.

i TOURIST-INFO

geöffnet: Mo-Fr 8:30-12 u. 14:30-18:30 Uhr. Sa 9-12 u. 13-19 Uhr So 10-12 u. 15-18 Uhr.
Ein Informator gegenüber Parkplatz West am Zugang zur Passage.
A-6580 St. Anton am Arlberg,
Tel. ++43/5446-22690 Fax -2532
http://www.stantonamarlberg.com
E-mail:
st.anton@stantonamarlberg.com

Arlberg Ost

ORIENTIERUNG

Die Ortsstraße ist durch eine Fußgängerzone unterbrochen. Drinnen gibt es kaum Parkplätze, außer die bei den Hotels. Von der **Inntalautobahn A-12** kommend liegen die Einfahrten alle rechts von der Straße. Die erste ist **„St. Anton Ost"**, die nächste dann **St. Anton West**, sie nimmt, wer zur TI möchte. Die **dritte Einfahrt** liegt am Ende von St. Anton, dort wo die Straße schon zum Paß ansteigt. Fährt man sie, kommt man wieder zum Bahnschranken im Zentrum, den man auch von Einfahrt West erreicht. Die Skilifte liegen rechts hinter der Bahn, keine Zufahrt.

Für **Fußgänger** zwei Bahnunterführungen: Eine in der Kurve der Westeinfahrt und eine beim Bahnhof. Wenn der Schranken offen ist, dann über die Gleise. Der Schranken sorgt in St. Anton für viel Stau, „ist 12 Stunden am Tag zu", sagen die Einheimischen.

Kurz vor der Einfahrt West am rechten Straßenrand das Hinweisschild Tourist-Info. Folgt man ihm zu Fuß, kommt man im Zentrum raus.

PARKEN

Gegenüber Westeinfahrt **Parkplatz West**. Ein Teil mit Schranken gegen unerlaubte Parker geschützt, hier nur Gäste mit Berechtigung. Rechts davon Kurzparkplätze für maximal 1,5 Std., also für Skifahrer unbrauchbar. Parkplätze entlang der Talhauptstraße, aber sehr begrenzt, viele davon Hotelparkplätze.

Kurzparkzone von Mo-So 7-22 Uhr. Die erste Stunde kostet 5-S-Münze, die nächste halbe Stunde ebenfalls eine 5-S-Münze. **Parkgarage** Avis-Rent, großes Schild zur Straße, hat aber nur Hotelparkplätze, also auch hier keine Parkchance.

Abb.: Skigebiet St. Anton

In St. Anton ist alles etwas wertvoller. Ob Getränke, Essen, Lifte oder Zimmer. Was in Österreichs größtem Skigebiet „Wilder Kaiser" 4,50 kostet, ist in St. Anton und den anderen Arlberg-Orten 5,80 wert. Obwohl es sich um genau das gleiche Produkt handelt. Oft muß man jedoch nach St. Anton, weil es woanders gar keinen Schnee gibt.

SKIBUS

Zentrales Skibus-Terminal bei Einfahrt St. Anton West, fahren insgesamt 5 verschiedene Linien ab.

Skibus Terminal → Rendl → Terminal,
blaue Linie 1, von 8:30-17 Uhr alle 15 Min. Fahrzeit 2 Min. Wenn besonders viel Andrang, fährt er ohne Pause.

Skibus Terminal → St. Jakob → Terminal,
grüne Linie 2. Fährt ab Terminal 18 x tägl. Fahrzeit 25 Min.

Skibus Terminal → Mooserkreuz → Oberdorf → Terminal, rote Linie 3, ab Terminal 15 x tägl.; Fahrzeit 15 Min.

Ort **St. Anton am Arlberg**

Skibus Terminal →► Nasserein →► Alt St. Anton,
lila Linie 4, ab Terminal 14 x tägl.; Fahrzeit 10 Min.
Rückfahrten 15 x tägl.
Postbuslinie St. Anton →► Lech,
ab Terminal 14 x tägl.; Fahrzeit ca. 45 Min. Rückfahrten ab Lech 14 x tägl. Kommt an der Talstationen 4er-Sessel Valfagehr, Zürs und Lech vorbei.

SKISCHULE

Skischule Arlberg, im langgestreckten Gebäude zwischen Gampen-Gondel und Kandahar-Bahn, Zugang pistenseitig. Dort auch der Kinderclub.

Skischule St. Anton hat das Büro ebenfalls im langgestreckten Gebäude, am Ende des Hauses Richtung Kandahar-Bahn die Treppen hinunter. Akzeptieren *Diners, Master, Visa, Amex.*

Die berühmtesten österr. Skiläufer waren Direktor der Arlberg-Skischule. Die Reihen der Stars haben sich gelichtet, für Olympiasieger und Weltmeister gibt es heute andere Chancen, als Skilehrer zu werden. Aber immerhin *Karl Cordin* (WM-Silber 1976) ist unter den Lehrern (insges. 200) und noch einige Ex-Mitläufer der Ösi-Skinationalmannschaft. Also das Niveau scheint in Ordnung zu sein. Selbst die Dümmsten haben hier Skifahren erlernt. Daneben auch *Edward von England, die Taxi Gloria von Thurn, Caroline von Monaco, Milliardär Karl Flick,* auch Popstars à la *Peter Gabriel und Peter Hoffmann.* Mit diesen Namen läßt sich werben.

Skikurs Erwachsene: 1Tag 67,20, 3Tage 157,20, 6Tage 200,–
  Privatkurs: 1Tag 278,60 jede weitere Person 21,50
  Anfängerkurse: beginnen nur So u. Mo, sonst Privatlehrer.

SERVICE & HILFE
++43/5446-...

Geld: *Banken* alle im Zentrum in Fuzo, einheitliche Öffnungszeiten: Mo-Fr 8-12 u. 14-17 Uhr, Sa 8-12 Uhr. *Bankomat* und *Changeomat* in Fuzo gegenüber Hotel Alte Post. Über Einfahrt West mit dem Auto hin. In der Fuzo bei Volksbank auch Bankomat und Changeomat. Wechselstube am Bahnhof, tägl. 8-18 Uhr und Rieger Bank in der Fuzo tägl. 8-19 Uhr. **Post:** Mo-Fr 8-12 u. 14-19 Uhr, **Geldwechsel** bis 18 Uhr. Sa 9-11 Uhr. Am unteren Fuzo-Ende rechts weg in einen Hinterhof. Von der Talhauptstraße Zufahrt bei Wegweiser. **Arzt:** Dr. Knierzinger, Tel. –2828 od. Dr. Sprenger, Tel. –3200 **Zahnarzt:** Dr. Juen, Tel. –2070 **Apotheke:** in Fuzo bei Sporthotel St. Anton die Str. rein, ca. 50 m. Mo-Fr 8-12 u. 14-18:30, Sa - 18 Uhr, So 9-12 u. 14-18 Uhr. *Master, Visa, Diners, Amex.* Erreichbar auch von Talhauptstraße; bei Hotel Rosanna in den Ort. Parken in Kurzparkzone an der Talhauptstraße. Tel. –2061 **Gendarmerie:** im Zentrum hinter der Kirche, Tel. –2237 **Bergrettung:** Tel. –140. **Optiker:** der nächste in Landeck (ca. 35 km), oder Hilfe bei Franz Oberndorfer, kleiner Uhrmacher mit Kramerladen. Da der nächste Optiker in Landeck, hierher wenden. Vielleicht hat ja Franz die Schraube. Er ist als gute Seele bekannt und hilft gerne. „Ich bin ein Mann für alles". *Diners, Amex, Master, Visa.* Tägl. von 7-19 Uhr. **Wo:** im Haus neben der TI. **Taxi:** Tel. –3730 od. –2806 od. –2315, od. –2275 **Autovermietung:** in Landeck. Tel. 05442/61466 **Tanken:** an der Osteinfahrt eine Shell. Tägl. von 7:30-20 Uhr, *Amex, Diners, Visa, Master.* Ein kleiner Shop mit Süßigkeiten und Getränken.

Arlberg Ost

Kinderskischule:
1 Tag, inkl. Verpflegung 100,–
3 Tage 245,– 6 Tage 335,–
1 Tag Verpflegung 73,– 3 Tage 173,–
6 Tage 219,–

Ski-Verleih
in allen Sportgeschäften.
Als Kartellpreise gelten:
Standard-Ski
1 Tag 25,80 6 Tage 103,–
Test-Ski
1 Tag 34,50 6 Tage 179,–
Top-Ski
1 Tag 50,– 6 Tage 229,–
Top-Schuh
1 Tag 22,90 6 Tage 92,90
Standard-Schuh
1 Tag 12,90 6 Tage 61,50
Jugendski
bis 14 Jahre/175 cm
1 Tag 19,50 6 Tage 71,50
Kinderski
bis 6 Jahre 70-120 cm
1 Tag 11,50 6 Tage 55,80
Kinderschuhe
bis Gr. 36
1 Tag 8,60 6 Tage 35,80

Kinder

Kinderskischule/Skikindergarten, ganztägige Betreuung mit Skiunterricht von 9-16:30 Uhr, Sa geschlossen. Ab 5 Jahren auf die Ski, evtl. etwas jünger. Ab 2 1/2 Jahren in den Kindergarten, altersspezifische Betreuung. Allerdings müssen sie sauber sein. Eine strenge Grenze, für viele der kleinen „Gagi-Buzzies" kaum zu schaffen. Die SkilehrerInnen sind in Kinderpsychologie fachkundig, heißt es. Die Kinderwelt liegt abseits der anderen Pisten, sodaß die Kleinen doch 100%ig sicher sein sollten. Aktivitäten neben Skifahren oder Boarden, auch Snowsails, Bigfoot. *Wickelraum:* in Bergstation Rendl *Babysitter:* über Tourist-Info

Langlaufen
im Ort oben bei Tennishalle und Eislaufplätzen eine 2 km Übungsloipe, auch für blutige Anfänger geeignet.
Stanzertal-Loipe, blau, 22 km. Sie beginnt in St. Anton an der Brücke über die Rosanna kurz nach der Tankstelle Einfahrt Ost. Von St. Anton der Rosanna entlang bis Flirsch, auf der anderen Seite zurück. Parallel Straße und Eisenbahn. Eine Loipe für Spaziergänger, gewarnt wird vor der Abfahrt ca. 1 km nach Loipenstart. Sie ist abschüssig und unübersichtlich. Anfänger sollten die Skier abschnallen. Die Loipe kommt an den Orten St. Jakob, Pettneu, Schann und Flirsch vorbei.

Timmler- und Ganderau-Loipe, rot, gemeinsam 5 km. Beginn in Gand, das ist von St. Anton Richtung Innsbruck fahrend ein kleiner Weiler nach St. Jakob. Die Talhauptstraße unterquert dort in einer engen Kurve die Arlberg-Bahn. Danach links beginnen die Loipen. Die Ganderau-Loipe zieht talauswärts eine Schleife übers hügelige Land. Die Timmler-Loipe ist nach St. Jakob gespurt, ist die längste Zeit einbahnig und macht vor den Häusern St. Jakobs eine Ehrenrunde.

Ferwall-Loipe, rot, 10 km. Die tollste von St. Anton. Beginnt beim Hotel Mooserkreuz an der Straße St. Anton – St. Christoph. Nach der zweiten Kehre, kurz nach Abfahrt St. Anton Nord, links weg zum Parkplatz. Sie gilt als anspruchsvoll, müht sich über welliges Gelände. Die schlimmste Hürde, das „Stiegeneck", wurde kurzerhand untertunnelt, damit der Ausflug nicht zu anstrengend wird. Für die meisten ist das bewirtschaftete Ferwallhaus hinten im Taldas das schönste Ziel. Wer die ganzen 10 km laufen möchte, sollte vor dem Einkehren noch die Runde um den Ferwallsee machen, auch wenn man noch ein Stück hoch muß.

RODELN & WANDERN
von der Rodelhütte, geöffnet 10-24 Uhr, aber ab 23:30 Uhr lassen sie niemanden mehr rein. Die einzige Bahn in St. Anton, 2 km, hinkommen nur zu Fuß über die Rodelbahn. Von Gasthof „Alt St. Anton" ca. 30 Min. gehen. Oben ***Rodelverleih,*** 5,80 pro Stück.

Rodelhütte, am Beginn der Rodelbahn. Ein neu-errichtetes „Hüttenhaus" am Waldrand mit Sonnenterrasse, den ganzen Tag. Abends oft voll, da fühlen sich sogar die Holzwürmer beengt. Kein Wunder, die einzige Rodelhütte für 8000 Betten. ***Hinkommen:*** Einfahrt Ost schräg gegenüber der Tankstelle rechts hinein und der Straße folgen; Wegweiser „Alt St. Anton". Bis die Straße zu einem Garagenhaus kommt, dort beginnt die Rodelbahn. Bis Alt St. Anton fährt tagsüber die ***Skibuslinie 4.***

Langlaufausrüstung
in den verschiedenen Sportgeschäften im Ort zu leihen.
Set
1 Tag 15,80 6 Tage 78,60
nur Skier
1 Tag 12,90 6 Tage 64,30

Ferwall-Loipe: Langlaufverleih beim Hotel Mooserkreuz, ca. 20 DM
Hinkommen: mit dem Bundesbus, der verkehrt ständig zwischen St. Anton und St. Christoph Terminal. Siehe Skibus, Seite 82.

Essen: Gulaschsuppe 7,20 Tiroler Gröstl, Krautsalat 15,– Schweinshaxe, Kraut, Knödel 22,20
Trinken: Cola 3,60 Bier/Radler/Weizen 5,50 Glühwein/Jagatee 6,50 Wein 5,80 Wodka-Feige/Willi 4,30 Schoko 4,30 Kaffee 3,60 Tee 2,90

Arlberg Ost

AKTIVITÄTEN

Eislaufen: von der Talhauptstraße auf Höhe Hotel Rosanna ein Holzsteg über den Bach. Dort die Treppen hoch und rechts ums Haus.

Eis: der Eislaufplatz oben hinter der Tennishalle auf den eingeeisten Sommertennisplätzen. Ein Teil für Läufer, der andere für Stockschießer. *Eislaufen* von 13-21 Uhr, kostet 7,20 mit Schuhen und 4,30 ohne Schuhe; Zeit egal. *Eisstockschießen* 13-22 Uhr, p. P. für 2 Std. inkl. Stock 8,60. Service und Verpflegung aus dem Tennisstüberl. **Tennis:** eine Halle am steilen Hang jenseits der Rosanna, geöffnet 9-22 Uhr. Bis 15 Uhr 30,– pro Std.; ab 15 Uhr 37,– **Squash:** 14,– pro 30 Minute. Schläger und Schuhe auszuborgen. Auch ein *Tennisstüberl* mit Fenstern hinunter auf die Plätze.

Tennisstüberl: Gulaschsuppe/Toast 6,50 Cola 3,20 Bier 5,80 Weizen 6,– Wein 5,50 Glühwein/Jagatee 5,80 Schoko 4,30 Kaffee 3,60 Cappuccino 4,30 Tee 3,30. **Wo:** selbe Weg wie zum Eislaufplatz

Kino: Der Valluga-Saal wird mehrmals in ein Kino verwandelt, das aktuelle Programm und die Vorführzeiten erfährt man bei TI.

Ort **St. Anton am Arlberg**

Relaxen

Hallenbad, viele Wintersportorte bieten Top-Relax-Centers mit 100 m langen Wasserrutschen etc. In St. Anton kann man in ein beengtes Hotelhallenbad gehen und das nur, sofern die Hausgäste gerade ausgeflogen sind.

Das **Sporthotel** in der Fußgängerzone öffnet seine Pforten auch für hausfremde Gäste, allerdings nicht von 16-19 Uhr. Geöffnet ist es von 7-21 Uhr. Man geht an die Rezeption, zahlt 21,50 DM, egal für wie lange. Bekommt einen Schlüssel fürs Kästchen, zahlt 15,– Kaution. Wassertemperatur 28° in einem 10 x 5 m Becken. Auf den Seiten in Felsen gefaßt und eine gemalte Flußlandschaft. Sauna und Dampfbad sind im Preis inbegriffen. Handtücher vorhanden.

Aktiv-Zentrum Pettneu, geöffnet 10-22 Uhr. 6 km von St. Anton entfernt, davor großer Parkplatz. Es ist das eigentliche Relax-Center von St. Anton. Großes modernes Bad mit Sauna und Sonnenbänken. Eintritt ganztags 11,50; ab 17 Uhr 8,60. Kinder bis 6 Jahre 4,30; Kinder bis 15 Jahre 5,80. **Sauna,** täglich gemischt von 14-22 Uhr. Eintritt für 3 Stunden 14,30 Kinder bis 15 Jahre 7,20 Sauna + Badekarte 21,50 **Solarium** 14,30. Verleih von Badekleidung, Handtüchern je 4,30 Einsatz 15,–

Gastronomie

Gasthaus-Café Seiler, 7:30-24 Uhr. Küche - 21 Uhr. Nackte furnierte Tische ohne sonderlichen Schmuck. Es sei denn, man betrachtet Maggi-Set, Aschenbecher und Bierdeckel als solchen. Wer etwas zu essen bestellt, bekommt aber immerhin ein blaues Blatt Papier auf seinen Platz gelegt, damit es nicht ganz so farblos ist. Der Speisesaal hat große Fenster zur Bahn, sehr hell. Das Gasthaus ist vor allem bei den Einheimischen beliebt, weil es nicht auf Nobleß, sondern auf nüchterne Normalität setzt.

Essen: Frittatensuppe 5,– Gulaschsuppe 6,50 Würstel 6,– Spaghetti 12,90 Putensalat 16,50 Wiener-Schnitzel, Pommes 20,– Grillteller, Pommes 22,90 Tiroler Gröstl, Spiegelei, Krautsalat 17,90
Trinken: Cola 4,20 Bier/Weizen/Radler je 5,80 Wein 6,90 Glühwein/Jagatee 6,60 Willi/Wodka-Feige 5,– Cappuccino 5,– Kaffee 3,90
Wo: im Ortszentrum gegenüber dem Bahnübergang

Arlberg Ost

Essen: Kartoffelsuppe 8,50 Kaspreßknödelsuppe 8,20 Rahmbeuschel „vom Tiroler Vollmilchkalb", Serviettenknödel 23,60 gebr. Scampis, Gemüse 42,20 Kalbsrahmgeschnetzeltes, Berner Rösti 34,30
Trinken: Cola 4,20 Bier 0,3 l 5,50 Weizen 7,50 Wein 7,80 Glühwein/Jagatee 6,90 Glas Sekt 9,30 Schoko 5,50 + Rum 6,90 Cappuccino 4,80
Wo: am Beginn der Fuzo, von Einfahrt West kommend

Restaurant Post, Küche 11:30-14 und 18:30-21:30 Uhr. Im gleichnamigen Hotel, das vom berühmten Architekten Clemens Holzmeister 1928 umgebaut wurde. Das erste Haus stammte aus 1896, damals mit der Arlberg-Bahn eröffnet. Preislich gehobenes St.-Anton-Niveau. Mehrere Stuben, alle in betuchtem Design. Im Frühjahr ist nachmittags die Terrasse sehr gefragt. Eines der feineren Restaurants in St. Anton, das dazugehörige Hotel hat gehobenen 4-Sterne-Komfort. So wird man auch bedient.

Essen: Nudelsuppe 4,30 Minestrone 6,50 Antipasto 15,– Carpaccio 18,60 Mozzarella, Tomaten 14,– Nudeln vegetarisch 13,– Lasagne 14,– Risotto mit Meeresfrüchten 16,50 Spaghetti (6 versch. Versionen) 14,–
Trinken: Cola 3,20 Bier 5,– Radler/Weizen 5,60 Wein 6,60 Espresso Segafredo 3,50 Cappuccino 4,–
Wo: am Bahnhof

Restaurant am Bahnhof, Küche von 12-14 u. 19-22 Uhr. Das Lokal ist zweigeteilt, hat auch zwei Eingänge. Die Stube, die man vom Bahnhofsgebäude betritt, hat perfekt die Ausstrahlung einer Bahnhofs-Restauration. Die Lehnen der Bänke haben Schlitze für die Heizkörper dahinter. An der Wand des Stammtisches der Kopfteil eines Marterls. Die darunter sitzenden Bauern nehmen etwas von der Bahnhofsatmosphäre. Gänzlich verliebt ins Bahnhofsrestaurant ist man, wenn Sissy aus der Küche kommt. Eine echte Pasta-Mama. „In meine Wirtshausstube" kommt das einfache Volk", sagt sie. „Da wissen die Leut', daß es auch lauter zugehen darf. Da wird diskutiert, Karten gespielt, gestritten, wie in einem Wirtshaus eben." Aber Sissy setzt die Grenzen. Der Eingang zum zweiten Teil ihres Lokals ist an der inneren Seite des Bahnhofs. Hier treffen wir auf die Sehnsucht von Mama Pasta. Ein üppig dekoriertes Restaurant nach italienischen Empfindungen, und aus der Küche kommen Pastateller, die das Herz von Sissys „einfachem Volk" höher schlagen lassen. Echt, herzlich, ehrlich. In diesem Ambiente hat es sogar etwas, wenn sich der Bahnhofslautsprecher meldet.

Reselehof, Küche 11-21:30 Uhr. Uralter steinerner Bauernhof mit gotischem Eingangsportal. Wurde ca. 1450 erbaut, war die letzte Pferdestation vor dem Arlberg-Paß. Diese dicken Mauern haben wohl schon viel gehört und gesehen, damals als der Weg über den Paß ein ungewisser war, und niemand wußte, ob er wieder lebend einmal hierher kommen würde. Die Speisekarte im Dialekt geschrieben, nicht immer leicht verständlich, macht dafür einen bodenständigen Eindruck. Szabo, Kellner aus Bosnien, kann einem bei der Übersetzung nicht großartig weiterhelfen. Stoffservietten und Gläser am Tisch sind vorbereitet, wie in feinen Restaurants. Der Resele-Hof ist preiswerter als die meisten anderen Restaurants in St. Anton. Täglich um 16 Uhr gibt's einen Langläuferstammtisch, da kann man auch ein Abzeichen erwerben.
Hinkommen: bei Einfahrt Ost rein und erste Str. rechts. Vom Zentrum die Fußgängerzone abwärts, dann die Straße hinaus, kurz vor der Shell-Tankstelle links, unter der Bahn durch. Von der Distanz ein Verdauungsspaziergang.

Essen: Frittatensuppe 4,30 Kasknödelsuppe 5,80 Blutwurstgröstl, Salat 15,- Tiroler Gröstl, Krautsalat 17,20 Kasspätzle, Salat 15,80 Schweinsbraten, Knödel, Salat 19,30 „Arm Leit Essa" Erdäpfel, Sennerkäs, Butter, Milch 12,90 Schafbraten, Erdäpfel, Wirsingkohl 27,85 Hirschragout, Butterspätzle 20,- Hasenkeule, Rotkraut 26,50 Apfelstrudel 5,- Topfennockerl 10,80
Trinken: Cola 3,60 Bier 5,50 Weizen 5,60 Wein 6,60 Glühwein/Jagatee 5,20 Wodka-Feige 4,60 Willi 4,30 Schoko 4,- Kaffee 3,60 Cappuccino 4,30 Tee 3,20
Wo: im Ortsteil Nasserein

Abb.: Tiroler Speckjause

Alt St. Anton, Küche 18-22 Uhr. *Diners, Master, Visa, Amex.* Eine Art Geheimtip, weil jeder Ort auch ein paar Geheimtips braucht. Bekannt und berühmt wegen dem Gericht „Flammendes Schwert". Das Ambiente „herausgeputzter Heustadl" hat das Restaurant vor Jahren zum Bestseller gemacht, heute ist Österreich ein bißchen überhäuft mit solchen Etablissements. Aber das weiß man ja nicht, wenn man aus Hamburg 1 x im Jahr kommt. Hinter der Schank steht eine „wahre" Kaiserin. Maria Antoinette nennt sich die Dame. Sie weist auch die Tische zu. Ihre pechschwarzen Haare kombiniert sie mit einem grünen Dirndl. Reifen Herrn mag sie ausnehmend gut gefallen. Dann gibt's noch einen gedrungenen Ober. Natürlich ein Gentleman; aus Fichte oder anderem Gestrüpp.

Essen: Tagessuppe 5,80 Currycremesuppe 6,50 Züricher Rahmgeschnetzeltes, Rösti 27,20 Zwiebelrostbraten, Bandnudeln 25,80 Tafelspitz „Sacher Art" Hirschrückensteak, Butterpilze, Eierspätzle, Bohnen 38,60 Wiener-Schnitzel, Pommes, Salat 22,20 Schafbraten, Salzkartoffel, Speckbohnen 22,20 Flammendes Schwert für 2 Personen 68,60
Trinken: Cola 3,60 Bier 5,50 Weizen 5,50 Bit 0,3 l 4,80 Wodka-Feige/Willi 5,- Cappuccino 5,- Espresso kl. 3,60 gr. 5,- Tee 2,90 + Rum 5,-
Wo: Einfahrt Ost und dann die nächste Straße rechts; es gibt einen Wegweiser. Vor dem Gasthof „Reselehof" links.

Arlberg Ost

Essen: Currywurst 6,– Pommes 3,– Hotdog 5,20 Hamburger 6,60
Trinken: Cola 3,20 Bier 4,80 Weizen/Radler 5,80 Wodka-Feige/Willi 4,30
Wo: vom Bahnübergang am Weg zu Galzig-Gondel und Kandahar-Bahn

Burger-Ranch, Bude mit ein paar Stehtischen, davor und daneben unter einer Fichte ein Gärtlein mit Biertischen. Die Budenfrau Monika sagt, besonders ihre Currywurst und die guten Pommes seien nachgefragt. Wenn die Leute vom Mooserwirt (Top Après-Ski) runterkommen, machen viele bei Monika und Anita einen Burger-Zwischenstopp.

Essen: Frittatensuppe 6,20 Grillteller, Pommes 25,20 Spaghetti 15,20 Wiener-Schnitzel, Pommes 20,20 Gröstl, Krautsalat 14,– Käsespätzle, Salat 16,– Kaiserschmarren 13,60 Apfelstrudel 7,50 Germknödel 9,30
Trinken: Cola 3,60 Bier 5,80 Weizen 6,60 Radler 5,80 Wein 6,30 Glühwein 6,– Willi 5,20 Espresso kl. 3,60 gr. 5,– Tee 3,80
Wo: vom Zentrum am Weg zur Galzig-Gondel

Hax'n-Stub'n, Küche 11-22 Uhr. Vor dem Haus Eisbar, 11-19 Uhr. Sie fängt die Leute ab am Weg vom und zum Lift. Laute „Stimmungsmusik", alles was die Skifahrer beim Umtrunk angeblich gern hören. Innen dunkle, schwere Holzwände, Lampen aus Ochsengeschirr, grüne Leinentischtücher und Holzaschenbecher. Ein paar Plätze noch oben im ersten Stock. Alles so eingerichtet, daß es die wildesten Zusammenkünfte von Skischulgruppen überstehen kann. Wer es gerne zart und gediegen hat, wird wohl eher vorbeigehen.

Essen: Wiener Frühstück 9,90 weiches Ei 1,80 Schinkenteller 3,– Ham & Eggs 6,– Apfelstrudel 5,–
Trinken: Cola 3,80 Bier 5,20 Weizen/Wein/Glühwein/Jagatee 6,30 Willi 4,20 Schoko 4,80 Kaffee 3,90 Espresso kl. 3,50 gr. 6,90 Tee 3,50
Wo: im Zentrum ca. 50 m nach TI Richtung dorfeinwärts.

Kaffeehäferl, geöffnet 7:30-22 Uhr. Zur Straße große Fenster, davor eine kleine Terrasse. Innen quadratischer Raum mit Steinboden, hellen zarten Möbeln und bäuerliche Lampen. Eine raumfüllende Bar mit Bank rundherum. Beliebter Treffpunkt, gepflegt und freundlich, setzen sich sogar die jungen Gendarmen am Vormittag rein. Frühstück von 7:30-10 Uhr. Einige Zeitungen liegen auf.

Essen: Frittatensuppe 6,90 Zwiebelsuppe/Gulaschsuppe 10,80 wacholdergeräucherter Lachs 26,50 Riesenscampi vom Grill 32,20 Putensteak auf Toast 22,20 Steaks zw. 43,– und 55,–
Trinken: Cola 4,20 Bier 0,3 l 5,50 Wein 7,80 Schoko 5,50 Kaffee 4,20 Tee 3,80
Wo: im Sporthotel in der Fuzo.

Steakhaus, Küche 11-23 Uhr. Die Steaks werden hinter der offenen Bar zubereitet. Große Fenster zur Fußgängerzone, der Blick ist allerdings durch die üppigen Blumen verstellt. An der Kopfwand ein Spachtelbild, das einen Stier beim Angriff zeigt. Wohl eine Parabel zum Fleisch am Teller. Blaue Tischtücher und Stoffservietten, blaue Kerzen, Pfeffermühle am Tisch, vornehmes Service und leise Hintergrundmusik. Das alles hat natürlich seinen Preis.

Ort **St. Anton am Arlberg**

Restaurant Verwall, oben an der Bergstation der Galzig-Gondel. Kennt man ohnehin schon vom Skifahren, auch wenn man noch nicht drinnen war. Jeden Freitag dort jedenfalls für 100 Leute ein Gourmetabend. Da fährt die Gondel extra von 19-20 Uhr und ab 22 Uhr alle 20 Minuten wieder zurück. Herrlicher Nachtblick über St. Anton und die Arlberger Gebirgswelt. Kerzenschein am Tisch und der Himmel so nah. Rechtzeitig Tisch reservieren, am besten, wenn man tagsüber während des Skifahrens einmal vorbeikommt.

Jeden Freitag Gourmet-Abend

Harlekin, geöffnet 11-24 Uhr, Küche bis 23 Uhr. Hat sich seit 10 Jahren auf Fisch spezialisiert. Ein durchdachtes und vom Herzen her geführtes Lokal. Gibt sogar grünen Tee, den man nicht einmal in 5-Sterne-Hotels bekommt, weil für die wenigen Leute die grünen Tee nachfragen, macht man nicht noch einen Finger krumm. Die heißen Schokoladen sind in stattlichen Tassen aus frischer Bauernmilch. Durchs Lokal pinkfarbene Abluftröhren, Fenster mit gelben Vorhängen. Pink geht es weiter. Pinkschwarzer Fliesenboden, pinkbemalte Decke und Harlekin-Bilder. Holz, gar altes oder geschwärztes ist nicht auszumachen. Wenn man reinkommt, riecht es nach Fisch aus der offenen Küche.

Essen: Knoblauchsuppe 6,90 Lachssuppe 13,60 Shrimpssuppe 12,20 Fischsuppe 17,90 Norwegischer Räucherlachs 23,60 ausgelöste Crevetten 32,20 gem. Fischteller 29,30 Saison-Salat 10,80 Pasta, Schinken 16,50 Pastam, Lachs 22,20 Pasta, Tomate 13,60 Tiramisu 6,90
Trinken: Cola 0,35 l 4,60 Bier 0,3 l 5,50 Weizen 6,90 Wein 8,– Wodka-Feige/Willi 6,50 Grappa 6,– Cognac 7,90 Whisky 4 cl. 10,80 Schoko 4,60 Cappuccino 4,60 gute Teeauswahl, Kännchen 6,90
Wo: in der Fußgängerzone gegenüber Hotel Alte Post, ein Stückchen zurückversetzt

Arlberg Ost

Essen: Tomatencremesuppe 9,30 Fischrahmsuppe, Meeresfrüchte 15,– Hühnersalat 20,80 Argentinisches Rumpsteak 36,50 Taco mit gehacktem Rindfleisch 17,20 Nachos mit Tomaten-Bohnenpüree 17,90 Knoblauchspaghetti mit Thunfisch 17,90
Trinken: Cola 4,20 Bier 0,3 l 5,60 Weizen/Wein/Glühwein 7,– Jagatee 6,50 Wodka-Feige 5,80 Tequila 5,– Fernet 4,80 für Fans eine Latte von Malt-Whiskies, ca. 15,– Schoko 5,– Kaffee 3,80 Cappuccino 5,– Tee 3,50.
Wo: am Ende der Fuzo, bergab

Hazienda, geöffnet 17-02 Uhr, Küche bis 23 Uhr, bis 18:30 Après-Ski, da wird die Musik kräftiger aufgedreht. Ein gewölbeartiges Bar-Restaurant auf mexikanische Tour. Tief hinunter in einen Keller, mehrere Glastüren sind zu durchdringen im feuerorangen Treppenhaus. Man wird eingestimmt. Aufwendige Deko, bei unserem Besuch schwebten Metallmenschen mit Drähten und Maschinenteilen von der Decke. Der stolze Wirt hat gesagt, er wechselt die Dekoration jede Saison. Mal schauen. Ledersessel, offener Kamin, verwinkelte Bar. Insgesamt ist das Lokal so, daß es viele Nasen in die Höhe zieht.

Essen: Frittatensuppe 6,90 Erdäpfelrahmsuppe 8,30 Kasnocken in Suppe, Salat 17,90 Krautfleckerl, Salat 13,60 Schlutzkrapfen, Steinpilzfülle 20,80 Wiener-Schnitzel, Petersilkartoffel 23,60 Rehragout 32,20
Trinken: Cola 3,80 Bier 0,3 l 4,60 Weizen 6,50 Wein 7,50 Obstler 3,60 Longdrinks ca. 15,– Schoko 6,90 Kaffee 3,80 Cappuccino 4,– Tee 3,20
Wo: in der Fuzo, am unteren Ende

Dorfstube, 18-23 Uhr, Sa u. So auch von 11:30-14 Uhr. Drei verschiedene Stuben, elegant bäuerlich eingerichtet. Eine jede in einem anderen Farbton, aber ohne quälenden Firlefanz. Zentral zu den drei Räumen Bar mit Lehnenhockern, sehr angenehm, wenn man nach dem Skifahren erschöpft ist. In den Stuben wärmen Bauernöfen, sitzen auf gepolsterten Bänken, umgeben von getäfelten Wänden. Gerne besucht auch von jenen Einheimischen, die es sich leisten können, 20 DM für Schlutzkrapfen auszugeben.

Essen: Frittatensuppe 5,80 Gulaschsuppe 6,50 Spaghetti 14,– Putensalat 19,30 Käsespätzle, Krautsalat 17,90 Wildgulasch, Semmelknödel 22,20 Tiroler Gröstl 17,90 Bandnudeln, Pilze 26,50 Kaiserschmarren 17,20 (shocking) Apfelstrudel 6,20
Trinken: Cola 3,60 Bier 5,60 Weizen 6,50 Glühwein/Jagatee 7,20 Wodka-Feige 6,50 Obstler 2,60 Schoko 4,– Kaffee 3,60 Cappuccino 4,60
Wo: von der Dorfstraße am unteren Ende der Fuzo gegenüber Hotel Schwarzer Adler in die Gasse und dann die 2. Möglichkeit rechts

Trödler-Stube, Küche 16-23 Uhr. Tatsächlich üppig dekoriert mit Trödel. Allerdings nur Wände, Simse und Decke. Die Möbel sind neuzeitlicher Gasthausstil, und auch der Trödel macht nicht viel her. Was man so am Dachboden findet und was die Freunde so am Dachboden finden und dann bringen. So sind sehr viele Kaffeemühlen zusammengekommen. Aber auch ein Kinderwagen aus den 50er Jahren, der am Plafond hängt. Der Raum ist mit Tischen vollgestellt, man kommt gerade durch. Es ist belebt, und die Leute bleiben sitzen. **The Train,** im Keller der Trödelstube. Küche 18-23 Uhr. Gestaltet wie ein Zug, soll der Name vor allem die englischsprachigen Gäste ansprechen. Ein spezielles Fondue-Restaurant, das man wegen des langsamen Essens besucht. Fleischfondue pro Pers. 42,– Käse 35,–

Ort **St. Anton am Arlberg**

APRÈS-SKI & TREFFPUNKTE

*hauptsächlich bei den Hütten an der Talabfahrt. Das "**Krazy Kangaroh**" hat das englischsprachige Publikum, "**Mooserwirt**" ist die Top-Adresse für deutschsprachiges Publikum. Da geht's nicht ganz so gröhlig zu (siehe Skigebiet, Seite 123). Wenn nicht Après in einer Hütte an der Talabfahrt, dann im Ort an den Schirmbars oder im "**Post-Keller**" (16-19:30 Uhr). Live-Musik zum Après im "**Picadilly**" und im "**Underground**".*

Sperrstunde
Mitte der 90er Jahre wurde in St. Anton eine neue Sperrstundenzeit festgelegt. Ab 2 Uhr morgens gehen die Rollbalken runter. Das war eine hygienepolitische Maßnahme. "Schlechtes Publikum" kann so etwas nicht brauchen und wird sich anderswo umsehen. St. Anton ist schließlich ein Bergdorf und kein Cabaret.

Post-Keller, 21-03:45 Uhr, Eintritt ab 21 Uhr 8,60, trotzdem einer der Top-Treffpunkte im Ort. Der Eintritt gilt auch für das benachbarte Picadilly. Im Service geradlinige Profis. Top-Class heißt der Auftrag. Wenn nicht die Gäste, so die Angestellten. Marmortanzfläche, schwere Holzdecke, zarte Wandtäfelung. Tischmöblage wie im Gasthaus, was in der Fülle der Dekolletés kaum wer beobachtet und auch nicht wichtig ist. Musikalisch muß man die Hitparade mögen.

Trinken: Cola 5,– Bier 0.3 l 6,30 Weizen 8,50 Wein 8,40 Glühwein/Jagatee 7,20 Willi 5,20 Wodka-Feige 6,20 Cocktails/Longdrinks ca. 14,50 Piccolo 21,50 Johnny Red 4 cl. 11,20 Dom Perignon 0,75 l 157,– Schoko 5,60 Kaffee 4,90 Tee 4,–
Wo: in der Fußgängerzone beim Hotel Post

Arlberg Ost

Selbes Preisniveau wie Post-Keller.
Wo: in Fuzo beim Hotel Post

Picadilly, fürs Après-Ski 16-20 Uhr, für die Nacht 21-02 Uhr. Eintritt 8,60. Selbe Zugang wie „Post-Keller", hier jedoch die jungen Wilden. Preise wie Post-Keller. Orange Wand, schwarzer Boden, großes Bob-Marley-Poster. Wenn voll, wie in einem Ameisenhaufen. Sehr international, wobei das „Damdam" vom Nachbarlokal „Post-Keller" die Picadilly-Gäste nicht sehr aufmuntert. Nachmittags und abends Live-Musik.

Trinken: Cola 0,3 l 4,30 Bier 6,50 Weizen 7,20 Wein 6,50 (Flaschen 33,–) Glühwein/Jagatee 7,20 Wodka-Feige 6,50 Tequilla 4,30 Johnny Red 4 cl. 11,50 Cocktails 11,50 Schoko/Kaffee/Tee je 4,30
Wo: von der Dorfstraße am unteren Ende der Fuzo gegenüber Hotel Schwarzer Adler in die Gasse, bis man ansteht.

Underground, 16-03 Uhr. Der Name soll sich angeblich auf die Londoner U-Bahn beziehen, auch das Emblem ist zu sehen. Die Gäste jedenfalls fühlen sich tatsächlich Underground und nicht U-Bahn. Englisch ist die Landessprache, mit Deutsch kommt man aus Prinzip nicht weit. Das Lokal gehört Joan. Blasses Gesicht mit roten Bäckchen und leichtem Doppelkinn. Eine Oma mit Bernsteinkette, sie steht jeden Tag am Tresen. Kommt aus Australien, lebt seit Jahren in St. Anton. Ihr Lokal ist ein Schlauch mit Bar, Marmortischchen und Holzrohrsessel. An den Wänden unzählige verschiedene Musikinstrumente, ganz hinten täglich ein Live-Musiker. Während er spielt, geht das Gemurmel an den Tischen weiter, als ob es Radio wäre.

Essen: Pizza 9,30
Trinken: Cola 3,60 Bier 5,50 Weizen 6,50 Wein 6,90 Wodka-Feige 3,60 Obstler 3,60 Piccolo 11,50 Tequilla, Wodka Gin, je 2 cl. 5,–
Wo: am unteren Ende der Fuzo

Stanton, 21-04 Uhr, die Oldiebar von St. Anton. Gewölbeartig und die Musik nicht lauter, als daß man noch reden kann. Direkt darüber, was man weder sieht noch wissen kann, das Hallenbad des Sporthotels. Altes Holz und Oldies sollen die Leute erotisieren. Junge Leute, die Go-go-Girls und Lieder wie „Geh doch pissen" oder so ähnlich brauchen, um die Welt wahrzunehmen, empfinden das Stanton als ziemlich plätscherndes Gewässer. An der Bar eine blonde junge Frau, meistens ist sie die Schönste im Lokal. Vor allem sie bleibt am längsten, sie ist die Tochter des Chefs. Wenn er da ist, ist es der Mann mit dem grauen Bärtchen, der als Gast nicht paßt. Essen ab 22 Uhr.

Schneetelefon: ++43/5446-2565

St. Christoph 1800 m

50 Einwohner
500 Betten

Gehört zur Gemeinde St. Anton am Arlberg, ist eine Hotel-Satelliten-Siedlung und einer der höchsten Winterorte der Alpen. Ruhig, das Urlaubsleben geschieht tagsüber auf den Pisten, abends hinter den Hotelmauern. Dem Preisniveau nach, für geldreiche Menschen. St. Christoph besteht aus einigen Häusern und einer Sessellift-Station. Mehr ist nicht da.

Ursprünglich war an diesem unwirtlichen Ort nur eine Schutzhütte. Neben dem knallgelben Magic-Life Club-Gebäude die Talstationen der beiden Maiensee-Schlepper. Sie bedienen einen breiten Übungshang, wo man ständig mitten im Geschehen ist. An der Straße im Zentrum ein riesenhaftes rosarotes Gebäude. Das ist ein Bundessportheim, wo Berg- und Skiführer ausgebildet werden. Diese Schüler verstellen schon die halben Parkplätze. Das knallgelbe Haus ist ein All-inclusive-Ferienclub der Sorte Magic Life.

ℹ TOURIST-INFO

geöffnet: Mo-Fr 8:30-12 u. 14:30-18:30 Uhr. Sa 9-12 u. 13-19, So 10-12 u. 15-18 Uhr.
A - 6580 St. Anton am Arlberg,
Tel. ++43/5446-2269 Fax −2532
http://www.stantonamarlberg.com
E-mail:
st.anton@stantonamarlberg.com

Arlberg Ost

Orientierung

alle Häuser dicht beisammen in einer Kurve der Paßstraße. Nichts ist versteckt, alles offen und sichtbar. Von St. Anton problemlose Straßenverbindung, nur bei starkem Schneefall braucht man Ketten. Alle wichtigen Geschäfte in St. Anton.

Gegenüber das berühmte Arlberg Hospiz-Hotel, eine Burg für Millionäre. Hier hat an der Rezeption der Milliardär Friedrich Karl Flick seine Gemahlin kennengelernt. Daneben die Bruderschaftskapelle. Mitverantwortlich für den Klang des großen Namens St. Christoph ist ein im 14. Jh. errichtetes **Hospiz.** War es früher eine Hilfsstation am Weg über Alpen auf der West-Ost-Route, so ist das Hospiz heute das ***bedeutendste Hotel*** mitten im Dorf. Eines ist geblieben: So wie damals steuern auch in unseren Jahren nur Kutschen das Hospiz an. Mercedes und aufwärts. Das erste offizielle Skiabfahrtsrennen am Arlberg wurde in St. Christoph gefahren.

Abb.: Hospiz-Hotel. Übernachtung im Winter ab 800 DM.

Arlberg Hospiz Hotel

Die **Bruderschaft St. Christoph** geht auf das Jahr 1386 zurück. Heinrich Findelkind von Kempten gründete sie. Gleichzeitig erbaute er das Hospiz, das er mit Spenden finanzierte, die er bei „Bettelreisen" überall in Mitteleuropa zusammenkratzte. Der heutige Eigner, Adolf Werner, ist der Oberbruder – ca. 9000 gibt es. Das Spendengeld wird sozial eingesetzt. 100,– Jahresbeitrag, dafür bekommt man ein Abzeichen, und schwupp ist man ein halber Arlberger.

Ort **St. Christoph**

Service & Hilfe
siehe St. Anton Seite 83

Skiverleih
am Parkplatz neben dem Hospiz. Superteuer.
Standardski
1Tag 24,30   6Tage 128,60
VIP-Ski
1Tag 35,80   6Tage 180,–
Top-Ski
1Tag 43,–   6Tage 214,–
Jugendski 130-170 cm
1Tag 14,30   6Tage 77,20
Kinderski bis 120 cm
1Tag 11,50   6Tage 60,–
Schuhe ab Gr. 36
1Tag 14,30   6Tage 77,20
Schuhe bis Gr. 35
1Tag 8,60   6Tage 47,20
Snowboard
1Tag 40,–   6Tage 214,30

Abb.: Hotelhalle Hospiz

Die Geschichte des Hospiz ist die Geschichte des Hirten *Heinrich Findelkind von Kempten* und die Geschichte des Arlbergpasses. Der Paß war bei Fuhrleuten einst sehr gefürchtet. Bei Sonnenschein fuhr man los, und eine Stunde später war man in einem Inferno umgekommen. So schnell wie eine Pizza aufgetaut, schlug das Wetter um. Mit dem ersten Wind kam der Sturm, mit dem ersten Regen die Wasserflut, mit dem ersten Donner schlugen Fels und Stein nieder. Im Sommer wie im Winter war eine Reise über den Paß ein Adieu wert. In diesem Klima hütete Heinrich Findelkind Kühe. Im Frühjahr, als der Schnee vom Land ließ, kamen die Einheimischen aus dem Tal und sammelten die Toten des Winters. Jene, die man erfroren neben Schneeglöckchen gefunden hatte. Was immer das aus der Gesellschaft ausgeschlossene Findelkind während der Kühehüterei bewegt haben mag, es führte zum Bau des Hospiz am Arlberg. 1386 errichtete er es an jener Stelle, wo es heute noch steht. Den Reisenden ward damit ein Platz gegeben, der sie schützte. Nach Wetterkatastrophen suchte Heinrich mit Helfern nach verunglückten Menschen. 50 Leuten soll er das Leben gerettet haben. 1884 fuhr erstmals eine Bahn über den Arlberg, und damit war knapp ein halbes Jahrtausend nach Heinrichs Tod sein Werk getan. Es wurde eine Gaststätte daraus. Im 57er Jahr des 20. Jh. brannte es, aus seiner Asche entstand das heutige Hospiz. Eine Fünf-Sterne-Hütte.

Skibus

Postbuslinie St. Christoph → Zürs → Lech, 14 x tägl. Fahrzeit ca. 28 Min. Rückfahrten ab Lech. *Die Route:* St. Christoph → 4er-Sessel Valfagehr → Zürs → Lech.
Bundesbus St. Christoph → Zürs → Lech, 14 x tägl. Fahrzeit 30 Min. Rückfahrten ab Lech: 22 x tägl.
Die Route: St. Christoph → 4er-Sessel Valfagehr → Rauzalpe → Flexenpaß → Zürs Trittkopfbahn → Zürs Postamt → Zürs Hexenboden → Lech Ortsmitte → Lech Postamt

Skischule

Skischule Arlberg hat neben Büros in St. Anton auch einen Standort in St. Christoph. *Gruppenkurs:* 1Tag 67,20 3Tage 157,20 6Tage 200,– *Privatkurs:* 1Tag 278,60 jede weitere Pers. 21,50

Aktivitäten

Kegeln: in der Hospizalm im Keller 2 Bahnen, von 8:30 Uhr bis Mitternacht. Kostet pro Std. 8,60; wohl das günstigste Vergnügen in St. Christoph.

Kinder

Gästekindergarten, für St. Christoph in der Skischule St. Anton, im langgestreckten Gebäude zwischen Gampen-Gondel und Kandahar-Bahn. Nehmen Kinder ab 2 1/2 Jahren – allerdings müssen sie sauber sein.
Öffnungszeiten tägl. außer Sa, von 9-16:30 Uhr. 1/2 Tag ohne Betreuung 35,70, Zusatzkarte für Mittagessen 20,70.

Langlaufen

wer es ernst damit meint, sollte hinunter nach St. Anton und die Ferwall-Loipe laufen. In St. Christoph eine *rote Höhenloipe von 1,8 km Länge.* Sie beginnt am Paß, läuft hinüber zu den Pisten, wo man sich unter die Skifahrermenge mischen kann. Daneben eine **Skatingspur.**

Langlaufausrüstung: Verleih beim Sport-Shop neben Hospiz, pro Tag 14,30.

Relaxen

Hallenbad in St. Anton, Aktiv-Zentrum in Pettneu (siehe St. Anton, Seite 87).

Rodeln & Wandern

nächste Rodelbahn in St. Anton.
Einzelfahrt von St. Christoph mit dem 4er-Sessel auf den Galzig für Spaziergänger 15,80 Kinder 8,–

Ort **St. Christoph**

Abb.: Hotelier Adi Werner, St. Christoph Hospiz. Ein großer Weinsammler in seinem Keller.

Gastronomie

Die meisten Restaurants liegen an der Bucht der Skipiste und Talstation. Tagsüber sind sie Skihütten, abends Restaurants. Siehe auch Skigebiet St. Christoph.

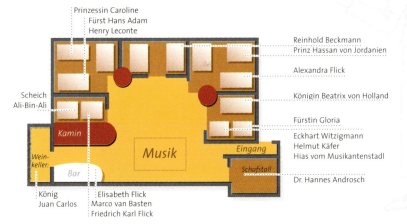

Hospiz-Alm, geöffnet 9:30-02 Uhr. Bis 17 Uhr Skihütte (siehe Skigebiet, Seite 125), dann 2 Std. Pause und ab 19 Uhr feinstes Abendlokal. Abends werden nur 90 Leute eingelassen, obwohl Platz für 200 wäre. Aber mehr als 90 Leute könnte das Team nicht perfekt betreuen. Deshalb besser meistens vorbestellen (Tel. 05446/3625). Reservierungen nimmt Geschäftsführer Werner Künstner persönlich entgegen. Ein auffällig freundlicher Mann mit verhaltener Bewegung, Lederhose, Trachtenjanker und Holzfliege.

Essen: *Abendmenü* z. B. roh marinierte Jakobsmuscheln, Keta Kaviar. Kresseschaumsuppe, Saibling. Steinbuttlasagne in Korianderbutter. Kaninchenmedaillons, Trüffelsauce. Ziegenkäsetarare, Ofentomaten, Pesto. Dunkle Schokoladenterrinne. Petit fours *p. Pers. 113,–* Kaninchensulze, Estragon, Balsamico 26,50 gebratene Bauernente, Rotkraut, Serviettenknödel für 2 Pers. in 2 Gängen 88,60 Topfennockerl, Quittenragout 15,80

Arlberg Ost

Trinken: Flaschenweine von 50-2030,– Um 2000 DM, das ist eine 1,5-l-Magnum-Bordeaux-Rouge, Chateau Monton Rothschild 1966.
Wo: Straße gegenüber Hospiz-Hotel hinauf bis man anstößt.

Er benimmt sich immer so, als ob er einen König gegenüber hätte. Obwohl er klar zu unterscheiden weiß. Die Hospiz-Alm samt Weinkeller ist dergestalt, daß auch König Juan Carlos oder Flick, Habsburg oder sonstwer noch staunt. Der Weinkeller auf genau 14° klimatisiert, es lagern die teuersten Weine aus der ganzen Welt.

Essen: Käse um 34,30 Fleisch um 40,– Meeresfrüchte 22,–
Trinken: Cola 0,35 l 4,90 Bier 0,3 l 5,60 Weizen 8,50 Glühwein 7,90 Jagatee 6,90 Willi/Wodka-Feige 5,– Schoko 5,– Kaffee 4,30 Espresso 4,30 Tee 3,60
Wo: rechts gegenüber dem Hospiz-Hotel rauf

Maiensee-Stube, Küche von 18:30-22:30 Uhr. Holzgetäfelt, Stoffservietten, Platzteller, Herzerlsessel und Kachelofen. Insgesamt Stadlatmosphäre, wie man sie bekommt, wenn es etwas teurer sein darf. Am liebsten werden hier Fondues verkauft. Mit der Hospiz-Alm nicht zu vergleichen, das soll nicht abschrecken, denn kein Restaurant Österreichs ist damit vergleichbar.

APRÈS-SKI & TREFFPUNKTE

Tagsüber und auch abends treffen sich die Leute in den Lokalen an der Skipiste. Die im Magic-Life-Club wohnen, verlassen die Anlage ohnehin nicht. Sehr mondän die Hotelbar des Hospiz-Hotels. Dort tägl. von 21-01 Uhr Live-Musik.

Abb.: Magic-Life-Club
Gulet Touristik

Schneetelefon: ++43/5582-399

Stuben 1408 m

Der malerischste Ort am Arlberg. Schmiegt sich am Ende eines flachen Talabschnitts in eine Nische am Fuß des steil ansteigenden Gebirges. Hat gezählte 33 Häuser, damit ist es auch der kleinste Ort des Arlbergs. Die Wurzeln mancher ansässigen Familien reichen 500 Jahre zurück. Wer hier landet, fühlt sich den anderen wesentlich mehr verbunden als im turbulenten St. Anton oder Lech, wo die Leute genauso aneinander vorbeigehen wie in der Kaufingerstraße.

120 Einwohner
650 Betten

Über dem Ort, die in den Fels gesprengte steile Straße. Weiter links sieht man in der Felswand die Galerien der Straße zum Flexenpaß nach Zürs und Lech. Man ist beeindruckt. Wenn man durch die Galerien fährt, merkt man davon gar nichts. In Stuben drehte Louis Trenker den Film „Berge in Flammen". Stuben spielte im Film ein Dolomitendorf.

TOURIST-INFO

geöffnet: Mo-Fr 8-12 u. 15-18 Uhr,
Sa 8-12 u. 15-20, So 9-11 u. 16-18 Uhr.
An der Rezeption des Hotels Post, so klein ist der Ort. Vorteil länger offen, immer wer da.
A-6762 Stuben
Tel. ++43/5582-399 Fax -3994
http://www.stuben.com
E-mail: info@stuben.at

Arlberg Ost

ORIENTIERUNG:
schnell und problemlos, die handvoll Häuser überblickt man im ersten Moment. Einfahrt in den Ort nicht möglich. Davor Parkplätze.

Der Name des Orts rührt daher, daß hier einst nichts anderes als eine kleine Stube war, wo sich die Fuhrleute vor und nach der Paßüberquerung aufwärmen konnten. An der Straße neben dem Gasthof Arlberg ein Babylift und daneben ein Ü-Schlepper, für alle, die noch nicht rauf ins Skigebiet können.

SKIBUS
Alpe Rauz → Zürs/Lech, tägl. von 9-18 Uhr alle 15 Min. Nach Alpe Rauz kommt man von Stuben am besten mit dem 2er-Sessel Albona I und dann auf der blauen Piste 1 die Talstation Alpe Rauz anfahren.

SKIVERLEIH
beim **Sport-Shop Dönz** am Lift.
Standard-Ski
1Tag 21,50   6Tage 96,–
Top-Ski
1Tag 28,–   6Tage 131,50
Skischuh
1Tag 8,60   6Tage 43,–
Top-Schuh
1Tag 13,60   6Tage 61,–
Jugend-Ski bis 14 Jahre
1Tag 18,60   6Tage 78,60
Schuhe
1Tag 8,60   6Tage 40,–
Kinder-Ski bis 6 Jahre
1Tag 10,–   6Tage 41,–
Schuh
1Tag 5,80   6Tage 25,71
Snowboard
1Tag 40,–   6Tage 174,–
Kinder-Snowbaord
1Tag 28,60   6Tage 107,–

SKISCHULE
Skischule Willi Mathies, Büro im Hotel Post. Kurszeiten 10-12 u. 13:30-15:30 Uhr, Sa keine Skischule.
Gruppenkurs: 1Tag 69,–   3Tage 181,50   6Tage 226,–
Privatkurs: 1Tag 293,– jede weitere Pers. 14,50.
Snowboardkurse und Langlaufunterricht, nur auf Anfrage. Snowboard 3Tage ab 4 Pers. je 205,–

KINDER
Skikindergarten: ab 3 Jahre von 10-15:30 Uhr mit Mittagessen 1Tag 82,80   3Tage 202,80   6Tage 265,70.

LANGLAUFEN
Loipe, ca. 3 km Rundkurs in Ortsnähe, Start beim Kassahaus des Albohn-Sessellifts.

RODELN & WANDERN
Beleuchtete Rodelbahnen in Lech u. St. Anton.

AKTIVITÄTEN & RELAXEN
Tennishalle u. Eislaufplätze in Lech u. St. Anton.
Hallenbad: Hotel Hubertushof bis 16 od. ab 20-22 Uhr, nach telefonischer Vereinbarung. 25,70/Pers. für Hallenbad, Sauna u. Dampfbad, Tel. –771

Ort **Stuben**

SERVICE & HILFE
++43/5582-...

Geld: Raiffeisenbank Mo-Sa 8-12 u. 15-18 Uhr. **Arzt:** Dr. Burtscher, Mo-Fr 8-12 Uhr, Di keine Ordination. Tel. 05585/7212 **Post:** im Ortszentrum, nur zu Fuß erreichbar. Hübsche Holzschindel-Fassade. Mo-Fr 8-12 u. 15-18 Uhr. **Gendarmerie:** Tel. –205 **Bergrettung:** Tel. –122 **Tankstelle:** in Klösterle an der Schnellstraße, in Zürs, Lech und St. Anton.

Abb.: Blick auf Stuben von der Flexenbundesstraße. Sie führt Richtung Lech.

GASTRONOMIE

Restaurant Berghaus, profitiert von seiner nahen Lage zum Lift. Serviert die Tagesgäste sehr gut ab, und arbeitet insoweit professionell als *Kreditkarten, Master, Visa, Diners akzeptiert* werden. Das ist auch das Hauptargument für einen Besuch, denn die Hütten oben bieten diesen Kreditkarten-Service nicht.

Essen: Nudelsuppe 4,30 Gulaschsuppe 6,50 Käseknödel 11,50 Spaghetti 12,20 Tir. Gröstl 13,60 Wiener-Schnitzel 22,20 Germknödel 7,90 Kaiserschmarren 15,–
Trinken: Cola 3,60 Bier 5,80
Wo: neben dem Kirchlein

APRÈS-SKI & TREFFPUNKTE

s'Murmele, geöffnet 12-03 Uhr, Küche 12-14 und 18:30-20:30 Uhr. Mo Ruhetag. Treffpunkt zum geruhsamen Après-Ski bis in die Nacht. Die Seitentreppe hoch und dann in einen schmalen Gang. Altes Stallholz macht den Raum dunkel und schwer, wie auch die Seele. Kleine Fenster lassen kaum Licht ein. Vom Bau eines Murmeltiers gar nicht so weit weg, der Lokalname spielt darauf an. Für romantische Winterabende gibt's offenen Kamin. Ein Plauderlokal, keine Ausflippbude.

Essen: Tagessuppe 6,30 Gulaschsuppe 5,80 Würstel 5,– heißer Käsefladen 9,50 Spaghetti 14,– Spinatspätzle, Salat 16,50 Käsespätzle 16,50 Wiener-Schnitzel, Kartoffelsalat 17,90 Apfelstrudel 4,30
Trinken: Cola 3,50 Bier 5,50 Weizen 5,90 Glühwein/Jagatee 6,90 Willi 4,– Schoko 4,20 Cappuccino 4,60
Wo: im Ortszentrum

Willis Pilsstüble, geöffnet bei Schlechtwetter ab 11 Uhr, sonst 14-02 Uhr. Küche bis 22 Uhr. Das populärste Lokal in Stuben. Gehört dem originellen Menschen Willi Mathies. In den 60er Jahren war er Skirennläufer. In Erinnerung blieb davon, daß er im Film „Der Blitz von Kitz" das Toni-Sailer-Double war. Heute ist er Leiter der Skischule, dementsprechend ist sein Pilsstüble Treffpunkt der Skilehrer. An solchen Punkten ist immer etwas los. Das Servicemädchen korrekt lächelnd im Dirndl.

Essen: Frittatensuppe 5,50 Gulaschsuppe 5,80 Würstel 5,– gem. Salat 7,20 Speckknödel, 2 Stk., Sauerkraut 14,– Wiener-Schnitzel, Pommes 18,30 Spaghetti 11,20 Käsespätzle, Kartoffelsalat 15,– Pizzas, 20 versch. 11,20-17,90 (bis 23 Uhr) Apfelstrudel 4,30
Trinken: Cola 3,30 Bier 4,90 Weizen 5,80 Wein/Glühwein/Jagatee 6,90 Willi 4,30 Wodka-Feige 5,– Schoko 4,60 Cappuccino 4,60 Kaffee 3,90
Wo: in Stuben Zentrum

Skigebiete am Arlberg West

siehe **Winterreiseführer Österreich Band 1**

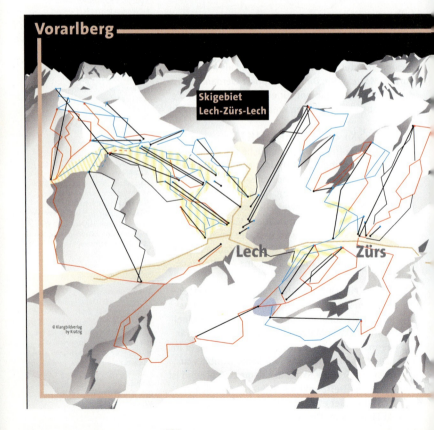

Skigebiete am Arlberg Ost

Schroffe, kahle Berglandschaft. Genausoviel präparierte wie Tiefschneepisten. In keiner Gegend Österreichs so viele Top-Skiläufer. Wenn es länger nicht geschneit hat, verwandelt sich das Gebiet in ein Buckel-Pisten-Eldorado.

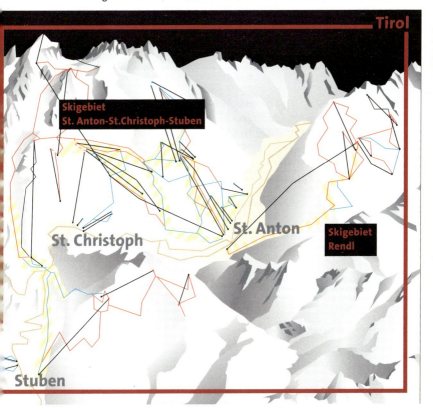

Liftgesellschaft: ++43/512-52094

Arlberg Skipaß

Arlberg-Saisonen:
Hauptsaison
von Weihnachten bis
6.1.99 u. 30.1.-5.4.99
Nebensaison
28.11.-23.12.98,
7.1.-29.1.99 u.
6.4.-25.4.99

Der Arlberg-Skipaß ist gültig für St. Anton, St. Anton-Rendl, St. Christoph, Stuben und Lech-Zürs. Es gibt keinen eigenen Skipaß für die einzelnen Gebiete. Ausnahme: Rendl, Seite 134.

Tickets, von 8-16:30 Uhr, an allen Talstationen. In St. Anton Ort auch in Fußgängerzone, dort geöffnet am Sa bis 19 Uhr, am So sogar bis 21 Uhr. Bargeld und EC-Bankomat, *keine Kreditkarten*. Neben normalen Tickets zum Stecken auch Key-Card und Swatch-Access.

	Erwachsene		Kinder 6-16 Jahre		Senioren 60/65 Jahre	
	HS	NS	HS	NS	HS	NS
Tageskarte	**67,10**	60,70	**40,-**	36,40	**60,70**	55,-
3 Tage	**185,70**	167,10	**111,40**	100,-	**160,-**	144,30
6 Tage	**332,90**	300,-	**200,-**	180,-	**267,10**	241,40
7 Tage	**375,70**	338,60	**227,10**	204,30	**301,40**	271,40

Einzelfahrten:
für Sonnenanbeter und Spaziergänger ohne Skiausrüstung.
St. Anton → Galzig mit 70er-Gondel und **Anton → Rendl** zum „Rendl-Beach" je 20,- Kinder 10,- **St. Anton → Valluga-Grat** 39,- Kinder 19,50
St. Anton → Valluga-Gipfel, Fahrt mit 3 Gondeln 40,- Kinder 20,-
St. Anton → Gampen 17,20 Kinder 8,70 **St. Anton → Kapall** 34,30 Kinder 17,20. Wie es auf den einzelnen Gipfeln aussieht, siehe Skigebiet.

Ermäßigungen: Für Jugendliche keine ermäßigten Tarife. Für Kinder bis 6 Jahre *Schneemannkarte,* kostet 14,30 für die ganze Saison. Ab 20 Tickets im selben Moment gekauft, kommt 'ne Freikarte dazu. In der Schneekristallwoche Ende April gibt's den Skipaß um die Hälfte.

Schnupperkarte: ab 15 Uhr. Kostet für alle 27,90.

Schneetelefon: ++43/5446-2565

Skigebiet St. Anton
St. Christoph - Stuben

120 km Pisten, davon 28,7 km schwarz, 53 km rot und 38,3 km blau. Eines der größten und schneesichersten Gebiete in Österreich. Bereitet sich auf die Ski-WM 2001 vor. Pistenverläufe und Liftanlagen werden verändert. Alles soll für das nächste Jahrtausend fit werden.

120 km
Betriebszeiten: 8:30-16 Uhr
Wertungen: *DSV:* Tiefschneedorado, anspruchsvoll *ADAC:* *****

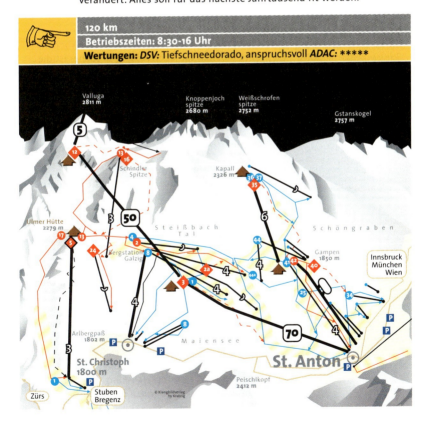

Arlberg Ost

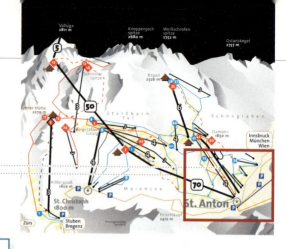

Arlberg-Kandaharbahn
Galzig-Gondelbahn

INFO-TEAM
mit Snowboard oder Ski sind täglich auf den Pisten die fünf Mitglieder des Info-Teams unterwegs. So fern man einen antrifft, kann man ihn oder sie mit seinen Fragen belangen. Die hilfreichen Fünf sind mit Handy ausgerüstet und stehen solcherart in ständiger Verbindung mit der Bergrettung.

SICHERHEIT
16 Bergwächter sind auf Galzig, Valluga, Gampen, Kapall, Rendl und bei den Talstationen positioniert. Sie haben zwei Hubschrauber und 16 Ackjas. Zur Suche von Lawinenverschütteten gibt's vier kalte Nasen. Lawinen werden normalerweise abgesprengt.

SKI-MUSEUM
im Arlberg-Kandahar-Haus. Eine Retrospektive über das Arlberg-Skilaufen. Das Tal wird als „Wiege des Skilaufs" verherrlicht. Aber nicht nur Ski, auch Kultur & Brauchtum kommen zu Ehren. So-Fr 14-19 Uhr. Erw. 3,– Kids 1,50,–

Den klingenden Namen Arlberg erwarb sich das Gebiet vor etwa 100 Jahren, als Skipioniere bis nach Amerika zogen, um den Ort bekanntzumachen. Das größte Problem für jeden Arlberg-Besucher ist die Suche nach dem Berg. Ist es diese oder jene Zacke. Den Arlberg als Berg gibt es nicht. Der Punkt, wo die Straße bei St. Christoph hinunter nach Stuben in Vorarlberg sinkt, heißt so.

Abseits der Pisten: Normale Skirouten werden durch auf den Kopf gestellte orange Quadrate markiert. Bei *extremen Skirouten* ist dieses orange Quadrat schwarz eingerahmt; das soll offenbar den möglichen nahen Tod symbolisieren. Also bitte Vorsicht! In den offiziellen Informationen wird von **185 km Tiefschneeabfahrten** gesprochen. Die findet man allerdings nur mit Guide. Trotzdem, der normale Mensch wundert sich, daß bei dem, was sich am Arlberg auf Lawinenhängen abspielt, es selten zu einer Katastrophe kommt. **Firn,** im März. Wenn die Sonne stärker wird, bricht am Arlberg die Firnzeit an (Sonderangebote). Die oberen 3-5 cm der Schneedecke schmelzen – und auf diesen Wasserkristallen läßt es sich fahren wie mit einem 600er-Benz. Die Südhänge sind schon morgens um 9 Uhr firnig. Heliskiing gibt es in St. Anton aus Umweltgründen nicht mehr.

Tagestouristen müssen eine Reihe von Hürden bewältigen, ehe schließlich ihr Geld genommen werden kann. Kaum Parkplätze, und die, die es gäbe in St. Anton, nur für 1,5 Std. erlaubt. Die Hütten im Skigebiet sind sehr teuer, am Albona-Grat zwei Hütten, die preislich deutlich günstiger sind, aber mindestens ebenso gut.

Die 4 Talstationen

1 Talstation **St. Anton,**

nebeneinander drei Bahnen: 70er-Gondel Galzig, 4er-Sessel Gampen und Arlberg-Kandahar-Standseilbahn. Die Talstationen liegen mitten im Ort hinter dem Bahnhof, mit dem Auto nicht zu erreichen.

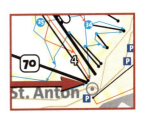

Hinkommen vom Ortszentrum (Fußgängerzone) zwischen Hotel Alte Post und Hotel Post hinein und unter der Bahn durch. Die Unterführung ist gleichzeitig Zugang zu den Bahnsteigen. Oben raus, sieht man die Bahnen nicht sofort, da ein langgestrecktes Haus den Blick verstellt. Dort *Kassen,* aber auch direkt bei Gondelstation **Galzig-Gondelbahn.** *Bankomat* für EC-Karten. Kreditkarten trotz aller Internationalität nicht. *Zweiter Zugang* im Zentrum über die Gleise und dann rechts halten; langes Warten kann sein, weil der Bahnschranken nicht aufgehen will – und der Zug nicht kommt. Für Ungeduldige links davon eine Unterführung. *WC* bei allen Liftgebäuden.

Arlberg-Kandaharbahn, 1414 m in 4 Min. Eine Standseilbahn auf den Gampen. Im Gebäude nichts außer Ticketbarriere und *WC*. Im Wartefoyer ein kleiner Gasofen. Zur Weihnachtszeit anstellen und längere Zeit im Freien warten. Sind oben die Lifte wegen Windwetter zu, herrscht hier Gedränge. Fährt alle 15 Min. Warten mehr als 15 Leute, pendelt sie permanent. Stündlich schafft sie 1600 Personen.

Skidepot

neben Galzig-Gondel eines *mit Bedienung,* teuer. *3,60 pro Ski und Tag.* An der Außenwand des Gebäudes zwischen Galzig-Gondel und Kandaharbahn ca. 170 versperrbare Skiständer im Freien. Auch am Standseilbahn-Gebäude etwa 90 versperrbare Skiständer, Einwurf 10-Schilling-Münze.

Sport-Shop

Mehrere in St. Anton Talstationsgegend. Preise ziemlich gleich, wollen alle das Maximum rausholen.

Sport Scholl neben Galzig-Gondel, geöffnet 8-12 u. 12-17:30 Uhr. *Master und Visa. Service:* Wachsen 10,– + Kantenschleifen 37,– Topservice 55,80 Verleih, Verkauf.

Weiterer Sport-Shop zwischen Galzig-Gondel und 4er-Sessel Gampen. Verleih, Verkauf, Service. *Euro, Diners, Amex und Visa.*

Arlberg Ost

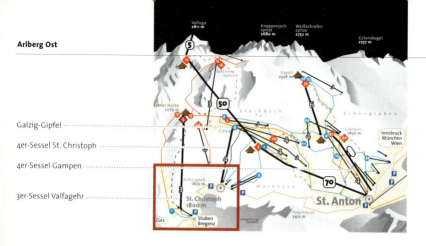

Galzig-Gipfel
4er-Sessel St. Christoph
4er-Sessel Gampen
3er-Sessel Valfagehr

4er-Sessel Gampen, 1492 m in 6 Min. 50 m links der Kandaharbahn, parallel zu ihr auf den Gampen. Einer dieser modernen kuppelbaren Sessellifte, schafft ca. 1200 Leute mehr pro Stunde als die Standseilbahn. Mit den 4er-Sessel fangen die Leute lieber an, weil niemand mag das Gedränge und Gequetsche in der Bahnkabine. Außerdem bekommt man dabei auch häufig mal 'nen Ski auf den Kopf geschlagen.

70er-Gondel Galzig, 2570 m in 5 Min. Bergangesehen die Station links außen. An der linken Seite des Gebäudes Zugang zu *WC*, an der rechten Seite Kassa mit Bankomat; die Kassa hat Sa. bis 20 Uhr geöffnet. Wer ohne Umschweife in das Gebiet Galzig-Valluga möchte, muß sie nehmen.

Mulden-Schlepper und Slalom-Schlepper, rechts hinter der Kandaharbahn. Sie bedienen die flachen Übungspisten vor dem Ort.

2 Talstation **St. Christoph,**

hinauf mit dem **4er-Sessel St. Christoph** auf den Galzig. Der einzige Lift aus St. Christoph ins Skigebiet. Die Talstation ist gleichzeitig das Zentrum der Hotelsiedlung. *Kassa* in einer Blockhütte gegenüber dem Hospiz-Hotel. *Bankomat* vorhanden, keine Kreditkarten. WC ein Stück weiter oben im Gebäude des Sessellifts.

Parkplatz auf der Seite des Lifts zu bekommen, in den meisten Fällen aussichtslos. Das ist Glückssache. Gegenüber *größere Parkfläche,* die kann nur die

Sport-Shop

in einer *Blockhütte* am Parkplatz links vom Hospiz-Hotel. Geöffnet 8:30-12 u. 13-17 Uhr. *Diners, Master, Visa, Amex.* Verkauf, Verleih, Service. Die Chefin des Hauses ist für den Asseccoires-Verkauf zuständig, Skianzüge gibt es keine. Ihren Erfolg trägt sie an den Fingern. Auf jedem einen oder mehrere schwere Goldringe. So ist es halt in St. Christoph.

Skigebiet **St. Anton - St. Christoph - Stuben**

Vorhut der Skifahrer aufnehmen. Noch Plätze am Straßenrand bergab bis zum Anfang des Tunnels und ein Stück nach dem Ortszentrum oben am Paß. Wer blöd steht, wird abgeschleppt. Jedenfalls ist es ein Problem; evtl. weiter nach Alpe Rauz.

3 Talstation **Alpe Rauz,**

von St. Christoph 3,2 km weiter. Mit dem **3er-Sessel Valfagehr** auf den Pfannenkopf. Die Talstation liegt auf der anderen Seite des Arlbergpasses. In einer hingestellten Hütte die *Kassa,* nur Bargeld oder Scheck, kein Bankomat, keine Kreditkarten. Daneben WC, sonst keine Infrastruktur.

Hier der **größte aller Liftparkplätze**, für ca. 200 Autos, und das Beste, man muß nicht weit zum Lift. Parkgebühr 7 DM/Tag.

3er-Sessel Valfagehr, 2193 m in 9 Min., kuppelbar. Zuerst einen kurzen Schlepper nehmen, um zum Sessellift zu kommen. Von Alpe Rauz geht's mit den Skiern hinunter nach Stuben und auf den Albona-Grat.

4 Talstation **Stuben,**

von Alpe Rauz 2,7 km weiter. Mit dem älteren **2er-Sessel Albona I** Richtung Albona-Grat; 1354 m in 9 Min. Die Talstation liegt am Rand von Stuben, vom Parkplatz nicht zu sehen. An der dem Sessellift nächsten Ecke des Parkplatzes eine Hütte mit der *Kassa;* Bankomat, keine Kreditkarten. Von der Hütte entweder den links oder rechts liegenden Weg gehen, bis man erleichtert feststellt, daß man ohnehin nicht weit gehen muß (ca. 200 m). Essen und Trinken in den Stubner Restaurants.

2er-Sessel Albona I

Talstation Stuben

Arlberg Ost

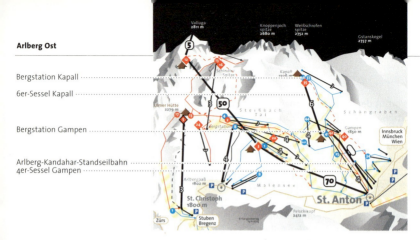

Bergstation Kapall
6er-Sessel Kapall

Bergstation Gampen

Arlberg-Kandahar-Standseilbahn
4er-Sessel Gampen

Sport-Shop

rechts vom Lifthaus, tägl. 8:30-12:15 u. 13:30-18:30 Uhr. Verkauf (keine Oberbekleidung), Verleih, Service. Hier keine Snowboards, die gibt's im Sport-Shop im Hotel Post. Dort auch Kleidung. Kreditkarten Master, Visa.

Der *Parkplatz* in Liftnähe gehört den Stuben-Hotelgästen, wie in St. Anton ein Schranken mit Wächterkassier. Tagesgäste müssen ein paar hundert Meter weiterfahren und dann zum Lift hatschen. An tollen Tagen ist der Parkplatz rasch voll, und auch noch weiter weg vom Lift am Straßenrand kein Platz mehr. Da sollte man es vielleicht oben bei Alpe Rauz probieren.

Ins Skigebiet

Das Skigebiet läßt sich in drei Teile gliedern: Gampen-Kapall, Gallzig-Valluga-Grat und Albona-Grat bei Stuben. Die Beschreibung beginnt im Ortszentrum St. Anton mit dem Skigebiet Gampen-Kapall.

Abb.: Arlberg Kandahar-Standseilbahn.

Gampen-Kapall

Von St. Anton mit der berühmten, altgewordenen **Arlberg-Kandahar-Standseilbahn** oder mit dem danebenliegenden modernen **4er-Sessel Gampen.**
Egal wie, beide enden nebeneinander am Gampen. Vor der Bergstation ein Tellerlift mit einem flachen Übungshang.

Skigebiet **St. Anton - St. Christoph - Stuben**

Abb.: SB-Restaurant am Gampen

Bergstation **Gampen,**
Oben dazwischen das langgestreckte Bergstationsgebäude. An der Ecke zum Gampen eine Schirmbar und einige Biertische. Die Sonnenterrasse vor dem Haus mit Blick übers Tal hinüber zum Rendl.

Gampen-Restaurant, Free-flow-SB, damit meinen „Fachleute" jene Verkaufsflächen, wo man sich das Zeug kreuz und quer zusammensuchen darf. Ins Schwarz gehende Holzeinbaubänke, schwarze Kunststofftische mit heller Einfassung. Blechlampen in Form von Trichtern über jedem Tisch. Zusätzlich noch Neonröhren. Ziegelroter Boden, gelbgetünchte Wände, großes Nichtraucherabteil. Liegestuhl 7,20.

Essen: Knödelsuppe 5,80 Gulaschsuppe 7,80 Spaghetti 12,90 Berner Würstel, Pommes 12,60 Bratwurst, Beilage 12,30 Speckbrettl 15,– Steak-Toast mit Rindfleisch 19,20 Germknödel 6,90
Trinken: Cola 3,20 Bier 5,90 Weizen 6,50 Wein-Achterl 3,20 Willi-Birne 4,60 Glühwein 7,90 Schoko 4,90 Kaffee 4,30 Cappuccino 6,– Tee 4,–

–▶ von Gampen-Gipfel auf den Kapall-Gipfel
6er-Sessel Kapall, 2255 m in 4,36 Min. Neben der Bergstation Gampen. Neueste Technik, hat erst vor kurzem zwei rostige 2er-Sessel abgelöst, ist nun doppelt so schnell und dreimal so bequem.

Bergstation **Kapall,**
kommt neben dem 6er-Sessel auch der Schöngraben-Schlepper an. Für Anfänger, die mal längere Zeit an einer ordentlichen Übungspiste trainieren wollen, sind die blauen Pisten 36 und 37 geeignet.

Arlberg Ost

Valluga-Grat

Bergstation Galzig
Bergstation Gampen
4er-Sessel Zammermoos

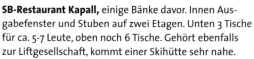

Essen: Gulaschsuppe 7,80 Spaghetti 12,90 Berner Würstel, Pommes 12,60 Lasagne 15,– Linseneintopf mit Hauswurst 12,90
Trinken: Cola 3,20 Bier 5,90 Weizen 6,50 Wein 6,40 Willi 4,60 Piccolo 13,69 Roederer Champagner 0,7 l 113,– (da sieht man, was ist in St. Anton nachgefragt wird.) Glühwein 7,90 Schoko 4,90 Kaffee 4,30 Cappuccino 6,– Tee 4,–

SB-Restaurant Kapall, einige Bänke davor. Innen Ausgabefenster und Stuben auf zwei Etagen. Unten 3 Tische für ca. 5-7 Leute, oben noch 6 Tische. Gehört ebenfalls zur Liftgesellschaft, kommt einer Skihütte sehr nahe.

→ **blaue Pisten 36 u. 37,** von Bergstation Kapall zurück zu Bergstation Gampen. Wobei die blaue 37 noch eine Möglichkeit zum Schöngraben-Schlepper hat, mit dem wieder zur Bergstation Kapall.

→ **rote Skiroute 35,** von Bergstation 6er-Sessel Kapall gerade hinunter zur Bergstation Gampen (Kandaharbahn). Hat teilweise 60% Gefälle, spricht jeder nur mit Respekt davon.

→ *von Bergstation Gampen ins Tal mehrere Pisten, die alle enden in St. Anton bei der Talstation. Abgesehen von der roten Skiroute 40, die zum Ortsteil Nasserein führt.*

→ *rote Piste 42/blaue Piste 41, laufen unterhalb 4er-Sessel Gampen, zum Teil durch den Wald. Die rote sehr direkt, die blaue versucht flach zu bleiben.*

→ **von Bergstation Gampen zur Bergstation Galzig**
bergabgesehen rechts die blaue Piste 44. Bei der Überquerung des Grabens! Schußfahren bis zum **4er-Sessel Zammermoos** *(liegt am rechten Hang), sonst antauchen. Mit ihm hinauf bis zum Galzig-Gipfel. Um zum Treffpunkt und Skizentrum am Galzig zu kommen, auf der blauen Piste 8 hinunter zur Bergstation Galzig-Gondel.*

Skigebiet **St. Anton - St. Christoph - Stuben**

Galzig & Valluga-Grat

In diesem Bereich der spannendste und abwechslungsreichste Teil des St. Antoner Skigebiets. Jede Menge Skirouten, die Pisten wirken fast wie Notausgänge aus der Schneewüste. Wesentlich besser sind die Möglichkeiten im Tiefschnee. Trotzdem bleiben viele lieber auf den präparierten Pisten. Man gewinnt rasch Überblick, weil sich fast alles oberhalb der Baumgrenze abspielt.

Abb.: Abfahrt vom Gampen ins Steißbachtal

TVB St. Anton am Arlberg

Arlberg Ost

Bergstation 70er-Gondel Galzig
SB-Restaurant Kandahar
Restaurant Verwallstube

Abb.: 70er-Gondel Galzig.

CARVEN
Ab Bergstation Galzig-Gondel Carving-Testcenter. 50 m breit und 300 m lang. Zum Anfangen und Üben gedacht. Anschließend gleich eine 300 m Rennpiste für Carver.

Bergstation **Galzig-Gondel,**
einer der zentralen Punkte. So kompliziert, das Gondelhaus, gibt sogar ein eigenes Farbleitsystem. Aber man findet sich auch ohne Farbe zurecht. Im Haus Zugang zur anschließenden Valluga-I-Gondel, und drei verschiedene Restaurants.

Skigebiet **St. Anton - St. Christoph - Stuben**

Abb.: SB-Restaurant Kandahar. In Bergstation 70er-Gondel am Galzig

SB-Restaurant Kandahar, vom Foyer die Treppen hoch. Trotz moderner SB-Logistik bleibt zur Weihnachtszeit und an Wochenenden Warten nicht erspart. In der Raummitte ein Glasdach, meistens schneebedeckt. Das Dachgebälk liegt frei, das gibt dem Raum viel Luft. An den Panoramafenstern 6er-Tische mit Einbaubänken. Die Sonnenterrasse ist geteilt in SB-Teil mit Biertischen und Bedienungssektion Tischtuchtischen. Wenn Sonne, dann den ganzen Tag.

Essen: Knödelsuppe 5,80 Gulaschsuppe 7,80 Spaghetti 12,90 Berner Würstel, Pommes 12,60 Bratwurst, Beilage 12,30 Salat vom Büffet 7,50 Steak-Toast mit Rindfleisch 19,20 Germknödel 6,90
Trinken: Cola 3,20 Bier 5,90 Weizen 6,50 Wein 6,40 Willi 4,60 Piccolo 13,60

Restaurant Verwallstube, durch das SB-Restaurant. Hier wird bedient, nicht ohne Stolz. Küche, Service und Ambiente wurden von Gaullt-Millau mit einer Haube ausgezeichnet. Die Speisekarte macht alles klar. Im Restaurant ein Golfloch zum Butten. Da spielt man sich eine Flasche Wein aus. Ganz berühmt die „große Bouillabaisse" für 39,50 DM. Ein Süppchen, das sonst gerne in Cannes getrunken wird. Aber, ein EU-Kommissar soll festgestellt haben, „besser als in Marseille". Wo EU-Kommissare überall Skifahren?

Essen: Gedeck 5,80 Consommé mit Schinkennockerl 8,60 Zwiebelsuppe gratiniert 7,90 Trüffelrisotto mit Kaninchen 25,– gedämpfter Steinbutt mit Trüffelrisotto 38,– Berglammnüßchen in der Schafskäsekruste 35,– Maroniknödel auf Weichselragout 13,60
Trinken: Cola 4,– Bier 6,80 Weizen 7,– Radler 6,80 Wein 6,50 Obstler 3,60 Glas Sekt-Orange 10,80 Schoko 4,90 Espresso kl. 4,– gr. 6,90 Tee 4,–

Pizza & Pasta, im Wartefoyer zur Valluga-Gondel. Ganz nach modernen Vorstellungen, klares und geradliniges Selbstbedienungslokal, wo die Pizzas nur so rausgehen.

Essen: 8 verschiedene Pizzas zum Preis zw. 11 und 14,– Nudelgerichte haben selbe Preise.

Von Gondelstation Galzig entweder auf Valluga-Grat, nach St. Christoph oder mit einem der bergangesehen rechts liegenden Sessellifte auf den Galzig-Gipfel.

Arlberg Ost

Valluga-Grat ·············
Valluga-Schlepper ·············
(hinter dem Berg, sieht man nicht)
50er-Gondel Valluga I ·············

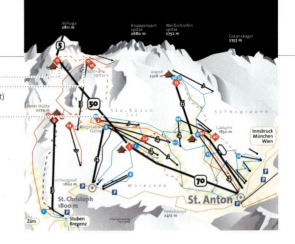

→ von Bergstation Galzig-Gondel auf den Valluga-Grat, zum höchsten Punkt des Skigebiets. Nur noch kalter Fels und tödlich steile Hänge. Anfangs keine Piste, sondern eine rote Skiroute.

50er-Gondel Valluga I, 2993 m in 7 Min. Aufregende Gondelfahrt über den Grat der Schindler-Spitze hinweg zum Valluga-Grat. Oben links zu Talabfahrt und **WC,** rechts zum Restaurant und zur Anschlußgondel auf die 2811 m hohe Valluga-Spitze.

5er-Gondel Valluga II, 374 m in 2 Min. Bringt nur Gruppen mit Bergführer hoch, da von oben weder Pisten noch Routen. Ohne Skier darf man rauf und die Aussicht genießen; Panoramaterrasse mit Fernrohr. Mit einer Scheibe findet, wer will, die einzelnen Gipfel. Gondel fährt alle 10 Min.

Essen: 8 verschiedene Toasts ca. 10-13,– Gulaschsuppe 7,90 Würstel 6,50 Germknödel 7,20
Trinken: Cola 0,3 l 4,80 Bier 6,80 Weizen 7,– Wein 7,20 Glühwein/ Jagatee 7,80 Obstler 3,60 Schoko 4,90 Kaffee 4,30 Cappuccino 6,– Tee 4,–

Restaurant am Valluga-Grat, im Gebäude der 50er-Gondel, am Gang zur Valluga-II-Gondel. Innen hell, die Fenster zu Gondel-Seilen und Gang, es wird bedient. Im ovalen Raum 11 Tische, Imbißstuben-Atmosphäre. Hauptsächlich werden Toasts angeboten.

→ vom Valluga-Grat zurück zum Galzig-Gipfel, von der Gondelstation zunächst für alle Pistenvarianten eine gemeinsame Startpiste: **rote Skiroute 12.** Man muß auf ihr hinüberwechseln zum Valluga-Schlepper (474 m in 3 Min.). Erst oben an der Bergstation des Schleppers trennen sich die Pisten.

Skigebiet **St. Anton - St. Christoph - Stuben**

–▸ **rote Skiroute 12,** von Bergstation Valluga-II-Gondel zum Valluga-Schlepper. Zwar als Skiroute markiert, trotzdem ein perfekt präparierter Pistenstreifen. Die Route führt hinter dem Gipfel zum steilen **Valluga-Schlepper**. Ihn *muß* man nehmen, um wieder nach St. Anton zu kommen. Links und rechts Tiefschneehänge und rundherum nichts als Gipfelwüste.

–▸ **Skiroute 15,** „Mattun", von Bergstation Valluga-Schlepper links in einen unberührten Graben. Hier kann man seine eigene Spur ziehen. Eine Variante, die nur erfahrenen Skifexen bestimmt ist. Sie endet an der roten Piste 4, dann weiter zu zwei Sesselliften. Der eine auf den Galzig, der andere auf den Gampen.

–▸ **rote Skiroute 16,** „Schindlerkar", eine Parallel-Rinne zur Route 15. Fährt man sie gerade, kommt man zur roten Piste 4 unterhalb des Galzig-Gipfels. Hält man sich am Ende der Rinne unter den Felsen links, kommt man zur roten Piste 13. Da kann man wählen, ob man zum Galzig möchte oder zum 3er-Sessel Schindlergrat.

Abb.: 5er-Gondel Valluga. Zum höchsten Gipfel von St. Anton

Arlberger Bergbahnen AG

Arlberg Ost

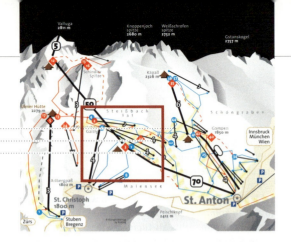

4er-Sessel Mattun
4er-Sessel Zammermoos
4er-Sessel Osthang

längste Abfahrt im Skigebiet

→ **rote Piste 13**, sie ist die Fortsetzung der Skiroute 12 und die einzige als Piste markierte Strecke von Valluga-Grat und Schindler-Spitze zurück zum Galzig. Bis nach St. Anton hat sie 8,5 km, ist damit die längste Abfahrt im Gebiet. Am Anfang der Piste ziehen die Leute in die Seitenhänge und haben dann eine Tiefschneeabfahrt zurück zur Piste vor Augen. Weiter unten dann die Ulmer-Hütte.

Essen: Gulaschsuppe 8,60 Würstel 7,20 Grillwürstel 12,20 Grillwürstel, Kartoffelsalat 14,– Spaghetti 13,60 Apfelstrudel 5,80 (den gibt's in St. Christoph um 10,–)
Trinken: Cola 0,35 l 5,80 Bier 7,20 Weizen/Radler 7,90 Glühwein 7,90 Willi/Wodka-Feige 6,50 Schoko 5,80 Kaffee 4,30 Tee 4,30

Ulmer-Hütte, eingeschneites holzverschindeltes Haus. Daneben eine große Satellitenanlage, und das mitten im winterromantischen Arlberggebirge. Vor dem Haus eine lange aus Schnee gebaute Bar, die hier auch tatsächlich hält. Bei Eiswetter bricht in der Hütte die große Nähe aus, denn da will niemand seine Nase nach draußen stecken. Das Hüttenanwesen gehört zu den teuersten der Region.

→ **rote Piste 13,** Fortsetzung ab Ulmer-Hütte zum Galzig. Ab dann ist die Piste ein Schußstück mit 2 Kuppen, über die man ohne Schieben nicht kommt. Nach den Kuppen Gabel: rechts die rote 13 hinunter zum 3er-Sessel Schindlergrat und Arlenmähder-Schlepper. Geradeaus rote Piste 13a.

→ **rote Piste 13a,** lange flache ca. 25 m Verbindung in ein enges Tal. Links und rechts in den Hängen verwegene Wedelspuren. In diesem Tal mündet rote Piste 13 in blaue Piste 4. Hinaus aus der Enge ein Sessellift auf den Galzig, einer auf den Gampen oder weiter auf blauer Piste 2 nach St. Anton.

Skigebiet **St. Anton - St. Christoph - Stuben**

Galzig-Gipfel

nicht verwechseln mit der Bergstation der Galzig-Gondel. Die liegt ein gutes Stück tiefer, erreichbar vom Galzig-Gipfel über blaue Piste 8. Am Gipfel hier treffen zusammen **4er-Sessel Zammermoos, 4er-Sessel Osthang (1229 m in 4 Min.) und der 4er-Sessel aus St. Christoph.** *Die Leute halten sich nur kurz auf. Es gibt keine Infrastruktur, wenn man von der Sendeanlage in der Mitte absieht. Es wird fest überlegt, wie es weitergehen soll.*

Abb.: Galzig Panorama
TVB St. Anton am Arlberg

–► **zwischen Galzig und St. Anton,** *damit sind die Hänge und Pisten bergabgesehen links vom Galzig-Gipfel gemeint. Diesen Hang bedienen zwei Schlepper und zwei moderne 4er-Sessellifte. Egal welche Piste oder Variante, unter normalen Umständen sollte man immer auf die Talabfahrt blaue Piste 2 kommen. Der Hang ist zerfurcht, Gräben und Rücken, dazwischen Tiefschneepisten.*

–► **blaue Piste 1,** *vom Galzig-Gipfel eine für St. Anton sehr breite und flache Piste. Der Übungshang schlechthin. Er endet am topmodernen 4er-Sessel Osthang, der uns wieder bis zum Galzig bringt.*

–► **blaue Piste 4,** *eine der Hauptpisten vom Galzig. In einem schmalen Tal, alles andere als steil, verjüngt sich zusehends. Zuletzt ist sie noch 10 m breit und fließt aus dem Tal. Dann eine Pistengabel:* links oben haltend, möglichst in der Schußhocke, kommt man zum 4er-Sessel Zammermoos. Mit dem wieder auf den Galzig-Gipfel. *Pistengabel rechts*, den Graben übersetzen, einen Waldziehweg am Graben entlang, nach ca. 250 m die Talstation 4er-Sessel Mattun. Mit ihm zum Gampen.

Snowboarder müssen abschnallen, um die Kuppe zu schaffen.

Arlberg Ost

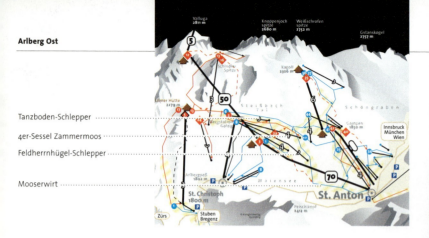

Tanzboden-Schlepper
4er-Sessel Zammermoos
Feldherrnhügel-Schlepper

Mooserwirt

→ **rote Piste 2,** vom Galzig weg ca. 80 m breit und flach, dann schrumpft sie auf 30 m und wird zunehmend steiler. Sie bekommt schwarze Züge. Vom linken Pistenrand sieht man hinunter ins Tal, wo die rote 4 die Skifahrer sammelt. Gewagte Kerle fahren in den Tiefschneehang ein, kommen auf die rote 4 und gleiten dann das Tal hinaus zu den Sesselliften. Wer nicht in den Tiefschnee möchte, hat ohnehin genug mit der roten Piste 2 zu tun. An der Strecke kann man links weg zum *Tanzboden-Schlepper,* mit ihm wieder auf den Galzig.

→ **Varianten-Pisten,** am ganzen Osthang jede Menge wilde Abfahrten möglich. Das sind durchaus in den offiziellen Plänen eingezeichnete Strecken, die nicht präpariert sind, aber stark ausgefahren.

Anschluß vom Gampen-Gipfel zum Galzig-Gipfel

4er-Sessel Zammermoos, 1597 m in 6 Min. Bei ihm kommen die roten Pisten 4 und 2 vom Valluga-Grat und Galzig zusammen und obendrein die blaue Piste 44 vom Gampen. Hat dementsprechend viel zu tun. Ist aber flott und modern, sanft zu den Beinen, Windschutzkappe hat er keine. Er ist der Anschlußlift vom Gampen hinüber zum Galzig-Gipfel.

→ **blaue Piste 2,** vom 4er-Sessel Zammermoos ins Tal. An dieser Talabfahrt auch die prominentesten Après-Ski-Lokale. Für Deutschsprachige der *Mooserwirt,* für Englischsprachige das „Krazy Kanguruh". Zuvor noch Talstation Feldherrnhügel-Schlepper.

Skigebiet **St. Anton - St. Christoph - Stuben**

Feldherrnhügel-Schlepper, 1522 m in 6 Min. Die letzte Möglichkeit, wieder ins Skigebiet zu kommen, ehe man bis nach St. Anton abfahren muß. Schleppt über den ganzen Osthang hinauf bis knapp zum Galzig-Gipfel. Anschluß zum 4er-Sessel Osthang, zum 4er-Sessel Zammermoos, nach St. Christoph und auch hinüber zum Gampen.

Abb.: 50er-Gondel Valluga. Am rechten Bildrand die Hotelsiedlung St. Christoph
Arlberger Bergbahnen AG

Fährt man am Feldherrnhügel-Schlepper vorbei, gibt es keinen Ausweg mehr. Man muß hinunter nach St. Anton. An der Piste kurz vor dem Tal links oben das Krazy Kanguruh (junge Wilde, alte Wilde, Snowboarder) und rechts unten der Mooserwirt.

Mooserwirt, der Ski-Treff für die deutschsprachigen Urlauber, gehört zu den bekanntesten Après-Ski-Lokalen Österreichs. Wenn die Leute genug haben vom Skifahren, kennen sie nur noch einen Weg. Zum Mooserwirt auf die Terrasse, wo man jung, schön und unbeschwert ist. Innen Stein- und Holzboden, eine gemauerte Ziegelbar, Wände aus Balken und zum Teil freier Blick ins Dach. Hinten ein kleiner Wintergarten mit Biertischen und Blick in den Wald. Die Preise sind dementsprechend wie im Golf-Club von Monaco. Gut 15 Mitarbeiter im Service, anders könnten die einfallenden Horden nicht bedient werden.

Essen: Frittatensuppe 7,20 Gulaschsuppe 10,– feine Käsesuppe 10,– Putensalat 19,30 Arlberger Brettljause 18,60 Kinder-Spaghetti 10,– Spaghetti 16,50 Kasspatzln, Salat 17,90 Tiroler Gröstl, Krautsalat 17,90 Würstel 6,50 Apfelstrudel 6,50 Germknödel 10,– Kaiserschmarren 15,–
Trinken: Cola 0,3 l 5,30 Bier 7,– Weizen 7,90 Wein 7,20 Glühwein/ Jagatee 7,90 Wodka-Feige 5,80 Obstler 4,30 Schoko 5,– Kaffee 4,– Cappuccino 5,– Tee 4,–

Arlberg Ost

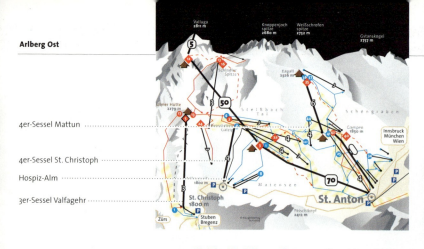

4er-Sessel Mattun

4er-Sessel St. Christoph

Hospiz-Alm

3er-Sessel Valfagehr

→ **vom Galzig-Gipfel zum Gampen,** über blaue Piste 4 oder rote Piste 2 in den Mattun-Graben und unten bei der Pistengabel links über den Graben in einen Waldweg. Nach 200 m der **4er-Sessel Mattun,** 585 m in 5 Min. Einer der wenigen 4er-Sessellifte, die nicht auskuppeln, das heißt, er kommt mit voller Geschwindigkeit um die Kurve. Endet ca. 200 m oberhalb der Bergstation Gampen/Arlberg-Kandahar-Bahn.

→ **vom Galzig-Gipfel nach St. Christoph,** um nach St. Christoph zu kommen, muß man gar nicht bis zum Galzig-Gipfel, es genügt die Bergstation der Galzig-Gondel aus St. Anton.

→ **blaue Piste 8,** vom Galzig zunächst am Osthang breit und flach bis zur Bergstation der Galzig-Gondel. Von dort weiter sich links haltend nach St. Christoph. Da unten viel los.

→ **Variante 23,** vom Galzig unterhalb des 4er-Sessels aus St. Christoph. Wie alle Varianten sollte man sie nicht ohne einen Ski-Guide machen. Was in den Pistenplänen so locker eingezeichnet, ist oft brandgefährlich.

St. Christoph

die blaue Piste 8 endet im Ortszentrum von St. Christoph, das nur aus einigen wenigen Großhotels besteht. Am Ende der Piste nebeneinander Sonnenterrassen und Restaurants. Sie sind tagsüber die „Skihütten" und abends die Restaurants für die St.-Christoph-Gäste.

Skigebiet **St. Anton - St. Christoph - Stuben**

Hospiz-Alm, die exklusivste Hütte Österreichs. Bis 17 Uhr Skihütte, dann 2 Std. Pause und ab 19 Uhr feinstes Abendlokal. Liegt am Ende der blauen Piste 8, aber auch von der Arlberg-Paßstraße in St. Christoph erreichbar. Sonnenterrasse mit betuchten Biertischen, am Rand großer gelber Schirm im Glaskasten. *Sonne* im Dez. - 14 Uhr, ab 15. Jan. - 15 Uhr und täglich länger. Bei schlechtem Wetter ist die Schirmbar beheizt. Über der Terrasse ein Balkon, dort 50 Sitzplätze, muß reserviert werden. Oben sitzen Damen und Herren mit Blick wie beim Tennisturnier; schauen auf die Terrasse hinab und zur Piste, was es zu sehen gibt. Zum WC im Keller eine Rutsche, damit man mit den schweren Skischuhen nicht gehen muß. Mehr siehe St. Christoph Ort Seite 99.

Abb.: Hospiz-Alm. Gedränge auf der Terrasse. Apfelstrudel für 11 DM.

Essen: Tageskarte: Gulaschsuppe 9,90 Zuccinicremesuppe 9,20 Gemischter Salatteller 10,80 Chilli con Carne, Ofenkartoffel 12,20 Spaghetti Bolognese 16,90 hausgemachte Bratwürstel, Sauerkraut, Brot 15,– Zwiebelrostbraten, Pommes 25,– Apfelstrudel 11,–
Trinken: Cola 5,60 Bier 0,3 l 6,– Weizen 0,3 l 6,– Wein 9,80 Jagatee 9,80 Willi/Wodka-Feige 8,30 Schoko 6,50 Cappuccino 5,60 Tee 5,60

Stoppl's, unterhalb der Hospiz-Alm, nicht nur geographisch. Es tummelt sich auch eine ganz andere Art von Leuten. Die Hospiz-Alm ist doch ein wenig exklusiv, da geht es im Stoppl's schon wesentlich entspannter zu. Eine Terrasse für das ganze Volk sozusagen. Davor der Ausstieg eines Ü-Tellerschleppers. Da fährt der Nachwuchs. Auf der Terrasse braune Plastiklatten-Sessel mit lila Polstern, eine große Bar mit Stehtischen. Im Ernstfall, das heißt bei Schnee, wird zwischen Terrasse und Bar eine Glaswand gezogen. Dann sind die Jungs in der ersten Reihe, die schon die ganze Zeit an der Bar gelehnt haben. Innen auch noch ein Restaurantteil. Steil das Service in roten Hemden und weißen Schürzen.

Essen: Frittatensuppe 7,20 kl. Salatschüssel 11,50 Putensalat 18,60 Spaghetti 13,60 Krautspätzle, Röstzwiebel 13,60 Käse- od. Schinken-Omelette 12,20 Chicken-Wings 13,60 Wiener-Schnitzel, Pommes 20,– Kaiserschmarren 14,30 Apfelstrudel 5,–
Trinken: Cola 3,50 Bier 0,3 l 4,80 Weizen 0,3 l 5,20 Wein 7,50 Jagatee 5,80 Glühwein 6,50 Wodka-Feige 5,– Obstler 3,60 Schoko 4,– Cappuccino 4,30 Tee 3,80 **Tägl. Happy-Hour zwischen 15 u.17 Uhr:** dann Glühwein 5,20 Jagatee 4,60 Wodka-Feige 3,20 Tequilla 3,20 Grappa 3,20.

Arlberg Ost

3er-Sessel Schindlergrat ············
Valluga-I-Gondel ···················
Galzig-Gipfel ·······················
Arlenmähder-Schlepper ··············

4er-Sessel St. Christoph ············
Maiensee-Schlepper ·················

Talstation Alpe Rauz ···············

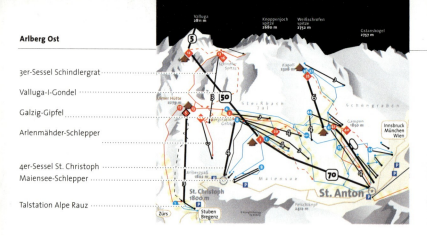

Essen: Lauchcremesuppe 5,80 Fleischkäse, Spiegelei 13,60 Gulaschsuppe 8,60 Salatteller 13,60 Speckbrot 10,80 Käsespätzle, gem. Salat 17,– Würstel 7,20 Pizza 8 verschiedene 16,50 Spaghetti 13,60 Apfelstrudel 7,90 (den gab's auf der Terrasse von Stoppl's um 5,–)
Trinken: Cola 0,35 l 4,90 Bier 0,3 l 5,60 Weizen 8,50 Glühwein 7,90 Jagatee 6,90 Willi/Wodka-Feige 5,– Schoko 5,– Kaffee 4,30 Espresso 4,30 Tee 3,60. An der *Eisbar* daneben ganztägig „happy hour" 0,3 l Bier + Obstler 5,60

Traxl's Eisbar, direkt neben dem Einstieg zum 4er-Sessel St. Christoph. Am Haus Wintergarten mit zwei Tischen, davor Bierbretter mit rotkarierten Tüchern, über die Straße ein paar Kaffeemöbel. Die Eisbar daneben gehört dazu. Dahinter im festen Mauerwerk eine ansehnliche Zirbenstube mit billigen Bregenzerwälder Tischimitaten; 9 davon, blaugepolsterte Bänke, Teppichboden, offener Kamin. Hat aber nichts von der feinen Art St. Christophs. Auf einer schwarzen Tafel wird das Tagesangebot angepriesen: z. B. Dorschfilet, Kartoffelsalat, 0,3 l Bier od. Saft 14,20. Wie in Jesolo. Solche Angebote ärgern die Nachbarn. Abgesehen vom Lockmenü, ebenfalls stolzes Preisniveau.

Maiensee-Schlepper, beginnen direkt hinter dem knallgelben Ferienclub Magic Life. Sie bedienen einen breiten Übungshang mit Ziel St. Christoph Zentrum. Von den Sonnenterrassen kann man die Piste gut übersehen.

4er-Sessel St. Christoph, 1080 m in 4 Min. Startet vom Zentrum St. Christoph und zieht auf den Galzig-Gipfel.

→ **vom Galzig-Gipfel zur Schindler-Spitze,** *bergangesehen links unterhalb des Galzig-Gipfels liegt Talstation* **3er-Sessel Schindlergrat.** *1483 m in 6 Min. auf die 2650 m hohe Schindler-Spitze. Von ihr erreicht man die selben Pisten wie vom Valluga-Grat. Von Bergstation 3er-Sessel Valfagehr ist der 3er-Sessel Schindlergrat über rote Piste 13 und dann rote Piste 14 erreichbar.*

Skigebiet **St. Anton - St. Christoph - Stuben**

Arlenmähder-Schlepper, 961 m in 5 Min. Im Graben zwischen Bergstation 3er-Sessel Valfagehr und Galzig-Gipfel. Zu ihm keine einzige präparierte Piste, lediglich Varianten über die naturbelassenen Schneeabhänge und die rote Skiroute 14. Sie ist wenigstens ausgesteckt. Raus kommt man aus diesem Graben nur mit dem Schlepper und dann 3er-Sessel Schindlergrat.

–▸ vom Galzig-Gipfel zur Talstation Alpe Rauz, *entweder mit der Valluga-I-Gondel auf den Valluga-Grat, dort rechts hinüber hinter der Schindler-Spitze zum Valluga-Schlepper und von dort auf rote Piste 13. Oder mit dem 3er-Sessel Schindlergrat und ebenfalls auf rote Piste 13. Beim Ulmerhaus dann rechts halten und auf roter 17 zur Talstation Alpe Rauz.*

–▸ rote Piste 17, hinunter nach Alpe Rauz in einer schmalen Röhre. Zwischen dem Grat, der vom Valluga-Gipfel runterfliest und dem Grat des Pfannenkopfs. Von dort entweder mit dem 3er-Sessel Valfagehr wieder hinauf, oder weiter auf blauer Piste 1 nach Stuben. Die Talstation Alpe Rauz ist eine **trostlose Oase** in der schroffen Eiswelt.

–▸ schwarze Skiroute 5, waghalsig downhill von Bergstation 3er-Sessel Valfagehr am Grat des Pfannenkopfs (unter dem Lift). Hier hilft einem keiner mehr. Wer sich in die Route hineingewagt hat, der muß sich selber rausmühen.

–▸ von Talstation Alpe Rauz nach Stuben, *an der Bergstation des kurzen Talstations-Schleppers rechts vorbei und auf blauer Piste 1 unter der Straße durch. Es folgt ein schmales Tal.*

–▸ blaue Piste 1, ein 10 m breiter, meistens brettharter Schußweg, am Felsfundament der Paßstraße entlang. Harmlos lädt er dazu ein, die Skier laufen zu lassen. Wer wenig Glück hat verkantet, stürzt und knallt gegen die Felsen.

Abb.: 3er-Sessel Schindlergrat. Am Himmel 50er-Gondel Valluga.

TVB St. Anton am Arlberg

Arlberg Ost

Talstation Alpe Rauz
Albona-Grat
2er-Sessel Albona I
Talstation Stuben

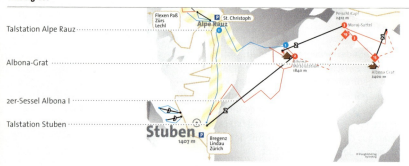

Albona-Grat

Oben zerklüftete Felslandschaft, kaum Pisten, einige Skirouten, hauptsächlich Varianten über Tiefschneehänge. Dorthin findet man allerdings nur mit Ski-Guide. Wer's ohne macht, ist selber schuld. Albona-Grat ist erst ab Februar beliebt, vorher unwirtlich, schattig und kalt. Die zwei Hütten sind wesentlich billiger als die drüben bei St. Anton.

–▸ von Stuben auf den Albona-Grat, 2er-Sessel Albona I, 1354 m in 9 Min. Altes Modell, mit einem Laufband nachgerüstet, bei ihm endet die blaue Piste 1 von Alpe Rauz. Gegen die Kälte liegen beim Einstieg Decken bereit. Sie kündigen Wind und Kälte an.

Zum Albona-Grat, aus St. Anton ein netter Skiausflug. Hier wesentlich weniger Menschen, und auch die Hütten viel preiswerter als in St. Anton. Hauptsächlich fahren die Skischulen von Stuben und Ausflügler. Man kann diesen Ausflug auch mit einem kleinen Spaziergang durch Stuben kombinieren. Das kleine Dorf ist in 10 Min. erkundet. Aber reizend.

Mittelstation **Albona,**

*Anschluß an einen weiteren 2er-Sessel. Eine Hütte und zwei Pisten. Die **rote Piste 2,** manchmal steil und verwegen zurück nach Stuben. Und die **blaue Piste 1,** die Strecke für Flachmatiker; brav den Hang queren, dann entweder zu Talstation Alpe Rauz oder wieder nach Stuben durch die Furche.*

Skigebiet **St. Anton - St. Christoph - Stuben**

Albona-Hütte, der Treffpunkt im Skigebiet. Es gibt zwar weiter oben noch eine, die ist aber zu klein für alle. Vom Albona-I-Sessel rechts raus, über ein Küppchen und dann auf einem Ziehweg zur Hütte. **Sonne** hier erst ab Ende Jänner, dann von 11-11:15 Uhr und täglich fünf Minuten länger. Vom Dachgebälk hängen an seillangen Kabeln blaue Blechlampen. Die Schirme haben kleine Löcher, darin stecken die Fähnchen von Willi-Birne und Wodka-Feige (5,50), stumme Zeugen fröhlicher Runden. Die SB-Ecke nach der modernen „Free-flow"-Logik.

Abb.: Blick vom Albona-Grat zur roten Piste 13, die Abfahrt vom Schindlergrat
TVB St. Anton am Arlberg

Essen: Leberknödelsuppe 5,50 Gulaschsuppe 6,90 Würstel, Kartoffelsalat 7,80 Fleischkäse, Kartoffelsalat 9,80 Spaghetti 12,60 Salat vom Büffet kl. 6,90 gr. 9,80 Wiener-Schnitzel, Pommes 16,50 Leberstreichwurst 1,20 Semmel 0,80 Kaiserschmarren 11,20 Germknödel 7,50 Apfelkuchen 3,30
Trinken: Cola 2,60 Bier 5,50 Weizen 6,50 Wein 6,– Piccolo 14,– Glühwein/Jagatee 6,20 Schoko 5,– Kaffee 3,80 Cappuccino 4,50 Tee 3,20

Arlberg Ost

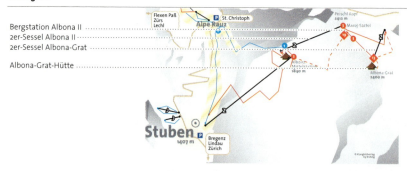

Bergstation Albona II
2er-Sessel Albona II
2er-Sessel Albona-Grat

Albona-Grat-Hütte

2er-Sessel Albona II, 1417 m in 9 Min. Ebenfalls altes mit Laufband nachgerüstetes Gerät. Startet links neben der Albona-Hütte, ein Stück hinübertauchen. Neben viel Fels, karger Gipfelwüste und manchen Latschen-Pflanzen sieht man eine Hochspannungsleitung das Gebirge überqueren. Links am Horizont wird ein überdimensionaler Betonrauchfang sichtbar, eine Warze des Arlberg-Tunnels, hier entsorgt er sich.

Bergstation **Albona II,**

der 2er-Sessel endet am Maroj-Sattel. Oben nichts als zwei Pisten, entweder wieder zurück zur Mittelstation, oder auf der anderen Bergseite hinunter zum 2er-Sessel Albona-Grat.

→ **rote Piste 3,** von Bergstation 2er-Sessel Albona II zum 2er-Sessel Albona-Grat. Ca. 30 m breit, mal flach, mal steiler. Sie trifft mit der roten Skiroute 13 zusammen, die vom Albona-Grat kommt.

2er-Sessel Albona-Grat, 954 m in 6 Min. Noch kein Laufband. Versteckt in einer Mulde auf der hinteren Albona-Gipfelseite mit Blickrichtung St. Anton.

Aquarell Vanesa Hardi

Skigebiet **St. Anton - St. Christoph - Stuben**

Albona-Grat

2400 m, der höchste Punkt des Skigebiets Albona. Hier oben nehmen die wildesten Pistenvarianten ihren Ausgang. Wer sich nicht auskennt, hat drei Möglichkeiten: zur Hütte, wieder zum 2er-Sessel Albona-Grat oder Richtung Stuben zur Mittelstation.

Albona-Grat-Hütte, von Bergstation 2er-Sessel Albona-Grat auf die Kuppe, von dort sieht man das 200 m entfernte Steinhaus. Daneben ein Sendemast. Das Bollwerk sonnt sich ganztags. Wenn es stürmt, ist es den Gewalten schutzlos ausgeliefert. Bei Schlechtwetter platzt es aus allen Nähten, mehr als 30 Leute passen nicht hinein. Die SB-Theke ist solange wie ein 6-Personen-Tisch. Hüttenwirt Thomas hat zwei Prinzipien: keine Pommes und keine Musik. Preise wie unten bei Mittelstation, das Angebot allerdings kleiner.

→ **rote Skiroute 13,** von der Albona-Grat-Hütte quer über den Hang zum 2er-Sessel Albona-Grat und mit ihm wieder hinauf. Braucht man nicht zu fürchten, macht zeitweise sogar einen präparierten Eindruck, so abgefahren wie sie ist. Zudem übersichtlich und doch nicht allzu selektiv.

→ **vom Albona-Grat nach Alpe Rauz,** *von der Albona-Grat-Hütte über rote 3 – sie ist die einzig präparierte Strecke. Zunächst bis Bergstation 2er-Sessel Albona II, dann auf Skiroute 19 bis zur Mittelstation und von dort auf blauer Piste 1 nach Alpe Rauz.*

→ **rote Skiroute 19,** von Bergstation Albona-II-Sessel zur Mittelstation. Sie ist präpariert. Oben ca. 15-20 m breit und mittelsteil. Dann ein Schmalstück und eine lange Querfahrt; die Piste hängt nach rechts, ist hier etwa 30 m breit. Manchmal steile Zwischenstücke.

→ **blaue Piste 1,** ab Mittelstation der Albona-Sessel-Lifte nach Stuben. Zunächst eine fast ebene Querung, dann eher Ziehweg als Piste. Unten kurz vor Alpe Rauz rechts weg ein Seitenarm zur Talstation Alpe Rauz. Dort mit dem 3er-Sessel Valfagehr auf den Galzig und Abfahrt nach St. Anton.

Arlberg Ost

Abb.: St. Anton und die alte Galzig-Gondel
TVB St. Anton am Arlberg

SNOWBOARDEN

Keine eigenen Snowboard-Pisten, aber die Abfahrten sind durchaus geeignet. Am Rendl Half-Pipe und Funpark, 100 m breit, 300 m lang mit diversen Sprüngen: Highjumps, Edges, Boarder-Cross. Die St. Antoner Skischule hat eine „Snowboard-Akademie".

3-Tages-Kurse: starten jeweils Sonntag und Mittwoch, dauern 12 Stunden und kosten 183,– **Verleih** bei den Sportgeschäften an Talstationen und im Ort: *Brett* kostet für 1 Tag 40,– für 6 Tage 170,– Junior-Snowboard bis 135 cm 1 Tag 25,80 für 6 Tage 112,90.

Schuhe „hard" für 1 Tag 22,90 für 6 Tage 92,90 Schuhe „soft" für 1 Tag 12,90 für 6 Tage 61,50

Schneetelefon: ++43/5446-2565

Skigebiet Rendl

30 km Pisten, davon 4,5 km schwarz, 15 km rot und 10,5 km blau. Kaum beachtet von vielen St.-Anton-Besuchern. Das hat am Rendl ein eigenes Klima entstehen lassen. Für viele ist der „Rendl-Beach" ein Geheimtip. Man fährt eine Runde, trifft sich wieder an der „Beach-Bar", fährt wieder eine Runde. So geht das den ganzen Tag. Wirklich schön erst im Frühjahr.

> **30 km**
> **Betriebszeiten: 8:30-16 Uhr**
> **Wertungen:** keine eigene Wertung. Siehe St. Anton. Seite 107

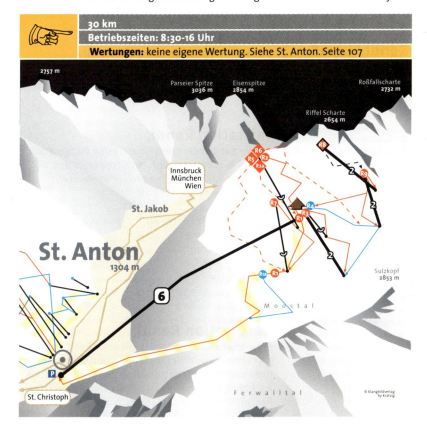

Arlberg Ost

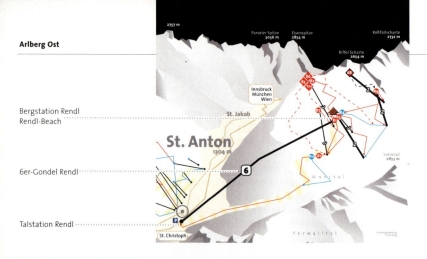

Bergstation Rendl
Rendl-Beach

6er-Gondel Rendl

Talstation Rendl

Rendl Skipaß
Für das Skigebiet Rendl gibt es einen eigenen Skipaß, unabhängig vom Arlberg-Skipaß.

Erwachsene	
Tageskarte	50,70
Halbtag	36,40
Kinder	
Tageskarte	30,70
Halbtag	22,10

Pisten und Routen für alle Ansprüche. Nicht so windanfällig wie drüben am Gampen. Wenn dort die Lifte gestoppt werden müssen, wird am Rendl noch munter und lustig weitergefahren.

Talstation **Rendl**,
mit der **6er-Gondel Rendl** hinauf, keine Mittelstation, 2440 m in 12 Min. An der Talhauptstraße ca. 200 m nach der Einfahrt West links hinunter. *Kassa* mit Bankomat im Gondelgebäude.

Vor dem Gebäude *Parkplatz* für etwa 25 Autos, hinter dem Gebäude unter der Seilbahn durch ca. weitere 50 Plätze. Dort kommt auch die Piste runter. Links neben Kasse *Türe zu **WC**.* An der Hauswand ca. 40 versperrbare Skiständer.

Bergstation **Rendl**,
der einzige Punkt mit Infrastruktur am Rendl. Im Frühjahr tummeln sich hier die Schnee- und Sonnenhungrigen wie die Pinguine im Packeis. Bei der Bergstation ein Übungslift, ein Kinderspielplatz soll noch entstehen. Im Gondelgebäude jedenfalls neben den WCs Wickelraum, Schlüssel im Restaurant.

Skigebiet **Rendl**

Abb.: Werbefoto Rendl-Beach-Eisbar. Das ist Österreich im Winter. Auf jedem Sonnen-Gipfel eine Schnapsbar voller Menschen.

Restaurant Rendl, die einzige „Hütte" im Rendl-Gebiet, dementsprechend für großen Ansturm ausgerüstet; selbstverständlich SB. Bei Schlechtwetter wird im unteren Geschoß die Stube „Rendlalm" geöffnet; düster, mit Kachelofen. Oben große Fenster, zu den auf allen Seiten steil ansteigenden Gipfeln. In der Küche steht Helmut Weiland. Er hat auf der MS Azurr gekocht, das ist jenes Schiff, auf dem Karl Moik mit Musikanten kreuzfährt. Auf so einem Schiff kommen auch 300 Gäste auf einmal essen und sind pingelig obendrein. Das war eine gute Schule für Skihüttenkoch Helmut.

Essen: Knödelsuppe 5,80 Gulaschsuppe 7,80 Spaghetti 12,90 Berner Würstel, Pommes 12,60 Bratwurst, Beilage 12,30 Salat vom Büffet 7,50 Steak-Toast, Rindfleisch 19,20 Germknödel 6,90
Trinken: Cola 3,20 Bier 5,90 Weizen 6,50 Wein 6,40 Willi 4,60 Piccolo 13,69 Roederer Campagner 0,7 l 113,– (da sieht man, was in St. Anton nachgefragt wird) Glühwein 7,90 Schoko 4,90 Kaffee 4,30 Cappuccino 6,– Tee 4,–

Rendl-Beach, die Eisbar vor der Bergstation. Gilt als der Sonnenplatz von St. Anton. Im Februar und März stehen die Leute in 4er-Reihen um die Bar. Am Rendl-Beach fühlen sich die Menschen eine spur exklusiver, „weil nicht jeder Depp vorbeikommt". Richie, die Beach-Palme, macht den Job hinter der Bar seit den 80er Jahren. Entfernt sieht er dem Minnesänger Rod Stewart ähnlich, er setzt dem mit seinem blonden struppigen Haar auch nichts entgegen.

Liegestühle 10,– ab 14 Uhr 5,80.
Essen: Hotdog 5,80 Currywurst 9,20 Schnitzelsemmel 7,90 Pommes 6,–
Trinken: Cola 0,3 l 4,80 Bier 0,3 l 4,80 Glühwein/Jagatee 7,90 Schoko 4,60

Abb.: Rendl-Restaurant & Bergstation
Arlberger Bergbahnen AG

Arlberg Ost

2er-Sessel Riffel II

Gampberg-Schlepper

2er-Sessel Riffel I

2er-Sessel Mass

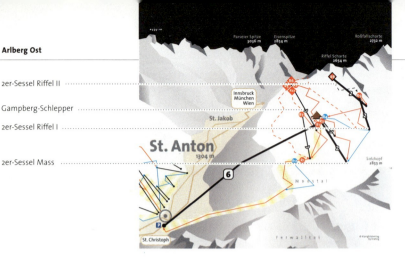

→ von Bergstation Rendl weiter ins Skigebiet, da gibt's 3 Möglichkeiten. 1) Zum Gampberg-Schlepper oder Tobel-Schlepper, von der Bergstation bergangesehen links. 2) rechts hinunter zum 2er-Sessel Mass oder 3) flach hinüberqueren zu den 2er-Sessel Riffel I & II.

2er-Sessel Mass, 1031 m in 7,17 Min. Von der Bergstation erreichbar über *rote Piste 3* oder *blaue Piste 4*. Er zieht wieder hinauf zur Bergstation, kommt so an, daß man gleich hinüber zum Rendl-Beach fahren kann. Neben dem 2er-Mass ein Schußhang mit Geschwindigkeitsmessung. Da kann man wohl sein Wachs ausprobieren. Die Pisten sind platt, übersichtlich und harmlos.

→ blaue Piste 4, von Rendl-Bergstation hinüber zum *alten 2er-Sessel Riffel I* oder weiter zum 2er-Mass. Eine beliebte Strecke, schafft man auch noch nach ein paar Eisbarbesuchen. Wer der blauen Strecke überdrüssig ist, kann die rote Piste 3 nehmen, die steiler und direkter. Die Talstation des 2er-Mass markiert das unterste Ende des Skigebiets, abgesehen von der Talstation.

2er-Sessel Riffel I, 1228 m in 9 Min. Von Bergstation Rendl auf blauer Piste 4 hinabsinken, dann mit dem Lift die eisigen Abhänge der Riffel-Scharte (2645 m) hoch. Bei seiner Bergstation wächst kein Baum mehr. Rechts vom Sessellift eine Route durch den lockeren

Skigebiet **Rendl**

Abb.: 2er-Sessel Riffel
Arlberger Bergbahnen AG

Zirbenwald, teilweise eine enge Röhre. Auch in der Hochsaison kann man hier selten jemanden vom Lift beobachten. Steine und Felsabrisse muß man umfahren.

→ **rote Piste 9,** entlang am 2er-Riffel I. Paßt sich dem Gelände an, teilweise entsprechend schmal. Von ihr rechts weg eine flache Querung zurück zur Bergstation Rendl.

2er-Sessel Riffel II, 830 m in 6 Min. Ca. 300 m unterhalb Bergstation Riffel I. Zieht dann unter dem Riffel I durch bis zu den nackten Felsen der Riffel-Scharte. Dort hinauf dürfen sich nur Könner wagen. Keine präparierte Piste hinunter.

→ **schwarze Skiroute 8,** nach Schneefällen kann man sie am Vormittag vergessen, da müssen erst die Lawinen abgesprengt werden. Da steht auch der Sessellift. Die Strecke hat ungeheure Anziehungskraft. Vom Rendl-Beach lösen sich die Leute, fahren einmal die Route 8, und dann kommen sie zur Bar zurück und fachurteilen. Ein anderes Mal fährt man zum Gampberg-Schlepper und von oben die rote Route 5.

Gampberg-Schlepper, 1137 m in 5 Min. Bergangesehen links von der Bergstation Rendl. Langer, steiler Lift auf den 2407 m hohen Gampberg. Oben Aug in Aug mit den brutalen Gipfeln des „Arlberg-Gebirges". Runter die rote Piste und drei Skirouten.

Arlberg Ost

Rendl Beach

Tobel-Schlepper

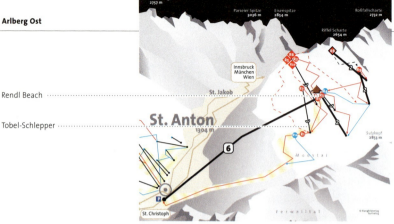

–▶ **rote Skiroute 2a,** beginnt gemeinsam mit Route 5, wagt sich allerdings nicht so weit in die Schneewildnis, sondern zweigt links hinüber zur Bergstation Rendl.

–▶ **rote Skiroute 6,** von der Bergstation des Gampberg-Schleppers rechts hinüber Richtung Gipfel und dann das Schneefeld gerade hinunter. Man kann dann entweder zur Bergstation, zum 2er-Sessel Riffel oder zum 2er-Mass. Verirren kann man sich nicht.

–▶ **rote Skiroute 5,** vom Lift links raus und dann am äußersten Grat hinunter bis zur Talstation Tobel-Schlepper. Die aufregendste der drei Skirouten, da sie sich am weitesten von den gesicherten Pisten entfernt. Dort entweder weiter ins Tal oder mit dem Tobel-Schlepper wieder zum Rendl-Beach.

Tobel-Schlepper, 647 m in 3 Min. An der Talabfahrt rote Piste 1, fährt wieder hoch zu Bergstation und Rendl-Beach.

–▶ **Talabfahrt** *vom Rendl-Beach auf der roten Piste 1. Eine lange, flache Strecke durch den Wald, der friedliche Weg aus der totgefrorenen Gebirgswelt des Rendl. Die Piste endet direkt auf einer Brücke über die Rosanna beim Gondelhaus.*

Das Paznauntal

141 Ort Ischgl

154 Skigebiet Ischgl

268 Wohnen Ischgl

9-38 Anreise Paznauntal

10	**mit dem Auto**
15	aus Deutschland
15, 17	aus der Schweiz
22	**mit der Winterbahn**
34, 29	aus Deutschland
34, 33	aus der Schweiz
36	**mit dem Flugzeug**

Schneetelefon: ++43/5444-5478

Ischgl 1377 m

Der populärste Wintersport-Ort Österreichs. Gilt als „Ballermann der Alpen". Hier ist die Überschwenglichkeit zu Hause. Das ganze Ortszentrum wird nachmittags zur Après-Ski-Disco, mancherorts tanzen halbnackte Frauen auf Bars. So geht es bis in den frühen Morgen. Fun ist angesagt, nicht strenger Sport. Das Skigebiet eines der feinsten in Österreich. Da möchte letztendlich auch ein jeder hinüber in die Schweiz wechseln.

1350 Einwohner
8700 Betten

Für Snowboarder eines der besten Funparks Europas. Rund um Ischgl stürzen von allen Seiten enge Schluchten ins Tal.

Ischgl entwickelte sich auf und um einen Schüttkegel herum. Die neuen Dorfteile sind von diesem Hügelchen getrennt. Da ergab sich das Problem, daß die Sportler, welche zur Winterzeit das Bergdorf besuchen, an manchen Stellen kleine Steigungen zu überwinden hatten. Einem Wintersportler, der es gewohnt ist, Pisten bergab zu fahren und Steigungen mit dem Lift zu überwinden, kann man erfolgreich nicht ein Hügelchen in den Weg stellen. Kein Gast soll schnaufen müssen. Die Ischgler nicht unschlau, haben ihren Dorfhügel untertunnelt.

TOURIST-INFO

geöffnet: Mo-Do 8-18:30 Fr 8-20 Uhr, Sa 8-22 Uhr, So, Feiertag 10-18 Uhr. Im Foyer ein Informator, 24 Std. Zutritt. Anfahrt: Am Ortseingang von Ischgl vor der Aral-Tankstelle links rein, der Nase nach. Vorbei an Parkplätzen der Gondel-Station, den Hügel hoch bis zur Fußgängerzone.
A-6561 Ischgl
Tel. ++43/5444-5266-0, Fax –5636.
http://www.tiscover.com/ischgl
E-mail: tvb.ischgl@netway.at

TI hat Infohäuschen am Ortseingang für Wochenendtouristen. Geöffnet nur Fr 16-20 Uhr, Sa 9-14 u. 16-22 Uhr, So 12-18 Uhr.

Paznauntal

Orientierung

Im Winter in Ischgl Fußgängerzone. Ihr kann man sich über 6 Ortseinfahrten nähern. Zu den Hotels in der Fuzo darf man zufahren. Absolutes Nachtfahrverbot im Ort von 22–06 Uhr.

Verkehrsleitsystem Ischgl, Abfahrten von der Taldurchgangsstraße:

Abfahrt 1: links, Ortsanfang Aral-Tankstelle. Davor links rein, kommt man automatisch zur Talstation 4er-Gondel Pardatschgrat und 6er-Gondel Fimba. → Ab dem Talstationsbereich die Straße in einem Bogen auf den Dorfhügel. Nach ca. 300 m erreicht man an den Rand der Fußgängerzone. → Dort *Parkgarage, Umkehrplatz, Supermarkt, Post, Tourist-Info und Sparkasse* (Bankomat, Changeomat)

Abfahrt 2: links, Zufahrt zu diversen Hotels.

Abfahrt 3: links, großer Parkplatz für 24er-Gondel Silvretta und Silvretta-Center.

Abfahrt 4: links, 24er-Gondel Silvretta, kleiner Parkplatz. Dort das Après-Ski und Fuzo.

Abfahrt 5: links, Ortseinfahrt zu den Hotels westlich des Zentrums, die großen, schönen, neuen.

Abfahrt 6: links, Zufahrt zu diversen Hotels.

Der Dorf-Tunnel, 198 m, mit Förderband, noch ohne Fußmassage. *Drei Zugänge:* bei Talstation 6er-Gondel Fimba, im Dorfzentrum knapp bei Talstation 24er-Gondel Silvretta. Dritter Zugang vom Dorfhügel mit einem Personenlift durch den Berg hinunter. Zustieg bei Musikpavillon/Hotel Jägerhof. Unten angekommen, starten zu beiden Ausgängen hin Menschen-Förderbänder. Ist doch nicht übel. Haben andere Dörfer einen „Dorf-Tödel", so hat das Dorf Ischgl eben seinen „Dorf-Tunnel".

Das **Zentrum** läßt sich schwer bestimmen, am ehesten liegt es um die Talstation der 24er-Gondel Silvretta.

Bei **Talstation Silvretta-Gondel** steht das modernste Haus Ischgls. Es sticht sofort ins Auge. Viel Glas, viel helles Holz. Top modern, bei weitem kein Tiroler Häuschen. Die Gemeinde wollte es verhindern, weil es nicht dem Ortsbild entsprechen würde. Daraufhin haben die jungen Bauherrn berufen. Eine Kommission hat daraufhin festgestellt: *Ischgl hat kein Ortsbild.* Deshalb konnte der Block gebaut werden.

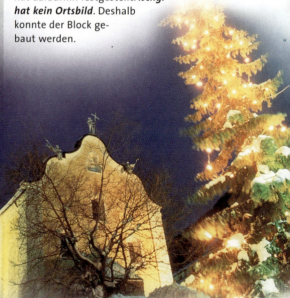

Ort **Ischgl**

> Sehenswert im Zentrum der **Friedhof um die Kirche.** Hier liegen sie, die Väter und Großmütter der Ischgler. Gedarbt haben sie in ihrer Alpenwelt. Die Nachfahren wissen, daß sie ihren heutigen Reichtum dem Durchhalten ihrer Ahnen zu verdanken haben. Sie danken es auf ihre Weise. Praktisch alle schmiedeeisernen Grabkreuze am Friedhof sind vergoldet. Auch jene, wo es seit 30 Jahren kein Begräbnis gegeben hat.

Skibus

In Ischgl kein Skibus nötig, da die Talstationen zu Fuß zu erreichen sind. Wohl aber eine Buslinie von Ischgl taleinwärts nach Mathon und Galtür. Der Bus fährt die Talstationen an. Er fährt ca. 25 x tägl. hin und zurück.

Skischulen

Skischule, Büros bei 24er-Gondel Silvretta und beim Sammelplatz Idalp/Bergstation 24er-Gondel. Kurszeiten: 10:30-12:30 u. 13:30-15:30 Uhr. Die Mittagspause wird in einer Skihütte verbracht. Am günstigsten der *Gruppenkurs*: 1 Tag 71,40 3 Tage 171,40 6 Tage 214,30. Wer lieber alleine fährt, *Privatkurse*: 2 Std. 164,30 jede weitere Pers. 21,40 1 Tag 300,– jede weitere Pers. 28,60.

Kinder

Familien sind zwar nicht die Zielgruppe des barbusigen Ischgls, aber einen **Gästekindergarten** haben sie. Im Talstationsgebäude der Fimbabahn. Kinder müssen sauber sein. Geöffnet tägl. 10-16 Uhr. Ganztägig mit Mittagessen 35,80, ohne Mittagessen 24,30. Halber Tag von 10-12:30 Uhr 14,30 DM. Günstiger gibt es das in Österreich kaum. Oben auf der Idalp ebenfalls Gästekindergarten zu den selben Konditionen.
Babysitter: brave Mädchen und Frauen kennt die Tourist-Info. **Skipaß:** bei einem Elternteil und zwei zahlenden Kindern fahren alle weiteren Kinder gratis. Allerdings Gästekarte und Ausweispflicht.

Parken

im Ort nicht möglich, da Fuzo. Außer auf Hotelparkplätzen. *Florian-Garage*: 100 m nach Aral-Tankstelle am Ortsanfang links hinein. Für Tagesgäste. Geöffnet 8-22 Uhr, gratis. Darüber eine große Parkfläche; auch für Busse. Von hier ein kurzes Gehstück zur Talstation 4er-Gondel Pardatschgrat/6er-Gondel-Fimba. *Parkgarage*, geöffnet 8-17:30 Uhr. Tag & Nacht-Ticket 17,20 Tages-Ticket. 8,60. Gegenüber der TI. Sie ist eher für die Hotelgäste gedacht. Und nicht für Tagestouristen. So einfach rein und raus wie bei einer normalen Garage geht nicht.

Skiverleih

Großes Angebot an Sportgeschäften. Sind kaum zu übersehen, liegen verstreut im Ort bei Tal- und Bergstation.
Allgemeine Richtpreise:
Ski ab 14,30
Schuhe ab 7,10
Snowboard ab 28,60
Test-Ski ab 42,90

Kinderskischule erst ab 4 Jahren, auch Betreuung über Mittag. Kostet: 1 Tag 82,90 3 Tage 205,70 6 Tage 282,90.
Der **Skikindergarten** ist für Kids von 3-5 Jahren. Skifahren lernen sie hier aber nicht.

Paznauntal

Abb.: Silvrettaloipe durch das bäuerliche Paznauntal.

👉 **Geschichte:** Das ist die Story tiefster Armut. Zeitweise hatten die Menschen nicht einmal Socken zu essen. In tiefer Eintracht kämpften sie in der Not gegen noch größere Not. Rätoromanen waren es, die sich im 10. Jh. hier niederließen. Dann Walser, auch ihnen gefiel es ohne Ballermann. Im 18. Jh. Bewegung in der Ischgler Geschichte. Im Nord-Süd-Handel sicherten sie sich die Position des Schmugglerzentrums. Dann folgte wieder bitterste Armut. So schlimm, daß man die Kinder ins Schwabenland schicken mußte. Dort verdingten sie sich als Viehhüter. Ab ca. 1950 beginnt es mit dem Wintertourismus. Was daraus geworden, ist bekannt. Mittlerweile steht am Friedhof von Ischgl kein einziges schwarzes Grabkreuz, sondern alle sind vergoldet.

Rodelverleih: direkt an der Talstation Gondel-Silvretta, dort kostet Rodel 14,30. Intersport bei Talstation 4er-Gondel Pardatschgrat nimmt nur 11,50 pro Rodel. In der Bergstation Silvretta-Gondel kostenloses Rodeldepot.

LANGLAUFEN

48 Langlaufkilometer. Die **Silvrettaloipe** startet im Zentrum Ischgl hinter der Talstation Silvrettabahn. Am Talboden entlang bis zum letzten Ort Galtür. Am Weg der Weiler Mathon, dort das Bauernmuseum mit beliebtem Bauernwirtshaus. Ab Galtür eine Höhenloipe. Loipenplan bei TI, Benützung kostenlos.

RODELN & WANDERN

7 km Bahn von der Bergstation Idalp, siehe Skigebiet Seite 158. Entweder hinaufgehen oder mit der 24er-Gondel Silvretta; kostet: Bergfahrt Erw. 14,30 Kinder/-Sen. 8,60. Zu Fuß: Der Gehweg beginnt oberhalb der Kirche → hinauf zur Mittelstation. Rodelbahn ist gleichzeitig Piste. Sie beginnt beim Alpenhaus, gleich rechts unterhalb Bergstationsgebäude 24er-Gondel Silvretta. Die Bahn endet beim Appartementhaus „Fluchthorn". Das liegt oberhalb der Kirche, dann noch ein paar Schritte ins Dorf.
Nachtrodeln, Montag u. Donnerstag fährt die 24er-Gondel Silvretta 19:30-21 Uhr. Kostet wie Tagrodeln. Oben auf der Idalp dann Live-Musik.

Ort **Ischgl**

AKTIVITÄTEN

Eis, Nähe Silvrettabahn. Laufen tägl. 14-16 u. 17-21 Uhr. In Weihnachtsferien und bei Schlechtwetter auch vormittags von 10-12 Uhr. Eintritt: Erw. 5,– Kinder 4,30 Schuhe 4,30. *Stockschießen*, Bahnreservierung beim Eis-Betreuer, Leihstock kostet 4,30.

Tennis, Halle am Talinneren Ischgl-Ortsende. 4 Plätze, tägl. 9-15 Uhr 31,50 für 55 Minuten. 15-22 Uhr 38,60 Ausleihen: Schläger 4,30, Ball 1,50 u. Schuhe 5,80. In Garderobe Kästen zum Absperren, Spiegel mit Fön, drei Duschkabinen. *Reservierung:* –5203 **Tenniscafé:** geöffnet 14-22 Uhr. Gulaschsuppe 6,50 Cola 3,60 Bier 5,– Wein 6,50 Kaffee 3,60 Schoko 5,– Tee 3,20 **Wo:** Ende Dorfdurchgangsstraße Ri. taleinwärts, bei „Grillalm" bergan. **Squash,** 1 Box im Sportzentrum Galtür, 8 km taleinwärts. Tägl. 10-12 Uhr. Reservierung: 05443/8367

Kegeln, im Silvretta-Center, von 16-01 Uhr. Ab 23 Uhr Zugang nur noch von der Talhauptstraßen-Seite. 4 Bahnen, pro 6 Min. 1,50. Eine Bar, Tische mit Polsterbänken, vor jeder Bahn ein 6er-Tisch. Essen kommt bis 22 Uhr vom Restaurant im Silvretta-Center. Dann nur noch Toast. **Pferdeschlitten,** gefahren wird nach Mathon zum Bauernmuseum, dort Einkehr. Gesamt ca. 2Std. Voranmeldung bei Fronzl's Hoamat, Tel. –5365. Erw. 20,– Kinder 14,30.

Bauernmuseum, geöffnet Di-So. Diesen Kulturauftrag erfüllt im Paznauntal ein bodenständiges Wirtshaus. Von Ischgl ein Stück taleinwärts im Ort Mathon. Mehr siehe Ischgl Essen Seite 148.

RELAXEN

Silvretta-Freizeit-Center, geöffnet 10-23 Uhr. Treffpunkt im Ortszentrum, alles in einem: Kino-, Kongreß-, Kultur- und Bade-Center. Für den Ischgl-Touristen im wesentlichen das Erlebnisbad mit Sauna interessant.

SERVICE & HILFE
++43/5444-...

Geld: drei Banken im Zentrum. Idente Öffnungszeiten: Mo-Fr 8-12 u. 14:30-17:30 Uhr, Sa 8-12 Uhr. Bei allen Instituten Bankomat, *Changeomat* bei Raiffeisen u. Sparkasse. Mit Kreditkarten kann man bei den Banken Geld beheben. **Post:** geöffnet Mo-Fr 8-12 u. 14-18 Uhr. Sa 9-12 Uhr. **Arzt:** Dr. Thöni, neben der Talstation Silvrettabahn im Zentrum. Tägl. 9-11 u. 14-17:30 Uhr. Bei Notfällen immer. Macht Röntgen und EKG. Nimmt ausländische Krankenscheine. Hat immer Hochbetrieb. Tel. – 5256. Die nächsten Ärzte in Kappl und Galtür. **Zahnarzt:** in der Nachbargemeinde See, von Ischgl talauswärts. Dr. Walch, Tel. 05441/8460 **Tierarzt:** der nächst in Landeck. Dr. Kammerlander, Mo u. Mi 17-18 Uhr, Fr 14-15 Uhr. Tel: 05442/63674, privat. 05442/64264 od. Handy: 0663-925 3608 **Apotheke:** die nächste in Landeck, Medikamente bei Ischgl-Arzt Dr. Thöni. Ordination bei Silvretta-Talstation im Zentrum. Tel. – 5256 **Gendarmerie:** Tel. – 5202 **Bergrettung:** Tel. – 5243 **Tanken:** Aral am Ortseingang, geöffnet Mo-Sa 7-22 Uhr, So 8-20 Uhr. Alle Kreditkarten. Bekommt man Schneeketten. Bietet Pannenhilfe und Service. Im Shop Zeitschriften, Getränke etc. **Rent a car:** im Tiroler Landesreisebüro, Zentrum. Tel. – 5395 **Taxi:** Tel. – 5446 od. – 5302, od. – 5277 od. –5757 **Fundamt:** Im Gemeindeamt, Mo-Do 8-12 u. 13-18 Uhr. Fr 8-12 Uhr. Tel. – 5222-0 **Einkaufen:** IFA-Supermarkt im Zentrum, geöffnet Mo-Sa 7:30-12 u. 14:30-18:30 Uhr. Von Feb-Mai auch So 14:30-18:30 Uhr.

Wo: in Fuzo bei Hotel Sonne hinunter, an Café Loba vorbei und 1. Str. links. Oder: von Hauptplatz Silvretta-Gondel links hoch in Dorfmitte und beim IFA-Supermarkt links hinunter.

Paznauntal

Eintritt Hallenbad: Erw. 12,90 Kids bis 15 J. 8,60, bis 6 Jahre frei.
Verleih: Badehose, -anzug, -hauben od. -tücher je 3,60. Eintritt nicht gerade billig, wer gerne ins Bad geht, sollte sich das Ski- & Bade-Ticket überlegen. Ab 3-Tages-Karte und Aufzahlung von 3,70/Tag kann man ohne weitere Kosten ins Bad. Man muß das aber sofort beim Kauf des Skipaßes bekanntgeben, später geht nichts mehr.

Erlebnisbad, geöffnet 10-22 Uhr, Wassertemperatur 28-29°. Becken unter hoher Holzkonstruktion, die ruht auf Säulen. Hell und großzügig. Ausgerüstet mit modernen Späßen. Um eine Säule herum eine Wasserzirkulation, die sich „Wildbach" nennt. Woanders sprudelt es aus dem Boden oder spielt sich jemand in der Gegenstromanlage. Das Becken zwischen 120 und 180 cm tief. Im Wasser große Felsbrocken, da klettern immer wieder irgendwelche Nixen hoch. Am Rand Liegestühle und Steinplatten-Bänke.

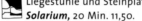

Solarium, 20 Min. 11,50.

Sauna, Dampfbad, geöffnet 14-22 Uhr, bei Schlechtwetter ab 11 Uhr. Finnische Sauna, Dampfsauna mit Plastikbänken, eine Kältegrotte mit großen Steinen ausgerüstet und eine kleine Bar. Eintritt inkl. Bad 20,- Kids 14,30

Massagen, 50,- im Freizeitzentrum, Mo-Fr 10-12 u. 14-22 Uhr.

Kino, im Silvretta-Freizeit-Center. Aktuelles Programm bei TI. 8 x 4 m Leinwand und 170 Plätze. Kein wirkliches Kino, keine regelmäßigen Spielzeiten. 3- bis 4 x die Woche, sind längere Veranstaltungen im Kongreßzentrum, muß das Kino ausfallen. Eintritt 12,20-14,30.

Essen: Frittatensuppe 4,60 Gulaschsuppe 6,90 Spaghetti 15,- Wiener-Schnitzel 20,30 Tir. Gröstl 12,90 Käsespätzle 12,20 Rindsgulasch 13,60 Büffetsalat 9,30 Kaiserschmarren 12,20 Germknödel 5,- Apfelstrudel 5,- Torten 4,- Sahne 2,20
Trinken: Cola 0,35 l 3,80 Bier 4,90 Weizen 5,60 Radler 4,80 Wein 6,90 Glühwein 6,50 Jagatee 6,80 Wodka-Feige/Willi 5,- Kaffee 3,80 Schoko 4,60 Tee 3,30

Restaurant Silvretta-Center, Küche 11-22 Uhr. Im Zentrum des Gebäudes unter den hohen Spitzdächern, zwischen den dicken Betonsäulen. Keine Bänke, nur Sessel, pistaziengrüne Tischwäsche, eine kleine Bar. Von den Tischen an der Glasfront überblickt man das Erlebnisbad. Die Preise für Ischgler Verhältnisse moderat. Hat dafür einen Hauch von öffentlicher Atmosphäre wie in einem Abflugrestaurant. Die einen fliegen ins Kino, die anderen ins Bad. Dritte in die Sauna, manche Kegeln, und die Jungen fliegen an die Videoautomaten, zum Billardtisch, Flipper oder Tischfußball.

Ort **Ischgl**

Gastronomie
Das Angebot an Wirtshäusern und Restaurants eher gering, die meisten Leute essen in den Hotels.

Café-Restaurant Marend, geöffnet 10-24 Uhr, Küche 11-23 Uhr. Gehört zwar zu einem feinen Hotel, bietet sich tagsüber den Skifahrerhorden an. Da läßt sich das Niveau nicht ganz halten. Nachmittags von 14-19 Uhr Après-Ski. Go-go-Girls empfangen die heimkehrenden Skifahrer tanzend auf der Bar. Immer wieder geschehen irgendwelche Aktionen, Feuerwerk etc. Innen komplett fichtenvertäfelt, 4er- und 6er-Tische, rosarote Polsterbänke. Große Fenster zur Gondelbahn. Tagsüber Tortenvitrine, abends Fichte im Kerzenlicht.

Essen: Tomatencremesuppe 6,50 griech. Bauernsalat 13,60 Tomaten-Mozzarella 13,60 Spaghetti 11,20 Pizzas, 13 versch. 12,20-19,30.
Trinken: Cola 4,30 Bier 5,– Weizen 6,50 Radler 6,50 Wein 7,20 Glühwein/Jagatee 6,50 Wodka-Feige/Willi 5,– Obstler 3,60 Espresso 3,50/5,50 Kaffee 4,– Cappuccino/Schoko 5,– Tee 3,60
Wo: bei Talstation 4er-Gondel Pardatsch-Grat

Restaurant Trofaner-Alm, Küche 19:30-22:30 Uhr, Abendrestaurant, Pizza bis 23 Uhr. Nachmittags ausgelassenstes Après-Ski, das um 19 Uhr rigoros endet. Dann wird rasch für 19:30 Uhr aufgedeckt und der Holzstadl fein herausgeputzt. Glasscherben und Kippen weggekehrt, steife Tischtücher über die Holzplatten, Stoffservietten plaziert. Blitzendes Besteck, Kerzen illuminieren von Holzbalken hängende Maiskolben. Live-Musik oder aus der Konserve. Getanzt wird natürlich zu allem, was Skifahrer lieben: Westernhagen, Zillertaler Schürzenjäger, sonstige Stimmungsmusik. Tanzfläche raumfüllend aus grobem Stein, rundherum die Tische und Stehlager. Oben an der Galerie Zweiertische.

Essen: Frittatensuppe 5,– Gulaschsuppe 5,80 Bündnerteller 20,– Mozzarella 17,20 Wiener-Schnitzel 22,20 Spaghetti 13,60 Hirschragout 23,60 Paznauner Kasspatzeln 14,– Pizza 16 versch. 12,20-19,30
Trinken: Cola 4,30 Bier 6,50 Weizen 6,50 Wein/Glühwein/Jagatee 7,20 Wodka-Feige/Willi 5,– Obstler 2,90 Espresso 4,–/6,50 Kaffee 4,– Cappuccino 4,60 Schoko 5,– Tee 3,60
Wo: von Talstation Silvretta die Dorfstraße rechts bis zum Hotel „Trofana Royal", dort dahinter

La Bamba, geöffnet 18-03 Uhr. Küche bis 02 Uhr, Chili gibt's bis 03 Uhr. Gut und gern besuchtes Mexiko-Restaurant. Gehört einem Freak, der das Zeug aus Mexiko einfliegen läßt, über München. Sandfarbener Fließenboden, grüne Holzstühle, Plastikkaktus, Mexikaner-Puppe, orang-gelb getünchte Wände. Viva Mexico in Ischgl. An der Wand Fotos aus dem schönen Land. In der roten Speisekarte stehen die Gerichte spanisch, werden aber großzügig übersetzt.

Essen: rote Bohnensuppe 5,80 Maissuppe 5,80 Ofenkartoffel 7,90 gefüllter Ofenkartoffel/Chili/Pizza Mexicana je 16,50 Huftsteak 35,– Tortillas 21,50 Tacos 17,90
Trinken: Cola 4,30 Corona/Dos Equis/Sol 7,90 Weizen 6,50 Wein 7,20 Kaffee 4,30 Schoko 5,– Tee 3,60
Wo: am Ende der Dorfdurchgangsstraße, von Silvretta-Gondel taleinwärts

Essen: Frittatensuppe 5,80 Speckknödelsuppe 7,20 Gulaschsuppe 9,30 Speckplatte 21,50 Graukäse, Essig/Öl 12,90 Salatschüssel 17,20 Kasspatzla 21,50 Speckknödel 3 Stk. in Suppe, Salat 18,60 Apfelstrudel 5,80
Trinken: Cola 2,90 Bier 5,80 Weizen 6,50 Wein 6,50 Glühwein 6,50 Jagatee 7,20 Wodka-Feige/Willi 5,– Himbeerbrand 2 cl. 17,20 Espresso 3,50 Kaffee 3,50 Schoko 4,30 Tee 3,20
Wo: im Weiler Mathon, von Ischgl taleinwärts. Dort, wo ein TI-Informator rechts an der Talhauptstraße steht, rechts hinein. *Taxi:* Ischgl → Mathun für 4 Pers. ca. 25,–

Paznauner Bauernmuseum, auch „Walserstube". Küche tägl. 16-21 Uhr. Das Haus sieht gar nicht so alt aus. Drinnen merkt man, es ist ein Bauernhof, der gerade noch steht. Bei den Türen den Kopf einziehen. Zwei Gaststuben, 35 Plätze, der Rest ist das **Museum.** Interessant in der oberen Etage. Spinnweben überall und altes Gerät. Wohin der Blick hängt oder lehnt an der Wand, was alte Bauern Gerümpel nennen. Der Boden knarrt bei jedem Schritt. Ein komplettes Schlafzimmer, kaum hoch genug, um aufrecht zu stehen. Meistens wird ein Rundgang mit einer Mahlzeit verbunden. Die schlanke brünette Frau im Dirndl, das ist die Wirtin Olga Walser. Sie erklärt, serviert und plaudert.

Essen: Würstel 5,80 Wurst/Käsebrot 7,50 Gulaschsuppe 6,60 Hamburger 5,60 Baguette 5,60 Apfelstrudel 4,–
Trinken: Cola 3,50 Bier/Weizen je 5,50 Wein 6,– Glühwein/Jagatee 6,– Obstler 3,30 Wodka-Feige/Willi 4,60 Cappuccino 4,30 Schoko 4,50 Tee 3,–
Wo: Ortsanfang, am großen Parkplatz für Talstation Pardatschgrat-Gondel

Taxi Café, tägl. 11-02 Uhr. 8eckiger gemauerter Pavillon, davor einige Biertische. Daneben der Taxistandplatz. Ganz lustiger Treffpunkt, fliegt immer wieder wer herein. Tagsüber lebt es von Parkplatzgästen. 1 Stehtisch, 3 Sitztische, Bar mit grünen Hockern. An den Wänden Musikinstrumente wie Trompeten etc. Bedient hat eine junge Frau mit knallblauen Fingernägeln. Gesprochen hat sie leicht erotisch. Alles ein bißchen gehaucht.

Essen: Suppe 5,– Gulaschsuppe, Graubrot 6,50 Zwiebelrostbraten 27,90 gegrillte Schweinsmedaillons, Pfifferlingsauce 26,50 Käsespätzle 15,80 Wildragout, Semmelknödel 22,20 Apfelstrudel, Vanillesauce 6,20
Trinken: Cola 3,60 Bier 0,4 l 5,– Weizen 6,30 Wein 6,30 Glühwein 7,80 Kaffee 3,60 Cappuccino 4,30 Schoko 5,– Tee 3,20
Wo: Dorfdurchgangsstraße gegen Dorfende taleinwärts

 Grill-Alm, geöffnet 10-24 Uhr, Küche 11-22 Uhr. Schwer zu sagen wie es aussieht, es soll total umgebaut werden. Der Wirt bleibt der gleiche. Franz. Sein Erkennungszeichen „Krumme", nicht „Tour", sondern Zigarillo. Und er kocht aus Leidenschaft, sagt er. Damals war da ein Wintergarten. Die Blumen pflegt Gabi, Frau Franz. Die üppigen Palmen sind echt. Bunte Tischtücher, freundlich. Im Gastraum vor dem Wintergarten düstere, ernste Gemälde Tiroler Ansichten. Man geht gerne in die Grill-Alm.

Essen: Frittatensuppe 5,80 Kartoffelrahmsuppe 8,60 Blattsalate, gebratene Scampis 20,– gebratene Forellenfilets, 23,60 gratinierter Schweinerücken 22,90 Rumpsteak 24,30 Vorbestellen: Fondue 37,20 p.P.

Restaurant-Pizzeria Salz & Pfeffer, geöffnet 11-24 Uhr, Küche 12-23 Uhr. Von 22-23 Uhr nur Pizza. Im einst umstrittenen Neubau Ischgls. Ein Glasquader hinter

Ort **Ischgl**

hellen Holzjalousien. Innen so modern wie außen. Alles vom Design. Auch der Boden aus Stein und Holz. Am Fondue-Tisch eine Eisenbahn, sie transportiert die Saucen auf Knopfdruck. Jeder hat einen Knopf. Die Küche in der Mitte des Restaurants ganz offen. Von der Disco daneben kommt Musik rüber. Zum Tisch nicht einfach so gehen. Meistens wird man in Empfang genommen und plaziert. So wie man es von modernen City-Restaurants kennt.

Trinken: Cola 3,60 Bier 6,– Weizen 6,50 Radler 6,– Wein 6,– Glühwein 6,50 Sekt 11,50 Obstler 4,30 Willi/Wodka-Feige 5,80 Kaffee 3,90 Cappuccino 4,60 Schoko 5,–
Wo: im Zentrum am Platz vor der 24er-Gondel Silvretta

APRÈS-SKI & TREFFPUNKTE
kein Ort heißer in Österreich. An jeder Talstation wird um die Après-Gäste gekämpft. Zweifelsfrei absolutes Zentrum der Platz vor der Talstation 24er-Gondel Silvretta. Da wollen alle hin. Auch die, die nicht auf der Piste waren. Mehrere Bars, alle powern Musik. Verschiedene Songs gieren laut nach Ohren.

Feuer & Eis, verschiedene Lokale im modernen Glasbau mit den Holzjalousien. Oben Café 15-02 Uhr, unten Bar, Disco 16-20 Uhr, u. 21-02 Uhr. Zwischen Bar und Disco eine Treppe. Im Café runde Milchglastische, Designerstühle. Die Steinplattenwand hinter der Bar aus Steinplatten hinunter bis zur Disco. Durch diesen Spalt dringt Musik hoch. Sehr hell und durchgestylt. DJ thront über dem Eingang und kann entweder nach draußen oder drinnen spielen. Je nach Wetter und Tageszeit. Vor dem Haus Bar, Zickzack-Stehtische, Bretter zum Anlehnen.

Essen: Kaminwurzen 5,80 Haustoast 7,20 Gulaschsuppe 7,20
Trinken: Cola 3,60 Red Bull 6,– Bier/Radler 6,– Weizen 6,50 Wein 6,30 Glühwein 6,50 Jagatee 7,20 Wodka-Feige/Willi 5,– Obstler 3,60 Tequilla 5,80 Espresso 3,60/7,20 Kaffee 3,90 Cappuccino 4,60 Schoko 5,– Tee 3,60
Wo: am Platz vor Talstation 24er-Gondel Silvretta

Kuhstall, geöffnet 15-22 Uhr. Treffpunkt aller Ischgl-Fliegen. So bäuerisch wie möglich. Sehr beliebt, weil gesteckt voll. Hier wohnt der Lederhosencharme vor einer kitschigen Kulisse. Eintritt durch ein Stadldach auf Säulen. Mais hängt. Musik Volldampf. Viele kommen wegen der Grillbar, gibt es tolle Hamburger zu kaufen. Innen Tische, zwei Bars, Tanzfläche.

Essen: Hamburger 7,20 Grillwürstel 6,50 Bratwurst 5,80 Kastanien 5,–
Trinken: Cola 3,60 Bier, Flasche Becks 4,30 Weizen 0,3l 5,– Wein 5,80 Glühwein 7,20 Wodka-Feige/Willi 5,– Schoko 4,30 Tee 3,30
Wo: am Platz vor Talstation 24er-Gondel Silvretta

Paznauntal

Essen: Würstel 5,– Toast 7,20 Gulaschsuppe 7,20 Apfelstrudel 5,–
Trinken: Cola 3,60 Red Bull 5,80 Bier 6,50 Weizen 7,20 Radler 5,80 Wein 5,80 Glühwein 6,50 Jagatee 7,20 Wodka-Feige/Willi 5,– Bacardi-Cola 11,50 Fernet 4,30 Cappuccino 3,60 Kaffee 3,60 Schoko 4,30 Tee 3,30
Wo: am Platz vor Talstation 24er-Gondel Silvretta

Nicos Treff-Punkt, geöffnet 12-02 Uhr. Bei schlechtem Wetter ab 10 Uhr. Zum Après-Ski immer gerammelt voll. Terrasse mit Bars, Biertischen, offener Laube, dicken Holzstämmen. Ein typisches Ischgler „Ballermann-Lokal", alles Holz, nichts kann kaputtgehen. Keine große Show nötig, hier läuft alles von selbst. Musik dröhnt, alle singen „... pure Lust am Leben", und kippen den nächsten Schluck. Innen 8eckige Bar, Lederbänke an der Wand, davor Stehtische, damit man nicht runter kippt.

Essen: Frittatensuppe 5,– Gulaschsuppe 5,80 Bauernsalat 13,60 Maccaroni/Lasagne je 14,– Kasspatzeln 14,– Bauernente 30,80 Meraner Spätzle, Pifferlingen 15,80 Wiener-Schnitzel, Pommes 14,20 Buffetsalat 9,30 Pizzas, 16 verschiedene 12,20-19,30
Trinken: Cola 4,30 Bier 6,50 Weizen 6,50 Wein/Glühwein/Jagatee 7,20 Wodka-Feige/Willi 5,80 Obstler 2,90 Espresso 4,–/6,50 Cappuccino 4,60 Kaffee 4,– Schoko 5,– Tee 3,60
Wo: von Talstation Silvretta die Dorfstraße rechts bis zum Hotel „Trofana Royal", dort dahinter

Trofaner-Alm, Après-Ski 16-19 Uhr. Der In-Schuppen für Leute von 30-80 Jahre. Abseits der Ballermannzone „Talstation 24er-Gondel Silvretta". Stadl mit vielen Tischen, großer Tanzfläche. Darüber im Stock eine Galerie. Von oben arbeitet ein Alleinunterhalter auf die Après-Menge. Er nennt sich „Jet-Hans", legt Platten auf, spielt und singt. Ist selbst sein größter Bewunderer. Stimmt er an die Ischgl-Hymne „... ich komme wieder ...", halten die Leute plötzlich brennende Wunderkerzen in der Hand. Wenn der Stadl brennt, Flucht unmöglich. Die Kellner laufen mit vollen Tabletts, verkaufen von diesen die Getränke. Jet-Hans macht seinen Job ausgezeichnet. Punkt 19 Uhr wird geschlossen, davor singt er das Lied „Sierra Madre".

Essen: Gulaschsuppe 6,50 Fleischkäsesemmel 5,– Toast 6,50 Speckteller 14,– Räucherlachs 25,80 Pfeffersteak 34,30
Trinken: Cola 7,20 Bier 7,90 Weizen 8,60 Wein 9,30 Glühwein/Jagatee 8,60 Longdrinks, 4 cl., 17,90 Tequila 6,50 Whisky 4 cl. 11,50-15,80 Flasche Sekt 78,60 Espresso 5,–/6,50 Tee 5,–
Wo: Ortszentrum, schmale Gasse am Fuß des Hügels, Hotel Trofana

Tenne, 18-21 Uhr Restaurant, dann bis 2:30 Uhr bummvolle Tiroler Disco. Eintritt 7,20, Garderobe kostenlos. Meistens muß man sich auf der schmalen Treppe zum Lokal anstellen, ehe man überhaupt das Eintrittsgeld bezahlen darf. Gestreßte Atmosphäre, Gedränge, Diskussionen mit dem Türsteher. Drin im Umtata-Ambiente haben es nur jene gut, die an einem Tisch sitzen oder noch an der Bar untergekommen sind. Aber auch dort ein ständiges Drängen. Nicht ganz zu verstehen, aber alle wollen hinein. Wer ganz sicher einen Platz haben möchte, sollte vielleicht zuvor schon in der Tenne speisen.

Ort **Ischgl**

Abb.: jeder Meter verbaut. Der Dorfhügel von Ischgl.

Madlein-Bar, geöffnet 21:45-04 Uhr, *alle Kreditkarten.* Top-Disco von Ischgl. Zwei Bars, weitläufig. Rein durch das gleichnamige Hotel oder Seiteneingang. Garderobe 1,50 Eintritt: 7,20, manchmal auch das Doppelte. Insofern bemerkenswert die Bar, weil sie dem Ischgler Enfantterrible Günther Aloys gehört. Er ist einer der Köpfe im Tourismus, hat immer die schrillsten Ideen und genießt seinen skurrilen Ruf. Ein smarter, schöner Mann. Graues langes Haar, schlank. Er ist mit einer hübschen Frau verheiratet. Das heißt nicht, daß sich andere Frauen keine Chancen mehr ausrechnen dürften. Ischgl liegt immerhin in Tirol. Abends kann man den Mann in seiner Madlein-Bar beobachten. Sein Etablissement ist eigenwillig dekoriert, sehr sexy natürlich und muß künstlerischen Anspruch erfüllen. Bei der Bar hängen Schaukeln, kann man tatsächlich seinem Kindheitstrieb nachgeben. Ganz hinten Wände mit Steinen verkleidet, macht Höhlencharakter, versteckte Plätzchen.

Essen: Toast 11,50 Käsehappen 25,80 Speckteller 25,80 Räucherlachs 35,80
Trinken: Cola 6,50 alkfreie Cocktails 10,– Bier 0,3l Bit 7,20 Corona 12,90 Wein 10,– Glas Schampus 18,60 Glas Sekt 10,– Willi 5,80 Tequilla 6,50 Sours 19,30 Fizzes 16,50 Longdrinks 18,60
Wo: im Hotel Madlein, oben am Schüttkegel, von der Silvretta-Gondel gesehen durch den Ort an der Kirche vorbei. Selber Weg wie zur Pardatschgrat-Gondel

Paznauntal

Essen: Gulaschsuppe 7,90 Speckbrot 9,30 Käsebrot 7,90 Tiroler Bauernspeck 16,50 Kuchen/Strudel 5,50
Trinken: Cola 3,60 Bier 6,90 Weizen 6,50 Wein 6,30 Glühwein 7,20 Jagatee 7,50 Willi/Wodka-Feige 5,– Espresso 3,60 Cappuccino 4,30 Schoko 4,30 Tee 3,20
Wo: Ortszentrum neben Hotel Trofana

Café Loba, geöffnet 15-24 Uhr. Ganz genau wird's nicht genommen. Bei Schlechtwetter früher aufgesperrt, es kann aber auch 'mal später sein: Häuschen aus dicker weißer Grundmauer mit Holzaufbau. Steht allerdings erst seit 10 Jahren hier, obwohl es so alt aussieht. Getäfelt, roter Marmor-Fliesenboden, Bauernofen und Hergottswinkel. Rosa-weiß karierte Bänke. Abends eine laute Stube, kommen die Menschen, ein Glas Wein zu trinken oder mehrere. Zum Plaudern, Tratschen und Erzählen in jedem Fall.

Trinken: Cola 4,– Bier 0,4l 7,20 Radler 0,4l 6,50 Wein 5,80 Glühwein 7,20 Jagatee 7,90 Willi 5,– Wodka-Feige 6,50 Tequilla 5,– Obstler 3,60 Piccolo 21,50 Johnny Red 4 cl. 11,50
Wo: Ortszentrum, Keller Hotel Post

S'Alte Löbli, Après-Ski 16-19:30 Uhr, Nachtlokal 21-03 Uhr. Bäurisch wie in der rammelvollen Tenne, nur weniger los. Pockige Mauern auf alt, Holztreppe hoch zu einer Galerie, Lämpchen-Ketten, Ziegelboden. Moderne Musik, die hämmert wie von Sinnen. Einziges Problem: „In" ist der Stadl-Schuppen derzeit nicht, hat aber eine große Vergangenheit.

Trinken: Cola 4,– Bier 0,4l 7,20 Radler 0,4l 6,50 Wein 5,80 Glühwein 7,20 Jagatee 7,90 Willi 5,– Wodka-Feige 6,50 Tequilla 5,– Obstler 3,60 Piccolo 21,50 Johnny Red 4 cl. 11,50
Wo: an der Dorfstraße im Zentrum.

Guxa, geöffnet 21-04 Uhr. Kleine, laute Disco, wo man sich ein bißchen vor den Massen verstecken kann. Aber eben auch nicht immer. Die 10 Barhocker sind rasch weg, auch die drei Tische an der Plüschbank. Für einsame Fischer wohl ein zu kleiner Teich. „Guxa" heißt Schneesturm, das ist ein Ausdruck, den die Walliser mitgebracht haben. Das mit dem Schneesturm nicht mißverstehen.

Essen: damals hat es gegeben Scampis, pro Stk. 7,20.
Trinken: Cola 4,30 Bier 0,3l Bit 5,50 Weizen 0,3l Erdinger 5,80 Wein 6,90 Glühwein 7,50 Jagatee 8,– Bauernobstler 3,60
Wo: an Dorfstraße, im Keller Hotel Seespitz.

Ischgler Bierfassl, geöffnet 21-05 Uhr. Keine typische Bierkneipe, auch wenn das gelbe Werbeschild das noch vermuten ließe. Im vergangenen Winter war es ein Fein-Lokal mit Meeresfrüchte-Büffet, Champagner-Flasche auf der dicken Holzbrettbar. Richtig ausgelassen wollte man es nicht. Lustige Kumpanen, die das Werbeschild in ihrem Dussel ernstgenommen hatten, wurden abgewiesen.

Essen: Leberspätzlesuppe 5,– Gulaschsuppe 5,80 Tir. Gröstl, Krautsalat 12,20 Vorarlberger Käsespätzle, Kartoffelsalat 13,60 Rindsgulasch,

Nicki's Stadl, geöffnet 11-02 Uhr, Après 16-19 Uhr, Restaurant bis 22 Uhr, ab dann Bar und Tanzlokal. Donnerstag „Tanzabend". Das bedeutendste Après-Ski-Lokal

Ort **Ischgl**

auf Dorfseite der 6er-Gondel Fimba. Um 17 Uhr ist Gaudi angesagt. Meistens eine Show, z. B. „Ötzi-Show". Yeti-Typen tapsen durch die Leute. Ab da alle Plätze längst weg. Ein Haus an Bach und Brücke aus hellen Rundlingen. Innen zwei Bars, am Rand Tische, Bänke aus halben Baumstämmen. Bruchsteinplatten-Tanzboden. Darüber eine Galerie, dort 4er-Tische unterm Dachgibel. Lehnen an der Holzbrüstung, schauen auf die Köpfe der Tanzenden. Musik mächtig laut, gut zu vertragen für jüngere Ohren. Abends zur Restaurantzeit heimelig ruhig. Spezialität ist **Murmeltierbraten um 27,80.** Das ist ein Splen des Hausherrn. Gut soll es nicht sein, sagte zumindest ein Kellner.

Serviettenknödel 15,– Schweinsbraten, Sauerkraut, Knödel 15,80 Wiener-Schnitzel, Pommes 16,50 Wildragout 25,– Gamsrücken 31,50 Wildentenbrust 26,50 Kaiserschmarren 13,60 Apfelstrudel 6,50
Trinken: Cola 4,– Bier 0,4l 6,50 Weizen 7,20 Wein/Glühwein 6,50 Jagatee 7,20 Willi/Wodka-Feige 5,80 Espresso 3,90 Kaffee 3,90 Schoko 4,30 Tee 3,60
Wo: an Brücke kurz vor Talstation 4er-Gondel Pardatschgrat. Ischgl Ortsanfang bei Aral-Tankstelle links hinein

Buffalo-Pub, geöffnet 19-04 Uhr, Essen bis 02 Uhr. Der Westernclub von Ischgl. Einer dieser Gastrokonzept-Westernsaloons, wie man sie in ganz Winter-Österreich findet. Am Eingang oder in einer Ecke immer aufrecht ein mannshoher spähender Indianer. Bilder von Buffalo Bill und anderen verwegenen Cowboys. Irgendwo ein Grammophon. Farblich dunkel, manchmal bunte Cancangirls an die Wand gemalt. Lange Bar mit Saloon-Kasten, Flügeltüre. So sieht auch das Buffalo-Pub aus. Solche Saloons z. B. auch in Neustift, Obergurgl etc. Westernmusik wird kaum gespielt. Bierduft liegt in der Luft.

Essen: Ofenkartoffel 7,70 Ribs, Ofenkartoffel 18,60 Knoblauchbaguette 5,80 Chickenwings, Knoblauchbrot 20,– Chili 16,40 Western-Steak 37,20
Trinken: Cola 4,30 Bier 5,80 Weizen 6,50 Wein 6,80 Glühwein 7,90 Jagatee 9,30 Wodka-Feige 6,50 Fernet 5,80 Johny red 12,20 Absolut Wodka 11,50 Bacardi cl. 8,60 Tequilla 2 cl. 5,80 Kaffee 4,30 Schoko 5,– Tee 3,60
Wo: Dorfdurchgangsstraße (teilw. Fuzo) talauswärts, nahe am Ende von Ischgl

Queens-Pub, 16-06 Uhr. Treffpunkt im Westen von Ischgl. Der letzte Lichtpunkt an der Dorfdurchgangsstraße taleinwärts. Bis Mitte März eine Bar von vielen, abgesehen Öffnungszeit. Plüschbänke um runde Tische, Rundbar mit Hockern. Mitte März wechselt das Personal. Von da an stehen „Krystel & Astrid" drin. Sie kommen direkt aus Saalbach, wo sie zuvor in der Bar „Stamperl", wie jeden Winter ihre Legende von neuem belebt haben. Krystel ist ein Mann, aber meistens eine Frau. Und Astrid hat ein ebenso herausstechendes Merkmal. „Sie sagen zu uns „Tittenfee und Schwuchtel". Fröhlich sind sie dabei und bewegen ihre Körper. Krystels Show kommt hervorragend an.

Trinken: Cola 4,30 Bier 5,20 Weizen 6,60 Wein 6,50 Obstler 3,60 Piccolo 18,60 Fernet/Tequilla 5,80

Wo: Ende Dorfdurchgangsstraße taleinwärts

Liftgesellschaft: ++43/5444-606

Skipaß Ischgl-Samnaun

Preisangaben für Leute mit Gästekarte. Ohne Gästekarte 30% teurer.

Tickets, tägl. von 8-17 Uhr. Im Stationsgebäude 24er-Gondel Silvretta, 4er-Gondel Pardatschgrat, 6er-Gondel Fimba. *Keine Kreditkarten,* aber EC-Karten.

Ermäßigungen: Kinder bis 8 Jahre gratis, mit mind. einem Elternteil. Jugendliche kein eigener Tarif. Ab 20 Pers. eine Freikarte, bei 40 Pers. 2 usw.

	Ski-Magic Erwachsene	Ski-Classic Erwachsene	Kinder 8-17 Jahre	Senioren 60 Jahre
1 Tag	56,40	50,–	39,30	49,30
2 Tage	107,90	97,90	70,70	87,10
3 Tage	154,30	142,90	98,60	121,40
7 Tage	317,10	288,60	192,90	247,10

Saisonen:
komplizierte Preisgestaltung. In den Angeboten liest man folgende Saison- und Preiszeiten. Wer die Abkürzungen nicht versteht, ist chancenlos.
Ski-Start (= VS):
28.11.-19.12.98
Ski-Magic (= HS):
20.12.98-6.1.99 u.
6.2.-5.4.99
Ski-Classic (= NS):
7.1.-5.2.99
Ski-Firn (= NS):
6.4.-2.5.99

Schnupperkarte: ab 14 Uhr. Erw. HS/NS 30,70 Kinder 19,30 Senioren 23,60

Einzelfahrten: 24er-Gondel Silvretta, 4er-Gondel Pardatschgrat, 6er-Gondel Fimba. Alle Gondeln gleicher Preis. **Berg- u. Talfahrten:** Erw. 25,– Kinder 12,10 Sen. 19,30. Auch Einzelfahrten auf diversen Sesselliften, die an Gondeln anschließen.

Ab Zwei-Tage-Ticket gilt: Wer in Ischgl
wohnt, erhält den Skipaß für Ischgl-Samnaun.

Ab 3 Tage kann man wählen: mit oder ohne
Erlebnisbad in Ischgl. Mit Bad kostet 3,60 mehr pro Tag. Komplizierte Regelung, muß man kurzes Studium an der Skipaß-Kassa belegen.

Schneetelefon: ++43/5444-5478

Skigebiet Ischgl

200 km Pisten, davon 40 km schwarz, 130 km rot und 30 km blau. Der Top-Wintertreffpunkt zwischen Österreich und Schweiz. Mehr Ballermann weltweit in keinem Wintersportort. Eine Schneewüste mit milden Pisten oberhalb der Baumgrenze. In der Qualität der Liftanlagen kaum zu übertreffen. Fast nur moderne 4er-Sessel. Zu fürchten allerdings die Preise in den Skihütten. Mangelhafte Pistenmarkierung.

200 km
Betriebszeit Gondeln: 8:30-17 Uhr
Wertungen: DSV: Après-Ski-Szene **ADAC:** ****

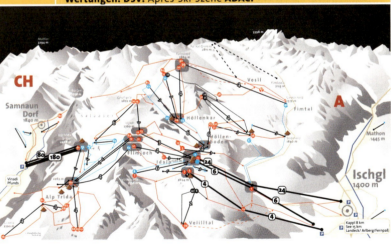

Das Skigebiet Ischgl ist leicht zu durchschauen, auch wenn es an die 200 km Pisten hat. Die Idalp ist das Zentrum. Von dort gehen nach allen Seiten die Lifte hoch. Verschiedene Täler und Kessel können angefahren werden. Überall Skihütten und taumelvolle Sonnenterrassen. Wer hierher kommt, möchte was erleben oder still teilhaben am Lärm der Winterstars. Für alle ist Ischgl etwas.

Paznauntal

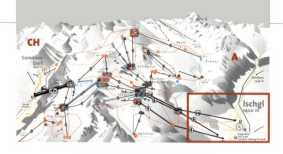

Die 3 Talstationen

*Vom Dorf **drei Gondelbahnen ins Skigebiet**. Die Stationen sind durch den Dorfhügel getrennt. **4er-Gondel Pardatschgrat** und **6er-Gondel Fimba** liegen am taläußeren Fuß des Hügels. Die Talstation **24er-Gondel Silvretta** liegt taleinwärts hinter dem Dorfhügel. Die 24er-Gondel Silvretta ist die populärste. Wer Ischgl gesehen haben möchte, muß nachmittags ab 15 Uhr dort gewesen sein.*

BETRIEBSZEIT
Die Gondeln vom Tal fahren am längsten 8-17 Uhr. Letzte Bergfahrt allerdings schon um 16 Uhr. Oben stoppen die Lifte zwischen 16 u. 17 Uhr. Die von den Gondeln weit entfernten stehen schon um 15:30 Uhr. So werden die Skifahrer automatisch zu den Gondeln gezwungen.

1 Talstation
4er-Gondel Pardatschgrat,
Bj. 1990, 3528 m in 12 Min. Von Ischgl auf einen Gipfel oberhalb Zentrum-Idalp. **Anfahrt:** die erste Ortseinfahrt Ischgl vor Aral-Tankstelle links hinein. Alles da, was man braucht, direkt bei der Gondel wenige Parkplätze. Natürlich ist es immer einen Versuch wert. Wenn es nicht klappt, zurück zur Aral, links abzweigen nach 100 m nochmals links. Dort größerer Parkplatz und Gratis-Parkgarage. Dann zwei-, dreihundert Meter gehen. Skidepot, geöffnet 8-17 Uhr. Rechts von den Kassen ein Raum mit ca. 200 Kästen und Ständern; Einwurf 10 Schilling. Weiteres Depot bei Intersport.

SPORT-SHOP
geöffnet 8:15-18:30 Uhr, So 8:30-12 u. 16-18 Uhr. Im Erdgeschoß Hotel Mathoy ein Intersport. Verleih, Service, Verkauf, auch Kleidung. Skidepot 1,50 pro Tag, Schuhe ebenso.
Alle **Kreditkarten** und Bankomat.

Information, Geldwechsel und Zimmervermittlung im Tiroler Verkehrsbüro. Mo-Sa 8:30-12 u. 14:30-18 Uhr. So, Feiertag zu. Gegenüber der Gondel das Café-Restaurant Marend. Bei der Brücke kurz vorm **Parkplatz Nicki's Stadl**. Ein beliebter Après-Treff. Kiosk, von der Brücke beim Parkplatz ca. 100 m hoch: Zigaretten, Zeitschriften, Proviant.

Rolltreppe, gegenüber der Gondel, rechts vom Hotel Elisabeth. Zuerst in einen Gang mit Rampe, dann eine kameraüberwachte Rolltreppe. Sie will die Bequemlichkeit der Gäste, die am Hügel nahe der Gondel wohnen. Bergsteigen ist heute niemanden mehr zuzumuten. Die Rolltreppe beginnt/endet am Hügel beim Eingang zu Hotel Madlein, dort eine der gefragtesten Discos.

2 Talstation
6er-Gondel Fimba,

gleich auf die Idalp. Bj. 1998, 3750 m in 15 Min. Ein Stück hinter der 4er-Gondel Pardatschgrat, selbe Anfahrt. Praktisch keine Parkplätze, man muß die selben nehmen wie für Pardatschgrat-Gondel. Die Mittelstation ist hauptsächlich zum Zusteigen, entweder Berg- oder Talfahrt. Infrastruktur an Talstation wie Sport-Shops etc. ident mit 4er-Gondel Pardatschgrat.

Tunnel: Bei Talstation 6er-Gondel Fimba beginnt ein Fußgängertunnel mit Menschen-Förderband wie am Flughafen. Er endet auf der anderen Seite des Dorfhügels, gerade weiter zur Talstation 24er-Gondel Silvretta. In der Mitte des Tunnels ein Personenlift durch den Dorfhügel zu seiner Spitze. Die Skier sind sowohl im Tunnel als auch im Lift abgeschnallt.

3 Talstation
24er-Gondel Silvretta,

Bj. 1998, 4000 m in 11 Min. Ebenfalls direkt auf die Idalp. Neue Anlage, hängt auf zwei Seilen und ist deshalb auch bei starkem Wind sicher zu fahren. Talstation im talinneren Zentrum Ischgls. Wenn man Ischgl erreicht hat, auf der Talhauptstraße bleiben, den Ortshügel umfahren. Wenn rechts ein Fußballplatz kommt, links abbiegen (3. Abfahrt). Parken, direkt bei der Gondel nur wenige Plätze. An der Talhauptstraße gegenüber der Gondel beim Fußballplatz rechts hinein eine große Gratis-Parkfläche.

Sport-Shop
im Silvretta-Gondelgebäude. Nimmt **Visa, Masters, kein Amex.** Verleih, Service, Verkauf – keine Kleidung. Skidepot: Schuh pro Tag 5,– Skier 4,30. Weiterer Sport-Shop bei der Talstation über den Platz. Visa, Master. Hier gibt's auch Kleidung, Depot nur für Leihski. 8-12 u. 14-18 Uhr, So 9-12 u. 16-18 Uhr. Billigerer Intersport an der Talstation 4er-Gondel Pardatschgrat.

Paznauntal

Bergstation Idalp
Restaurant Idalp

24er-Gondel Silvretta
6er-Gondel Fimba

Einstieg aus der Schweiz:
Im Dorf Samnaun an der Straße die *Talstation der 180er-Gondel.* Parkplatzsituation gut, Piste endet hier. Im Gegensatz zu den Österreichern akzeptieren die Schweizer an der Skipaßkassa Kreditkarten.
 Gondel Samnaun von 8-16 Uhr. Nach Ischgl von Bergstation 180er-Gondel einfach hinunter zum 6er-Sessel Greitspitz oder auf der anderen Seite zum 4er-Sessel Flimsattel und auf der anderen Bergseite runterdonnern.

Ins Skigebiet Ischgl

die meisten wollen sofort ins Zentrum Idalp. Die 6er-Gondel Fimba und die 24er-Gondel Silvretta fahren direkt hin. Die 4er-Gondel Pardatschgrat erklimmt einen Gipfel östlich der Idalp. Die Beschreibung beginnt bei 24er-Gondel Silvretta.

Bergstation **Idalp,**

*direkt mit **24er-Gondel Silvretta** oder **6er-Gondel Fimba.** Beide haben zwar eine Mittelstation, da aber steigen nur Wanderer aus, die ins Fimbatal gehen. Skifahrer fahren bis zur Bergstation Idalp durch. Das Skizentrum liegt inmitten eines Kessels. Hier finden die Open airs statt. Nach allen Seiten modernste Sessellifte sanft zu den nächsten, höheren Gipfeln. Hier haben ihre Bergstation die 24er-Gondel Silvretta, die 6er-Gondel Fimba, der 4er-Sessel Höllboden. Der kommt vom Höllenkar, das rechts unterhalb der Idalp liegt.*

Sport-Shop

beim Ausgang: Bergstation 6er-Gondel Fimba, tägl. 9-17 Uhr. Verleih, Service und Verkauf, aber keine Kleidung. **Kreditkarten:** Master, Visa, Diners. Kein Amex. Skidepot, im Gondelgebäude links vom Zugang „Talabfahrt". Geöffnet 9-11:30 u. 11:50-17 Uhr. Schuhe werden getrocknet pro Tag 5,– Ski pro Tag 5,– Rucksack 4,30 Kamera 5,–

Stationsgebäude 6er-Gondel Fimba. Im Haupteingangsbereich Wickelraum, Treppen hoch zum Restaurant oder in den Keller zu den Toiletten. Rechts vom Haupteingang *Gästekindergarten;* Tischchen und Stühle, Bettchen und etwas Spielzeug. Daneben ein *Jugendraum,* dort Selbstversorgungsmöglichkeit für Jugendgruppen. Eingerichtet wie eine billige Gaststätte, hat auch eine SB-Schiene. *Areal der Kinderskischule* neben dem 4er-Sessel Velill. Es ist von der Piste per Zaun abgetrennt. Dort auch ein Tellerschlepper.

Skigebiet **Ischgl**

Abb.: SB-Restaurant Idalp
TVB Ischgl

Restaurant Idalp, im Gebäude der Fimba-Gondel. Ans Haus angebaut ein langer Ausgabekiosk, davor im Schnee zahllose Biertische. Bei Schönwetter den ganzen Tag über reges Treiben. Musik röhrt laut. SB mit 6 Kassen, da werden Massen durchgeschleust. Gastraum in drei Sektoren gegliedert, getrennt durch Mauern mit Bogen. Darin stehen Kupferkessel mit Kunstblumen. Teppichboden mit Ischgl-Logo, Italo-Leuchten und zwischen den 6er-Tischen Säulen mit Garderobehaken. In den Stuben je ein Mikrowellenherd in Bauernofenummauerung, für den Fall, daß man das Essen nochmals erwärmen möchte. Im obersten Stock **Liegestuhlterrasse** und *Panorama-Restaurant:* Etwas feiner als unten. Gedeckte Tische, Raum bis zum Dach, rostigfärbener Teppichboden. Wollen eine Art Gourmetrestaurant sein, zumindest bemüht man sich in diese Richtung.

Essen: Frittatensuppe 5,80 Rollgerstlsuppe 6,20 Spaghetti 15,80 Tir. Gröstl, Krautsalat 16,50 Kasspatzeln 16,90 Paznauner Kartoffeltaschen 17,90 Tiroler Schinkenspeck mit Essiggemüse 17,90 Zürcher Kalbsrahmgeschnetzeltes 26,50 Wiener Tafelspitz 25,50 Apfel-/Topfenstrudel 5,60
Trinken: Cola 3,90 Bier 5,30 Weizen 5,50 Radler 5,30 Wein 6,30 Wodka-Feige/Willi 5,80 Jagatee 6,90 Glühwein 6,80 Kaffee 4,20 Schoko 4,30 Tee 3,30
Liegestuhlverleih 5,80 für Decke 4,30

Abb.: Die Idalp. Zentrum des Ischgler Skigebietes.
TVB Ischgl

Paznauntal

6er-Sessel Velill
Pardatschgrat-Schlepper
2er-Sessel Velilleck

Obstler an der Eisbar 4,30

Alpenhaus, neben Bergstation 24er-Gondel Silvretta. Sieht einladend aus. Die Fassade aus Stein, wie man es in den rauhen Alpen ersehnt. Innen kleiner SB, grauer Teppichboden, billige Furniereinbaumöbel. Vor dem Haus Biertisch-Sonnenterrasse samt Eisbar. Weniger Trubel als bei Restaurant Idalp. Die Terrasse von Idalp gesehen hinter dem Haus, manche entdecken sie die ganze Woche nicht.

→ von Bergstation Idalp zur Bergstation 4er-Gondel Pardatschgrat, *von der Idalp nicht direkt zu erreichen. Zuerst den 6er-Sessel Velill und dann entweder auf blauer Piste 8 zum Pardatschgrat-Schlepper oder auf roter Piste 7 durch das Velilltal zum 2er-Sessel Velilleck. Der Gipfel ist für alle, die vom Tal die 4er-Gondel Pardatschgrat nehmen, der erste Berührungspunkt mit dem Skigebiet. Von hier* **bester Überblick** *über den Ischgl-Idalp-Kessel.*

Abb.: Blick von Restaurant Idalp zur Velill-Scharte. Dahinter liegt die Schweiz.
TVB Ischgl

Skigebiet **Ischgl**

6er-Sessel Velill, Bj. 1995,
1464 m in 5 Min., kuppelbar mit kurzem Förderband. Doppelt gemoppelt also. Damit es noch schneller und bequemer geht. Startet bei Bergstation Idalp, flach zur Velill-Scharte. Oben entweder ins Velilltal oder auf –► blauer Piste 8 am Lift entlang zurück zur Idalp. Breite, flache Anfängerstrecke, vielfach von Skischulen bevölkert, vor allem viele Kinder.

Pardatschgrat-Schlepper, Bj. 1976, 550 m in 3 Min. An der blauen Piste 8. Die kürzeste Verbindung von Idalp auf den Pardatschgrat-Gipfel.

–► **rote Piste 7,** von Bergstation 6er-Sessel Velill. Ein schmales Band zwischen Gipfelketten. Flach durch das Velilltal in langer Schußfahrt zum 2er-Sessel Velilleck. Nicht sehr anspruchsvoll. Mit dem Sessel hoch und auf schwarzer Piste 4 zur Mittelstation der 4er-Gondel Pardatschgrat. Mit ihr wieder auf den Gipfel und z. B. auf der blauen Piste zur Idalp.

–► **rote Skiroute 7a,** beginnt bei Talstation 2er-Sessel Velilleck, quert flach durch die Waldhänge *zur Talabfahrt rote 1a,* die endet bei Talstationen 4er-Gondel Pardatschgrat und 6er-Gondel Fimba.

Abb.: Zentrum Idalp aus der Luft. Von rechts unten kommt 4er-Sessel Höllboden. Bergan 3er-Sessel Idjoch und 4er-Sessel Flimjoch. 6er-Sessel Velill sieht man nicht, ginge links weg.
TVB Ischgl

2er-Sessel Velilleck, Bj. 1993, 595 m in 4 Min. Über einen rauhen, schattigen Hang. Ihn braucht man, um aus dem Velilltal wieder auf den Pardatschgrat zu kommen.

–► **schwarze Piste 4a,** von Bergstation 2er-Sessel Velilleck zurück zu seiner Talstation. Schmal und steil. Liegt sehr einsam, wird wenig gefahren, die meisten ziehen gleich weiter. Eine fordernde Strecke allemal. Links und rechts gute *Tiefschneehänge.*

–► **schwarze Piste 4,** von Bergstation 2er-Sessel Velilleck zur Mittelstation 4er-Gondel Pardatschgrat. Sie beginnt oben am Pardatschgrat-Gipfel, zieht am 2er-Sessel Velilltal vorbei und mündet in die *rote Piste 5* –► auf ihr zur Gondel-Mittelstation.

Paznauntal

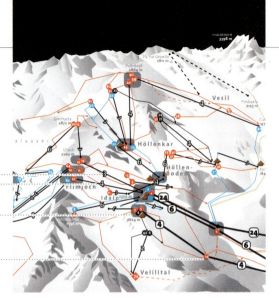

3er-Sessel Idjoch
4er-Sessel Flimjoch

Bergstation
4er-Gondel Pardatschgrat

Mittelstation
4er-Gondel Pardatschgrat

Mittelstation
4er-Gondel Pardatschgrat,
hier enden 1) rote Piste 5 von Bergstation Pardatschgrat und 2) ein Abstecher der Talabfahrt rote Piste 1, die von der Idalp kommt. Die Mittelstation ist zum Zusteigen gedacht, keine weitere Infrastruktur.

Bergstation
4er-Gondel Pardatschgrat,
von hier angeblich das schönste Panorama im Skigebiet. Im Gondelgebäude Restaurant, dort WC und Tel. Pisten nach drei Richtungen. Über eine blaue Piste Direktanschluß zum Zentrum Idalp.

Essen: Suppe 5,60 Gulaschsuppe 8,– Pommes 5,– Spaghetti 12,– Currywurst 6,90 Käsespätzle 13,– Wiener-Schnitzel 19,80 Kaiserschmarren 11,30 Strudel 4,60 Germknödel 7,50
Trinken: Cola 0,35l 4,50 Bier 5,– Weizen 5,20 Wein 4,90 Wodka-Feige/Willi 5,80 Jagatee 6,60 Glühwein 6,30 Kaffee/Schoko 3,90 Tee 3,30

Liegestuhl 5,80

Restaurant Pardatschgrat, alpine Großgastronomie, Free- flow-SB, große Sonnenterrasse mit Biertischen und Eisbar. Alles überdröhnt von lauter Musik. Aus alten Skiern ein Wegweiser nach allen Himmelsrichtungen. Z. B. Tahiti 16810 km, Peking 7920 km, Kiel 1160 km. Innen weiter Raum, in den Ecken altes Holz, Neonlicht. 6er-Tische an Stahlfenstern. Einige Kunstblumengestecke. An Sonnentagen kaum ein Mensch drinnen.

Skigebiet **Ischgl**

→ **rote Piste 5,** von Bergstation Pardatschgrat zurück zur Pardatschgrat-Gondel Mittelstation. Neben der Piste steile Hänge mit Lawinenschutzgittern. Manche wagen sich trotzdem hinein.

→ **schwarze Piste 4,** vom Pardatschgrat Richtung Velilltal. Robuste Strecke, nicht zu brutal. Mündet in rote 5, die zur Mittelstation 4er-Gondel Pardatschgrat verbindet. Bei Bergstation 2er-Sessel Velilleck Abzweigemöglichkeit auf *schwarze Piste 4a* ins Velilltal.

→ **blaue Piste,** von Bergstation 4er-Gondel Pardatschgrat ziehwegartig zur Bergstation Idalp.

Abb.: *Restaurant Padatschgrat: innen und außen*
TVB Ischgl

→ **von Bergstation Idalp auf das Flimjoch,** mit **4er-Sessel Flimjoch,** Bj. 1993, 1840 m in 6,10 Min., kuppelbar, mit Windschutzkappe. 100 m vom Ausgang der 6er-Gondel Fimba. Abfahrt über blaue Piste 62 od. 63 in die Schweiz.

→ **rote Piste 10,** von Bergstation 4er-Sessel Flimjoch zurück zur Idalp. 15-30 m breit, meistens eher schmal. Gut steil mündet sie dann in die blaue Piste 8, die beim Skizentrum Idalp endet.

→ **von Bergstation Idalp auf das Idjoch,** mit **3er-Sessel Idjoch,** Bj. 1980, 1820 m in 8,10 Min., kuppelbar, kein Windschutz. Neben 4er-Sessel Flimjoch. Auf das 2760 m Idjoch. Von oben *in die Schweiz,* rote Piste 64 oder blaue Piste 63.

→ **rote Piste 12,** von Bergstation 3er-Sessel Idjoch entweder links halten und zum „Höllboden" oder rechts zum Skizentrum Idalp. In diese Richtung auch das *„Border's Paradise Ischgl".* Alles vorhanden, was Boarder-Künstler und solche, die es werden wollen, brauchen.

Paznauntal

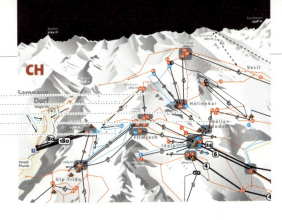

Greitspitz-Schlepper
6er-Sessel Greitspitz
6er-Sessel Höllenkar
6er-Sessel Sassgalun
Blais-Gronda-Schlepper

→ **rote Piste 13,** eine FIS-Piste von Bergstation 4er-Sessel Idjoch zurück zur Idalp. Teilweise ident mit der roten Piste 12. Ein Felsrücken trennt, sie kommen erst kurz vor Idalp wieder zusammen.

→ **rote Piste 11,** zwischen den zwei Sessel 4er-Flimjoch und 3er-Idjoch zurück zur Idalp. Kommt an der Bergstation der beiden Viderjoch-Schlepper vorbei, die aus der Schweiz hochkommen. Von hier kann man *hinunter in die Schweiz* stechen.

Abstecher in die Schweiz

→ **von Bergstation 3er-Sessel Idjoch Richtung Samnaun-Alp-Trida,** ab Bergstation 3er-Sessel Idjoch mit dem → **Greitspitz-Schlepper,** Bj. 1980, 740 m in 4,10 Min. Fährt auf Schweizer Seite zur Greitspitz (2872 m). Von oben entweder auf roter Piste 70 in die Schweiz oder auf roter Piste 15 zum Höllenkar.

→ **rote Piste 70,** von Bergstation Greitspitz-Schlepper in die Schweiz. Bis vor kurzem war sie nur über diesen klapprigen Schlepper erreichbar. Kaum mal verirrte sich ein Tourist hin. Die rote 70 war der Geheimtip. Man konnte sie nicht oft fahren, weil man von der Schweiz wieder nach Ischgl-Idalp mußte.

6er-Sessel Greitspitz, Bj. 1998, 1450 m in 4,5 Min., kuppelbar und Kappe. Erstmals Winter '98 in Betrieb. Die direkteste Verbindung zwischen Samnaun und Ischgl. Die Bergstation 6er-Sessel liegt eine Mulde unterhalb Bergstation 180er-Gondel Samnaun. Eine kurze Piste führt hin. Mit ihm auf die Greitspitz und auf roter Piste 15 nach Ischgl Höllkar oder rote Piste 70 zurück Samnaun.

Skigebiet **Ischgl**

—▸ **rote Piste 71a,** von Bergstation 6er-Sessel Greitspitz zurück nach Samnaun. Neue Piste, erstmals Winter 1998/99 präpariert. Ihr Lauf (für uns) noch unklar, sie soll jedoch hinunter nach Alp-Trida verbinden und auch in die Mulde.

Blais-Gronda-Schlepper, liegt wie 6er-Sessel Greitspitz am Ende der roten Piste 70. In einer Mulde unterhalb Bergstation 180er-Gondel Samnaun. Man braucht ihn, um die Mulde zu überwinden. Sonst kein rauskommen, außer mit 6er-Sessel wieder zurück auf die Greitspitz. Von Bergstation Blais-Gronda-Schlepper hinunter nach Alp-Trida und *mit 4er-Sessel Flimsattel zurück nach Ischgl.*

—▸ **von Bergstation Ischgl-Idalp zum Höllboden,** von 6er-Gondel Fimba und 24er-Gondel Silvretta halbrechts hinunter auf —▸ *blauer Piste 2/roter Piste 3.* Ca. 50 m breit und je nach Spur steiler oder flacher. Von der Senke Anschluß zu den hintersten Pisten und in die Schweiz.

Station **Höllboden,**

eine Senke unterhalb der Idalp. Von dort Anschluß in die westlichen Regionen. Vom Höllboden mit dem 4er-Sessel Höllboden wieder zurück zur Idalp oder *1)* mit dem *6er-Sessel Sassgalun* weiter zur Paznauner Taya, oder 2) in Schweiz oder Fimbatal mit *6er-Sessel Höllenkar*. Am Höllboden auch das
SB-Restaurant Höllkar.

Abb.: Restaurant Höllboden
TVB Ischgl

Paznauntal

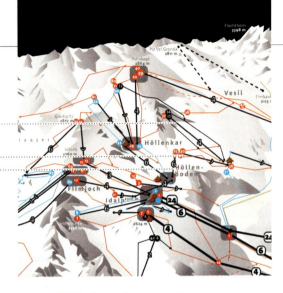

4er-Sessel Höllspitz
Paznauner Taya-Schlepper
6er-Sessel Sassgalun

→ vom Höllboden zur Paznauner Taya, *die Paznauner Taya ist eine der beliebtesten Skihütten im Gebiet. Am einfachsten erreicht man sie vom Höllenkar mit dem 6er-Sessel Sassgalun. Bei der Paznauner Taya ein Sessel mit schwarzen Pisten.*

6er-Sessel Sassgalun, Bj. 1997, 1464 m in 5 Min. Etwas tiefer der Talstation 4er-Sessel Höllboden. Bis vor zwei Jahren lief da noch ein Schlepper. Kann man sich gar nicht mehr vorstellen. Oben entweder auf roter Piste 25 zurück, oder auf den roten Pisten 30/31 entlang am Paznauner-Taya-Schlepper zur Paznauner Taya.

Essen im SB: Tagessuppe 4,60 Gulaschsuppe 8,30 halbes Hähnchen, Semmel 11,50 Wurstsemmel 3,60 Grillwurst 7,20 Wiener-Schnitzel, Pommes 18,60 Currywurst 8,60 Fleischkäse, Brot 7,20 Kaiserschmarren 11,50 Apfelstrudel 5,–
Bedienung: Gulaschsuppe 9,50 Wiener-Schnitzel, Pommes 22,20 Käsespätzle, Krautsalat 15,80 Spaghetti 15,– Apfelstrudel 5,80
Trinken: Cola 3,60 Bier 5,– Weizen 6,30 Radler 5,30 Wein 6,– Wodka-Feige/Willi 5,– Jagatee 7,90 Glühwein 7,20 Kaffee/Schoko 4,30 Tee 3,60

Paznauner Taya, eine der beliebtesten Skihütten. Stolzer Bergbauernhof aus dicken braunen Balken, mit Heu und Moos gedichtet. Steinfundament. So echt er aussieht, er ist ein hier wiederaufgebauter Bauernhof aus Kärnten. Auf der Holzterrasse Bar und Hähnchengrill-Station, reihenweise Biertische. Ein „Almöhi" mit weißem Haar und Rauschebart räumt die Gläser ab. Grüne Schürze, am Arm tätowiert. Neben Haupthaus SB-Schiene mit Salatbüffet. *Im ersten Stock wird bedient.* In den Stuben Bauernöfen mit Holzauflage zum Kleidertrocknen. Alles sehr bäuerlich. Steinboden, das dunkle Holz, die Schemel, der Blick ins Gebälk. Schön für das Auge.

Die Preise bei den veschiedenen Bereichen vergleichen, da sind zum Teil erhebliche Unterschiede. Bei einem Nebenhaus eine Bar und Biertische. Dort **vier megalaute Boxen,** die typische Skifahrermusik plärrt. Alle bewegen sich mit Hüftschwung und wiegen sich in Lässigkeit.

4er-Sessel Höllspitz, Bj. 1994, 1814 m in 6 Min., kuppelbar. Direkt neben der Paznauner Taya. Hoch zur eisigen Höllenspitze. Oben die *rote Piste 32* quer hinüber ins Höllenkar.

→ schwarze Pisten 34/35, von Bergstation 4er-Sessel Höllspitz am Lift entlang zurück zur Paznauner Taya. Zwei schöne steile Strecken, aber nicht zu schlimm. Unten an der Eisbar war dann natürlich alles immer viel wilder.

Paznauner Taya-Schlepper, Bj. 1975, 1160 m in 6,20 Min. Hinter der Hütte, etwas tiefer. Sieht man nicht gleich. Hinauf auf jenen Gipfel, wo auch der 6er-Sessel Sassgalun vom Höllboden endet. Auf *roter Piste 25* zum Höllboden.

→ rote Piste 36, von Paznauner Taya ins Fimbatal zur Bodenalp, dort mit dem Schlepper wieder zur Paznauner Taya zurück. Mittelbequeme Piste innerhalb der Baumgrenze. Für alle, die kurz die Sonnenterrasse verlassen.

→ blaue Piste 37, von Paznauner-Taya zu den Mittelstationen der Silvretta- und Fimba-Gondel. Zuerst durch den Wald in Serpentinen zum Boden des Fimbatales. Dann ein langer flacher Weg. Sehr schön, aber ständig antauchen. Ermüdend. Nach langem Gehen eine Kuppe. Ungefähr dort rechts etwas zurückversetzt ein **Wildschweingehege.** In etwa 100 m Entfernung eine Kapelle. Ab dort sieht man die Gondel-Mittelstationen.

Abb.: Schwarze Pisten, weiße Panther. Kunstwerke aus Schnee. Alle Jahre toben sich Künstler im Skigebiet aus.
TVB Ischgl

Paznauntal

Station Höllenkar

6er-Sessel Höllkar

Mittelstation 24er-Gondel
Silvretta & 6er-Gondel Fimba

Mittelstation **24er-Gondel Silvretta & 6er-Gondel Fimba,**
sie liegen ein Stück auseinander. Rundherum und in den Stationsgebäuden nichts für Skifahrer. Hier wird nur schnell zugestiegen. Nebeneinander schweben die Gondeln, teilweise sehr hoch über einen Graben. Sie enden auf der Idalp.

Abb.: Schwarzwand-Restaurant. Der Pizza-Treff im fast ewigen Eis. Hinkommen mit 6er-Sessel Höllkar.
_{TVB Ischgl}

→ **rote Piste 1,** die Talabfahrt von Mittelstation nach Ischgl. Zwei Pistenarme. *Links* zur 24er-Gondel Silvretta. *Rechts* zu 4er-Gondel Pardatschgrat und 6er-Gondel Fimba. Getrennt durch einen tiefen Graben. Oben beim Gebäude der Fimba-Gondel muß man sich entscheiden. Auf beiden Seiten abwechselnd Ziehweg und Piste im Fichtenwald. Manche Abschnitte einer milden schwarzen würdig.

Skigebiet **Ischgl-Samnaun**

Abb.: Pisten oberhalb des Höllenkars
TVB Ischgl

→ vom Höllboden zum Höllenkar,
nur mit **6er-Sessel Höllkar,** Bj. 1998, ca. 1550 m in ca. 5 Min. Betrieb ab Dez. 1998. Ersetzt zwei ellenlange Schlepper. Hinauf zum Höllenkar, von dort weiter in die Schweiz.

→ blaue Piste 23/rote Piste 24, vom Höllenkar zurück zum Höllboden. Laufen flach dahin, dann und wann ein Steilstück. Dem Stil nach eine Autobahn.

Station **Höllenkar,**
*das Kar oberhalb des Höllbodens. Umgeben von knapp 3000 m hohen Gipfeln. Dahinter liegt die Schweiz. Inmitten dieses flachen Kars das **Restaurant Schwarzwand** und drei Lifte. Alle Pisten oberhalb des Höllenkars sind miteinander verbunden, dazwischen liegen Tiefschneefelder.*

Restaurant Schwarzwand, steht unterhalb der gleichnamigen Wand und das noch nicht sehr lange. Ein Neubau sozusagen. Das Obergeschoß aus dicken Naturstämmen gefertigt, die gleichzeitig Außen- und Innenwand bilden. Davor Biertische auf Schneeterrasse. Drinnen SB-Restaurant mit den üblichen Gerichten, im ersten Stock **SB-Pizzeria**. Sie ist für viele der Grund, ins Höllenkar zu fahren. Den ganzen Tag über ein Kommen und Gehen.

Pizza: aus Elektroofen 6 verschiedene von akzeptabler Größe zw. 14,20 u. 16,20
Trinken: Cola 0,35l 4,50 Bier 5,– Weizen 5,20 Radler 5,– Wein 4,90 Wodka-Feige/Willi 5,80 Jagatee 6,60 Glühwein 6,30 Kaffee/Schoko 3,90 Tee 3,30

Paznauntal

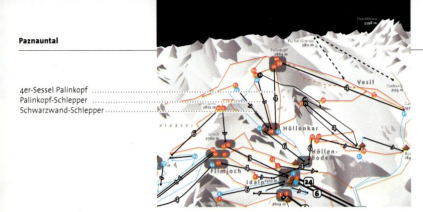

4er-Sessel Palinkopf ....
Palinkopf-Schlepper ....
Schwarzwand-Schlepper ....

Die **unbequemen Schlepper** sind deshalb noch in Betrieb, weil sie weniger windanfällig sind als Sessel. Die müssen bei beginnendem Sturm sofort abgeschaltet werden. Seile würden aus den Rollen springen, durchschwingen und die Leute meterhoch durch die Luft gegen die Felsen knallen. Damit das nicht passiert, steigt man um auf die Schlepper.

4er-Sessel Palinkopf, Bj. 1996, 1591 m in 6,40 Min., kuppelbar. Der modernste, der Höllenkar-Lifte. Mit ihm erreicht man die selben Pisten wie mit dem daneben liegenden Schlepper. Aber nicht die selben Pisten wie mit dem äußersten Schlepper. Von oben nach drei Richtungen. Fimbatal, Schweiz oder zurück.

Palinkopf-Schlepper, Bj. 1973, 1360 m in 6,30 Min. Direkt neben 4er-Sessel. Von seiner Bergstation in die Schweiz, aber nicht ins Fimbatal. Zurück zum Höllenkar auf roter 21 oder blauer 22.

Schwarzwand-Schlepper, Bj. 1979, 1190 m in 5,30 Min. Auf einen namenlosen Gipfel. Hinüber in die Schweiz oder auf der blauen 22 zurück zum Höllenkar.

→ **Pisten oberhalb des Höllenkars,** *erreichbar mit allen Liften im Höllenkar. 4er-Sessel Palinkopf oder Palinkopf-Schlepper und Schwarzwand-Schlepper.*

→ **rote Piste 20,** *von Bergstation 4er-Sessel Palinkopf schmal an den Felsen der Höllenspitze entlang. Mündet im Höllenkar auf blaue 23, auf ihr zurück zum Höllboden. Von dort mit dem 4er-Höllboden z. B. zur Idalp.*

Abb.: Schwarzwand-Schlepper mit blauer Piste 22

TVB Ischgl

–▸ **rote Piste 21,** von Bergstation Palinkopf-Schlepper direkt zum Höllenkar zurück. Für flotte Skifahrer eine vergnügliche Reise.

–▸ **blaue Piste 22,** quert von Bergstation Palinkopf-Schlepper den Hang hinüber zum Schwarzwand-Schlepper. Dann flach zurück ins Höllenkar. Die hochgebirgige Anfängerstrecke, Bogen um Bogen.

Abb.: 4er-Sessel Palinkopf
TVB Ischgl

–▸ **vom Höllenkar zur Gampenalp,** *ein weiter Ausflug ans nordwestl. Ende des Skigebiets. Die Gampenalp liegt im Fimbatal. Schmal unter steilen Felsabrissen, immer wieder sieht man Lawinenkegel. Landschaft reizvoll wie aufregend. Vom Höllenkar entweder mit dem 4er-Sessel Palinkopf oder mit dem Palinkopf-Schlepper hoch.*

–▸ **rote Piste 40,** von Bergstation 4er-Sessel Palinkopf zur Gampenalm. Beginnt spannend als 10 m breiter Ziehweg. Links die Felswand, rechts der Abgrund. Durch Netze gesichert. Dann ein schönes Stück ordentlich bergab. Zuletzt flacher Auslauf, dann wird die Piste enger und schwillt wieder an: ca. 50 m breit. Teilt sich dann: der linke Arm führt durch eine Siedlung leerer Almhütten, der rechte steil und schmal. Schließlich die Talstation Gampenalp.

–▸ **schwarze Piste 33,** von Bergstation Palinkopf-Schlepper unter dem 4er-Sessel durch. Zwischen Palinkopf und Höllspitze steil und wild zu Tal. Mündet in schwarze Piste 34 und endet bei der *Paznauner Taya*. Von der schwarzen 33 zweigt die **rote Piste 38** ab. Sie durchschneidet den breiten Palinkopf-Abhang zum 4er-Sessel Gampen.

Paznauntal

4er-Sessel Gampen

Bodenalm-Schlepper
3er-Sessel Idjoch
4er-Sessel Flimjoch

Essen: Nur Bratwurst 7,20
Trinken: Cola 3,90 Bier 5,30 Wein 6,30 Willi 5,80 Jagatee 6,90 Glühwein 6,80 kein Kaffee, keine Schoko

Kiosk Gampenalp, an das Stationsgebäude des 4er-Sessels Gampen angebaut. Nur sitzen im Freien an Biertischen, WC vorhanden. Bescheidenes Angebot.

4er-Sessel Gampen, Bj. 1988, 2435 m in 8 Min., modernst, kuppelbar mit Windschutzkappe. Endlos lange zurück auf den Palinkopf. Von dort in die Schweiz oder zum Höllenkar.

 → blaue Piste 40, von Talstation 4er-Sessel Gampen flach das Fimbatal Richtung Ischgl hinaus. Links steil aufragend schwarze Felsrücken. Am Talboden dann und wann ein Stadl, kann man sich bei Sonne hinsetzen. Dann links am Hang das *Berghaus Bodenalpe*. Am Ziehweg der Bodenalm-Schlepper. Wer ihn nicht nimmt, hat noch einen langen flachen Ziehweg durch das Fimbatal vor sich. Ende nach der Strapaz bei den Mittelstationen 24er-Gondel Silvretta und 6er-Gondel Fimba.

Bodenalm-Schlepper, Bj. 1975, 621 m in 3,30 Min. Nur ein kurzes Stück, teilweise hat man das Gefühl, er fährt senkrecht. Endet oberhalb der Paznauner Taya. Von dort mit einem der Lifte zurück Richtung Idalp. Der blaue Ziehweg 37 mündet im Fimbatal in den blauen Ziehweg 40. Ende bei Mittelstationen 24er-Gondel Silvretta und 6er-Gondel Fimba.

Skigebiet **Ischgl-Samnaun**

In die Schweiz,

der große „Kick" am Skigebiet Ischgl ist zweifelsfrei die Möglichkeit von Österreich hinüber in die Schweiz zu fahren. Zollkontrollen gibt es keine, aber sie können sehr wohl vorkommen. Deshalb sollte man sich seinen Reisepaß unbedingt einstecken. Bei einem Ausflug in die Schweiz achtgeben, daß man rechtzeitig die Rückreise antritt. Von der Idalp kommt man mit dem **4er-Sessel Flimjoch** und dem **3er-Sessel Idjoch** zu Pisten, die in die Schweiz hinüberführen. Auch die Lifte vom Höllenkar haben alle Anschlußpisten in die Schweiz.

A → CH

→ von Ischgl-Idalp zu Samnaun Alp-Trida, sie ist das Zentrum der Schweizer Seite. Ebenfalls ein Kessel wie in Ischgl. Fast alle Lifte gehen von hier weg, man hat Direktanschluß zurück nach Ischgl. Im Zentrum der Alp-Trida großes Bergrestaurant.

→ blaue Pisten 62/63, hinunter in die Schweiz. Erreichbar von Bergstation 4er-Sessel Flimjoch und 3er-Sessel Idjoch. Die Pisten entlang der beiden parallelen Viderjoch-Schlepper und dem 4er-Sessel Flimsattel. In den Pisten eingeschlossen immer wieder Hügelchen. Kann hochfahren und dann steiler hinunter. Weiter unten sind es schmale Pistenbänder, getrennt durch Hügelrücken.

Die Alp-Trida erreicht man von Ischgl nur mit 4er-Sessel Flimjoch oder 3er-Sessel Idjoch. Oder man fährt von der Idalp zum Höllenkar. Dort mit einem der Lifte hoch, egal ob Schlepper oder Sessel. Dann von oben auf roter Piste 80 oder 81 in weitem Bogen ins Tal nach Samnaun. Dort die Gondel zurück zu Alp-Trida.

Abb.: Bergstation Alp-Trida-Sattel. Eben schwebt aus Samnaun eine der 180er-Gondeln ein.
Samnaun Tourismus

Paznauntal

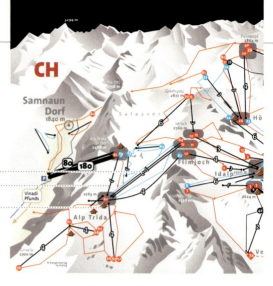

Viderjoch-Parallel-Schlepper
Alp-Trida-Sattel-Schlepper
Zentrum Alp-Trida

Zentrum **Alp-Trida,**
ein Kessel unterhalb Bergstation *180er-Gondel Samnaun.* Von Ischgl aus gesehen unter den Bergstationen 4er-Sessel Flimjoch und 3er-Sessel Idjoch.

Essen: *bei Grillstation*: eingerollte Bratwürstel 10,– Spare Ribs 11,20 Holzfällersteak 14,70 *Im SB*: gebr. Speck, Ei 12,– Wiener-Schnitzel 18,– *Im Restaurant*: Franz. Zwiebelsuppe 11,50 Schweinefilet in Rotweinsauce, Pilze, Nudeln 30,– Züricher Gschnetzeltes in Champignonrahmsauce 34,50 Kaninchenfilet 31,– Samnauner Käsespätzli 14,50 Kaiserschmarren 8,50
Trinken: Cola 3,80 Bier 6,50 Jagatee/Glühwein 7,70 (Im SB 5,80) Willi/Wodka-Feige 7,– Obstler 3,– Schoko 4,70

Alp-Trida-Hütte, zahlen kann man sowohl in Schilling als auch in DM. Preise bei den verschiedenen Bereichen vergleichen, da große Unterschiede. Vor dem Haus Sonnenterrasse mit Grillstation, Schirmbar, Stehtischen und Hockern. Wer es feiner möchte, nimmt Platz auf dem Balkon oder der Dachterrasse. Dort die Tische gedeckt, darf man Stoffservietten beschmutzen, wird bedient. Im ersten Stock das Restaurant „*La Marmotte Gourmande*". Raum bis zum Dach, dunkles Holz, Tischblumen und kleine Bar. Teurer als im SB. Die Selbstbedienungsgegend im Erdgeschoß für Skifahrermassen ausgerichtet. Auch gibt es einen kleinen Kiosk, dort Zigaretten zu Tabakladenpreisen, Skibrillen, Mützen, Pullis, Süßigkeiten etc. *Sonne* auf dem Balkon im Dez. 12:30-13:30 Uhr. Auf der Terrasse erst ab Mitte Januar von 12:15-16 Uhr. Ab Februar von 10-16 Uhr. *Liegestuhl* 5,80 Decke 2,90.

Skigebiet **Ischgl-Samnaun**

Viderjoch-Parallel-Schlepper, Bj. 1980, 2450 m in 12 Min. 2,5 km stehen. Starten neben der Alp-Trida-Hütte hinauf zum Flimsattel. Von oben zurück nach Ischgl. Oder auf den blauen Pisten 62 u. 63 zurück zur Alp-Trida. Die Schlepper fahren deshalb, weil der 4er-Sessel Flimsattel bei Wind rasch abgestellt werden muß. Ohne die Hochgebirgsschlepper auf beiden Seiten des Skigebiets gäbe es bei Wechselwetter kein Zurückkommen in die Schweiz oder nach Österreich.

Abb.: La Marmotte – Alp-Trida
Samnaun Tourismus

Alp-Trida-Sattel-Schlepper, Bj. 1978, 906 m in 5 Min. Neben der Alp-Trida-Hütte fährt hoch zum Alp-Trida-Sattel. Dort die Bergstation der Gondel aus Samnaun. Oben großes Restaurant.

Abb.: Skihaus Alp-Trida
Samnaun Tourismus

→ **rote Piste 69/blaue Piste 69a,** von Bergstation Samnaun-Gondel wieder zurück zur Alp-Trida. Links vom Schlepper ineinanderfließende Hügelchen, immer wieder Kanten, über die man nicht sieht. Daneben *Tiefschnee- und Mugelpiste.* Die blaue fährt den Hang weiter aus, ist dementsprechend flacher.

Skihaus Alp-Trida, ca. 200 m unterhalb von Alp-Trida-Hütte, direkt neben Talstation 4er-Sessel Flimsattel; mit ihm zurück nach Ischgl. Das Steinhaus 1934 von 15 Männern in 7 Monaten erbaut. Mit Maultieren haben sie das Material hochgeschleppt. Sonnenbalkon, kleine Terrasse mit runden Holztischen wie in einem Garten-Café. Innen und außen Bedienung. Zwei Stuben, eine mit langer Bar. Von der Steinhausromantik im Inneren nichts zu merken. Die Hütte gehört den Bergbahnen.

Essen: Tagessuppe 5,50 Schinken-/Salami-/Käsebrot je 6,50 Spaghetti 15,50 Fleischkäse Cordon Bleu, Lyonerkartoffel, Schwarzwurzeln 16,50 Rösti, Spiegelei, Salat 14,50
Trinken: Cola 0,3l 3,50 Bier 5,50 Weizen 5,50 Wein 5,50 Glühwein/Jagatee 6,– Willi/Wodka-Feige 5,– Espresso 3,50 Schoko 3,50 Tee 3,50
Wohnen: 3- bis 4-Bett-Zimmer für ca. 40 Leute

Paznauntal

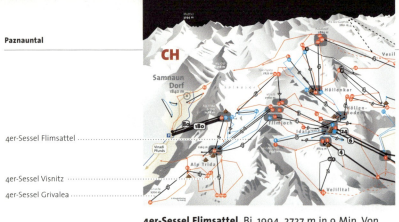

4er-Sessel Flimsattel

4er-Sessel Visnitz

4er-Sessel Grivalea

4er-Sessel Flimsattel, Bj. 1994, 2727 m in 9 Min. Von Alp-Trida auf den Flimsattel. Neu mit Windschutz. Sehr langer Lift, zieht bis hinter die Gipfel, zuletzt an Felszacken entlang über einen von Steinen übersäten Hang. Oben trifft er zusammen mit dem 4er-Sessel Flimjoch aus Ischgl. Auf roter Piste 10 zur Idalp.

-▶ von Alp-Trida nach Samnaun, *auf **roter Piste 60.** Beginnt an Talstation 4er-Sessel Flimsattel. Zuerst ein flacher ca. 10 m breiter Weg, anschließend bis ins Tal hinunter eine schmälere Piste. Rechts Bach, später Felswand. Orange Fangzäune schützen. Vom Ende der Piste die Straße rechts hinuntergehen bis zur Hauptstraße. Dort ein Kiosk mit Terrasse und die Busstation. Der Bus kommt alle 15 Min. und fährt bis zur Gondel.*

-▶ von Alp-Trida nach Alp-Bella, *ein weiterer von Gipfeln eingeschlossener Kessel, liegt etwas tiefer als Alp-Trida. Zu erreichen einzig mit dem 4er-Sessel Visnitz.*

Abb.: 4er-Sessel Flimsattel. Mit ihm von Alp-Trida zurück nach Ischgl
Samnaun Tourismus

4er-Sessel Visnitz, Bj. 1994, 1270 m in 4 Min., kuppelbar, ohne Windschutz. Direkt neben der Alp-Trida-Hütte, Richtung Visnitzkopf. Auf roter Piste 66 hinunter in den Alp-Bella-Kessel. Unten zwei Sessel und eine Skihütte.

Skigebiet **Ischgl-Samnaun**

Abb.: Alp-Bella
Samnaun Tourismus

→ rote Pisten 65/65a/67, von Bergstation 4er-Sessel Visnitz zurück nach Alp-Trida. Sind etwa 20-30 m breite Streifen, flache und steilere Abschnitte wechseln. Übersichtlich und flott zu fahren. Dazwischen Tiefschneefelder. Kurz vor Alp-Trida vereinen sie sich wieder.

→ rote Piste 66, von Bergstation 4er-Sessel Visnitz auf der anderen Bergseite in den Kessel Alp-Bella. Etwa 20 m breit, zu beiden Seiten gehen sanft die Hänge hoch. An der Piste die Alp-Bella-Hütte.

Alp-Bella-Hütte, altes Berghaus, erst seit 1997 Gastronomie. Vorm Haus lange Selbstbedienungs-Bar und Hähnchen-Grillstation. Zuerst gustieren, dann zur Kassa zahlen, mit dem Bon das Essen holen. Bedienung vor der Hütte an den runden Terrassentischen und drinnen in den zwei kleinen Stuben. Dort alles etwas teurer. Wesentlich bessere Sonnenlage als Alp-Trida, im Dez. schon 8:30-16 Uhr.

Essen: Bauerngemüsesuppe 8,– Gulaschsuppe 10,– Jausenteller 21,50 Kartoffelrösti 16,– Käserösti/Hirten-Makkaroni je 16,50 Lammrückenfilet 33,– halbes Hähnchen 10,80
Trinken: Cola 3,50 Bier 6,40 Weizen 6,40 Wein 6,40 Glühwein/Jagatee 7,20 Willi 5,80 Wodka-Feige 6,50 Espresso 3,50 Schoko 3,50 Tee 3,50

4er-Sessel Grivalea, Bj. 1996, 1533 m in 4,50 Min., kuppelbar, kein Windschutz. Seine Talstation ein paar 100 m unterhalb Alp-Bella-Hütte. Schwebt flach über das von den Gipfeln eingekesselte Gebirgshügelland. Er ist der äußerste Lift des Skigebiets, wesentlich weniger Leute als bei Alp-Trida.

→ rote Piste 76, von Bergstation 4er-Sessel Grivalea zurück in den Alp-Bella-Kessel. Flache Strecke, immer wieder steilere Kuppen. Hügelchen werden umkurvt, oder man fährt sie hoch und dann im Tiefschnee zurück zur Piste.

Paznauntal

4er-Sessel Palinkopf ·················
Palinkopf-Schlepper ·················
Schwarzwand-Schlepper ·················

4er-Sessel Muller ·················

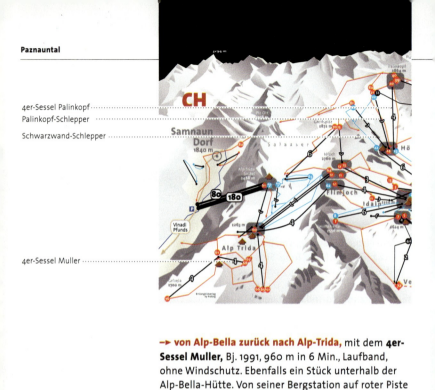

–▸ **von Alp-Bella zurück nach Alp-Trida,** mit dem **4er-Sessel Muller,** Bj. 1991, 960 m in 6 Min., Laufband, ohne Windschutz. Ebenfalls ein Stück unterhalb der Alp-Bella-Hütte. Von seiner Bergstation auf roter Piste 67 nach Alp-Trida oder rote Piste 68 wieder zu seiner Talstation. Von dort z. B. hinunter nach Samnaun-Laret rote Piste 61.

Abb.: Piste 80, Talabfahrt nach Samnaun. Zu erreichen von Ischgl mit 4er-Sessel Palinkopf
Samnaun Tourismus

CH → A

Skigebiet **Ischgl-Samnaun**

→ rote Piste 68, von Bergstation 4er-Sessel Muller zurück nach Alp-Bella. Viele flache Passagen, dann wieder eine steile Kuppe. Wer möchte, kann auch eine ordentliche **Buckelpiste** wählen, die neben der roten Piste läuft.

→ von Alp-Bella ins Tal nach Samnaun, von Talstation 4er-Sessel Muller auf der roten Piste 61, die nach kurzer Fahrt in die rote Piste 60 mündet. Die rote 60 kommt von Alp-Trida und endet in Samnaun-Laret. Von dort mit dem Skibus zur Gondel. Der Bus fährt alle 15 Min.

→ von Ischgl-Höllenkar nach Samnaun, dazu kann man jeden der drei Lifte nehmen: 4er-Sessel Palinkopf, Palinkopf-Schlepper oder Schwarzwand-Schlepper.

4er-Sessel Palinkopf, von seiner Bergstation zwei Wege zur Samnaun-Talabfahrt rote Piste 80. Entweder flach hinunter zur Bergstation des danebenliegenden Palinkopf-Schleppers, oder das Stück hinüber zur Bergstation 4er-Sessel Gampen und von dort nach Samnaun.

Abb.: 180er-Gondel Samnaun. Augen zu und durch.

Samnaun Tourismus

Palinkopf-Schlepper, startet neben SB-Restaurant Schwarzwand, schleppt anfangs parallel zu Schwarzwand-Schlepper und Sessellift, sucht sich dann einen eigenen Gipfel. Von dort Anschluß zu roter Piste 80 nach Samnaun.

Schwarzwand-Schlepper, ebenfalls neben SB-Restaurant Schwarzwand. Macht eine Kurve in die Gegenrichtung des Sessellifts. Oben rote Piste 81 zur Samnaun-Talabfahrt rote Piste 80.

Paznauntal

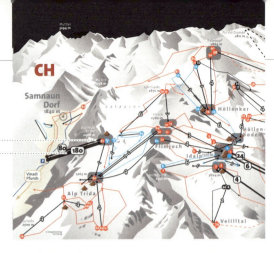

Bergstation Samnaun Alp-Trida
180er-Gondel Samnaun

→ rote Piste 81, beginnt an Bergstation Schwarzwand-Schlepper. Zuerst ein Stück auf blauer Piste 22, die zurück zum Höllenkar führt. Wo es das erstemal an bißchen steiler wird, rechts abzweigen auf die *rote Piste 81.* Anfangs sehr breit, gut abseits der Piste. Dort, wo sie auf die rote Piste 80 trifft, wird sie enger.

→ rote Piste 80, erreichbar von Bergstation Palinkopf-Schlepper, vom 4er-Sessel Palinkopf und vom 4er-Sessel Gampen. Oben über einen sehr breiten Hang, der zusammenläuft wie ein Trichter. Dann ein langer schmaler Ziehweg ins Tal nach Samnaun. Wer gleich zur Gondel möchte, sollte sich unten immer links halten, denn sonst wird man in den Ort gelotst. Am Bach entlang 3 m breiter Ziehweg, zeitweise antauchen. Aber es geht bis zur Gondelstation.

Abb.: Bergstation Samnaun
Samnaun Tourismus

Abb.: Panoramarestaurant bei Bergstation 180er-Gondel. Ein Schritt noch und es geht senkrecht.
Samnaun Tourismus

180er-Gondel Samnaun, Bj. 1995, 2300 m in 5,45 Min. Letzte Bergfahrt 16 Uhr. Eine zweistöckige Gondel für 180 Menschen. Vom Parkplatz mit dem Lift in den zweiten Stock. Wer in der Gondel in der oberen Etage fahren möchte, muß den Eingang nehmen, wo die Rolltreppe hochführt.

letzte Bergfahrt 16 Uhr

Bergstation **Samnaun Alp-Trida,**
tolles Panorama. Sehr wenig Platz, nur für das Bergstationsgebäude und die Sonnenterrasse. Auf der Gondelseite steil bergab, auf der anderen Seite zwei Pisten hinunter in den Kessel Alp-Trida. Im Stationsgebäude ein Kiosk für allerlei Kleinigkeiten: Hauben, Stirnbänder, Skibrillen, Zigaretten, Filme etc. und das Panoramarestaurant.

Panoramarestaurant, Diners, Masters, Visa, kein Amex. Bezahlen auch in Schilling und DM. Bekommt in der gleichen Währung zurück. Geteilt in SB und Bedienung sowohl auf der Terrasse als auch im Haus. WC und Tel. im Keller. Gastraum hoch bis zum Dach, 6er-Tische zusammengestellt. Nur Sessel, keine Bänke. Wo bedient wird, alles viel feiner. Rosa Tischwäsche, blitzendes Besteck, Blumenschmuck. Von der Sonnenterrasse geht's gleich mal steil bergab. Aufregender Blick. *Liegestuhl* 5,80 Decke 2,90

Essen: *im SB:* Suppe 4,30 Gulaschsuppe 8,60 Wiener-Schnitzel 20,50 Hamburger 8,– Apfelstrudel 6,30
Im Restaurant: Hühnerbouillon 6,30 Schweinesteak 26,50 Spaghetti 18,80 Spinatknödel 17,10 Wiener-Schnitzel 24,– Forellenfilet 20,–
Trinken: Cola 3,30 Bier 5,40 Weizen 6,20 Wein 5,80 Jagatee/Glühwein 6,70 Willi/Wodka-Feige 7,– Obstler 3,– Schoko 3,50

Paznauntal

Abb.: Buckelpiste
TVB Ischgl

→ von Bergstation 18oer-Gondel Samnaun nach Ischgl-Idalp, geht nur eine Richtung. Hinunter über normale Piste oder steile Buckelpiste zu Parallelschlepper Viderjoch oder 4er-Sessel Flimsattel. Oben Direktpisten zur Idalp und weiter nach Ischgl.

SNOWBOARDEN

„Boarder's Paradise", hier werden Weltcuprennen und Weltmeisterschaften gefahren. Liegt unterhalb 3er-Sessel Idjoch, der bei Bergstation 24er-Gondel Silvretta startet. Vom Lift aus alles gut zu sehen. Das, was üblich ist: Funboxen, Obstacles, Quarterpipe etc. Außergewöhnlich sicherlich das Schneeungetüm, genannt „Seventwenty". Gemeint ist eine Schnee-Schneckenhaus-Bahn, wo man 2 x 360° kurvt.

CARVEN

Bisher galt die rote Piste 70 von der Greitspitz hinunter in die Schweiz als super Carving-Piste. Schwer zu finden, kaum ein Mensch. Jetzt haben die Schweizer dort einen 6er-Sessel gebaut, und es ist aus damit. Pisten allgemein gut breit, wer Carven möchte, kann das tun. Als Carving-Strecke offiziell vorgeschlagen, die Piste unter dem 3er-Sessel Idjoch.

Das Oberinntal

Orte im Oberinntal

- **185** Fiss
- **195** Serfaus
- **237** Nauders

Skigebiete im Oberinntal

- **206** Fiss
- **220** Serfaus
- **246** Nauders

274-293 Wohnen im Oberinntal

- **274** Fiss
- **280** Serfaus
- **286** Nauders

9-38 Anreise Oberinntal

- **10** mit dem Auto
- 16 aus Deutschland
- 16,17 aus der Schweiz
- **22** mit der Winterbahn
- 29, 35 aus Deutschland
- 33, 35 aus der Schweiz
- **36** mit dem Flugzeug

Schneetelefon: ++43/5476-6969

Fiss 1436 m

Ist stark im Kommen. Kleiner bäuerlicher Ort, hat sich am hügeligen Rande der Pisten kultiviert. Neuere Häuser allumher ohne Ausstrahlung. Enge Gassen, den ganzen Tag belebt. Alle spazieren durch zur Gondelstation. Ohne Skier am Buckel, die lagern an der Talstation. Gastronomie etwas gekünstelt, kann auf keinen Ursprung verweisen. Alles zu neu. Après und Nachtleben gut, wegen der Kompaktheit des Ortes.

800 Einwohner
3900 Betten

Fiss macht seinen Aufschwung gemeinsam mit Serfaus. Preislich jedoch Fiss spürbar günstiger. Im Ortskern um die Kirche noch einige Bauernhäuser aus dem 15. - 17. Jh., teilweise ramponiert. Aus manchen Ställen riecht es. Hinter der Friedhofsmauer schwarze schmiedeeiserne Kreuze. Nachts ein Meer aus roten Grablichtern. Neben deutschen Touristen wird Fiss gerne von Franzosen besucht – zum Saisonabschluß.

TOURIST-INFO
geöffnet: Mo-Sa 8-12 u. 13:30-17:30 Uhr. So 16-18 Uhr. A-6533 Fiss, Tel. ++43/5476-6441, Fax: –6824
http://www.tiscover.com/fiss
E-mail: fiss@tourist-info.tirol.at

Oberinntal

ORIENTIERUNG

hat man das Plateau von Fiss erreicht, zieht die Anfahrtsstraße am Ort vorbei weiter Richtung Serfaus. Rechter Hand mehrere Abfahrten in den Ort. Die 1. oder 3. Möglichkeit rechts rein, kommt man auf Dorfdurchgangsstraße, sehr schmal. An ihr die Tourist-Info. Im Ort teilweise sehr schmale Straßen, nicht alle darf man fahren. Die 4. Abzweigung nach rechts führt zur Talstation.

Abb.: die flache Piste oberhalb Talstation 6er-Gondel Möseralm

Die steilen Straßen im Ort werden auch bei starkem Schneefall nicht gestreut, damit die Skifahrer bis zu ihren Hotels und Pensionen abfahren können. Das hat den sympathischen Nachteil, daß die Leute auf den abschüssigen Wegen der Reihe nach ausrutschen. An manchen Tagen ist das Gehen fast nicht möglich. Spaßig ist das dann nicht mehr, wenn ältere Menschen aufs Kreuz fliegen.

SKIVERLEIH

Sport Krismer an Talstation. Der einzige, der Mo-So durchgehend von 8:30-18 Uhr geöffnet hat. Die anderen machen Mittagspause.

Sport Kimser:
ab 160 cm
1Tag 21,40 3Tage 54,30
5Tage 78,60 7Tage 108,60
130-160 cm
1Tag 12,80 3Tage 34,30
5Tage 51,40 7Tage 68,60
80-120 cm
1Tag 8,60 3Tage 20,–
5Tage 31,40 7Tage 42,80
Schuhe
1Tag 12,80 3Tage 34,30
5Tage 54,30 7Tage 74,30
Snowboard
1Tag 28,60 3Tage 78,60
5Tage 121,40 7Tage 141,40

Sport Patscheider, direkt bei der Kirche.
Erwachsene Ski
1Tag 21,40 3Tage 58,60
5Tage 95,70 7Tage 112,80
Jugendliche bis 14 Jahre
1Tag 15,70 3Tage 42,80
5Tage 65,70 7Tage 75,70
Kinder bis 6 Jahre
1Tag 10,– 3Tage 25,–
5Tage 37,10 7Tage 42,80
Schuhe
1Tag 12,80 3Tage 37,10
5Tage 60,– 7Tage 70,–

SKIBUS

gibt es keinen, da der Ort klein und kompakt und die Liftstation von praktisch allen Häusern zu Fuß erreichbar ist.
Skibus Fiss → Serfaus, 9:15-16:30 Uhr, 6 x tägl. und zurück. Oder Taxi nehmen, ca. 20 DM.

SKISCHULE

nur eine Skischule. Büro direkt bei Gondelstation. *Kurszeiten* für Erwachsene 10-12 u. 14-16 Uhr, Kinder 9:45-12 u. 13:45-16 Uhr. Für Kids und Erw. gleiche Preise. *Gruppenunterricht:* 1Tag 64,30 3Tage 164,30, 6Tage 214,30 *Privatunterricht:* 1Tag 264,30, für 2 Pers. 293,– **Privatunterricht am Freitag günstiger,** kostet 50 DM weniger als am Sonntag oder Montag. *Snowboarden:* 1 Tag 85,80 3Tage 200,–

Ort **Fiss**

KINDER

Gästekindergarten nimmt Kids ab 2 Jahre. Kostet ohne Skischule 1Tag 50,– 3Tage 121,50 Mittagessen und Betreuung zusätzlich 14,30.

Skikindergarten ab 3 Jahre. Bei Talstation ein *7000-m²-Kinder-Areal*, zwei Förderbänder, Babylift, Slalomkurs, Hütte, Rutsche, Karussell. Im Ort hinter dem Kulturhaus ein Spielplatz mit Klettergerüst, Rutsche, Schaukel und Auslauf. Am Weg von TI Richtung Gondel nochmals ein Spielplatz.

Bambini-Kurs bis 4 Jahre. Kostet: 1Tag 42,90 3Tage 107,10 Kinderkurs: 1Tag 74,30 3Tage 171,40 Für Mittagessen + 14,30.

Abb.: Hochplateau von Fiss. Blick über das Oberinntal hinweg zum Inntal

SERVICE & HILFE
++43/5476-...

Geld: Raika im Ortszentrum. Mo-Fr 8:30-12 Uhr, Sa 9-12 u. 15:30-17 Uhr. daneben **Bankomat** und **Changeomat Post:** im Ortszentrum gegenüber TI, Mo-Fr 8-12 u. 14-18 Uhr, Geld bis 17 Uhr **Arzt:** der nächste in Serfaus, Dr. Schalber, Mo-Fr 8-11 u. 17-19 Uhr, Di nachm. keine Ordination. Tel. –6544 **Zahnarzt:** der nächste unten in Ried, Mo, Di, Do, Fr 8-12 u. 14-17:30 Uhr, Tel. 05472-6557 **Tierarzt:** der nächste in Ried, Lindenplatz 163, Tel. 05472-6416 **Gendarmerie:** die nächste unten in Ried, Tel. 05472-2228 **Apotheke:** die nächste in Landeck, Malser Straße 18. Mo-Fr 8-12:30 u. 14:30-18 Uhr, Sa 8-12 Uhr oder näher: Hausapotheke von Dr. Schalber in Serfaus, siehe Arzt **Bergrettung:** Tel. –6594 **Optiker:** der nächste in Landeck, Malser Straße 51 **Taxi:** Fiss-Serfaus 21,50 → bis Landeck Bahnhof 93,– → bis Flughafen Innsbruck 229,– **Tanken:** nächste Tankstelle unten im Tal im Ort Prutz

Langlaufen

Insgesamt 62 km Loipen. Davon 38 km schwarz, 22 km rot und 2 km blau. Bis auf die Loipen, die oben im Skigebiet ab dem Frühjahr gespurt sind, beginnen sie alle im Tal am Ortsrand von Fiss, bei den letzten Häusern Richtung Ladis. Schwierig sind sie alle, je nachdem welche Spur man nimmt, sind sie zwischen 3 und 26 km lang.

Berg- & Talfahrt:
beide Gondelsektionen
Erw. 20,80 Kids 12,20
Senioren 16,50
bis Mittelstation
Erw. 13,60 Kids 7,90 Senioren 10,80
bis Mittelstation rote 4er-Gondel
Erw. 10,80 Kinder 5,80
Senioren 8,60
Am Rodelabend haben Skipässe keine Gültigkeit.

Rodelverleih:
an Talstation im Sportgeschäft, tägl. 8:30-18 Uhr. Pro Rodel 8,60. Kann sie am nächsten Tag bis 10 Uhr zurückbringen.

Wanderloipe Fisser-Alm, (L 6), hin/zurück 26 km. Von Fiss bis Schöngamp-Alm, einer Hütte am Ende des Skigebiets. Ganztägig geöffnet. Zuerst hinauf auf den nördlich von Fiss gelegenen Hügel über Wiesen zum Waldrand. Bis dorthin einige ordentliche Steilstücke. Trefflicher Blick über das Oberinntal und hinein ins Kaunertal. Dann den bewaldeten Abhang des Schönjochs entlang. Zuletzt stetig bergan zur Schöngamp-Alm. Eine kräfteraubende Tour. In der Hütte war ein Langläufer. Er sagte über die Loipe: „Als Marathonläufer brauche ich für die Strecke 2,5 Stunden. Zurück geht's etwas leichter, denn da geht's stetig bergab."

Schönjöchl-Loipe, (L 11), ganz oben am Schönjoch. Erreichbar mit roter 4er-Gondel. Eine 2 km Schleife oben am Gipfelgrat. Wird erst ab Frühjahr gespurt, wenn sich auch oben der Winter zurückzieht.

Steinegg-Loipe, (L 10), eine 2 km Spur von der Mittelstation der roten 4er-Gondel. Hin/zurück der selbe Weg. Erlebnisfaktor: Das war zu schaffen.

Ort **Fiss**

RODELN & WANDERN
10 km Bahn von Mittelstation blaue 6er-Gondel Möseralm. Zurück zur Talstation. Anfangs sehr flach, bei Neuschnee antauchen. Bald nach dem Start an der Kuhalm vorbei. Da kehren viele ein. Zur Kuhalm gibt es einen Abkürzungsweg. Er ist gesperrt, weil rechts am Rand ein Stacheldrahtzaun und Hüttenwirtin Helga fürchtet, jemand könnte sich weh tun. Nach der Kuhalm wird sie steiler, wo es über die Wiesen zum Gondelparkplatz geht.

Kuhalm, die vorderste Stube darf als Schankstube bezeichnet werden, da sitzen auch die Hüttenwirtsleute. Aber sie haben nichts dagegen, daß man auch da ist. Die mittlere Stube gilt als „Jagdstube". Ausgestopfter Auerhahn, Jagdbild mit heiligem weißem Hirsch. Ein kräftiges Motiv, wenn auch fabelhaft. Die hinterste Stube ist die „Heiligenstube". Kruzifix und Marienbild, ein Kachelofen. Blendende Sonnenlage, im Dez. ab 9:30 Uhr bis Untergang.

Essen: Gulaschsuppe 6,90 Knödelsuppe 5,80 Schmalzbrot 3,60 Spaghetti 10,– Bratwurst, Pommes 11,50 Fleischkäse, Rösti, Ei 11,50 Wiener-Schnitzel, Pommes 16,50 Kaiserschmarren 12,90 Apfelstrudel 6,90
Trinken: Cola 3,20 Bier 4,80 Weizen 5,80 Wein 6,20 Glühwein/Jagatee 5,80 Wodka-Feige 4,30 Obstler 2,60 Cappuccino 4,– Schoko 4,30

Abb.: Altes Brauchtum in Fiss. Das „Blochziehen". Ist ein religiöses Fruchtbarkeitsfest. Maskenmenschen ziehen einen Baumstamm durch das Dorf. Dieser Bloch ist Symbol der Zeugung. Das Fest wurde in Urzeiten immer dann abgehalten, wenn zuwenige Mädchen heiratswillig waren. Heutzutage alle 4 Jahre im Januar. Das nächste Mal 2002.

AKTIVITÄTEN

Neben dem klassischen Wintersport und seiner Randvergnügen in Fiss nicht viel zu holen.
Eis: Eislaufplatz neben Kulturhaus, dort auch Eisstockschießen und Getränke. **Tennis:** Halle hat Hotel *Schalber* an der Dorfbahnstraße in Serfaus. **Squash:** in Hotels *Schalber* und *Cervosa*, Serfaus. **Kegeln:** die nächste Bahn in Serfaus, Hotel *Cervosa*, 9-23 Uhr; anmelden: 05476/6211.

RELAXEN

Relaxen in Fiss nur für Leute im teuren Hotel. Kein öffentliches Angebot. Ins **Hallenbad** des Hotels *Pezid* in Serfaus dürfen auch Hausfremde, sofern Platz ist. Geöffnet 9-19 Uhr. Der nächste Ort mit Freizeitanlage ist Feichten im Kaunertal, Mo-So 14-22 Uhr. **Sauna:** die von Hotel Fisser Hof, Gasthof Cores und Pension Sonnenheim dürfen auch Fremde nutzen.

NACHTSKILAUF
jeden Mittwoch zw. 19:30 u. 20:30 Uhr fährt die blaue 6er-Gondel Möseralm. Extra Ticket, die Hütte oben hat offen.

Abb.: Die spätgotische Pfarrkirche im Zentrum. Barokisiert frühes 18. Jh.

Ort **Fiss**

Gastronomie

Wirtshaus zum weißen Lamm, Küche 11:30-14 u. 17:30-21 Uhr. Ältester Gasthof von Fiss, im Jahre 1664 als „Gosthus" urkundlich erwähnt. Nimmt **Visa, Master.** War damals wohl Treffpunkt der erzabbauenden Knappen. Wirt-Großvater Hans Illmer war Architekt und gab der Gaststube in den 30er Jahren das Aussehen. Die „Illmerstube" ist ein Wallfahrtsort für Freunde der deutschen 30er Jahre Innenarchitektur. Kantige, gedrungene Sessel in klassischem Braun. Ein Gemälde zeigt zwei Adonis bei der Saat. Der eine nackt, der andere bekleidet. Keine Servierkraft der Welt würde in diese Stube besser passen als Frau Elfi. Eine stählerne Dame, kantig und hantig läuft sie durch. Kurzes dunkles Haar, wie ein deutscher Jagdhund. Die anderen Galerieräume können mit der Illmerstube nicht mit. Hinten eine Bar mit volkstümlicher Musik.

Essen: Rinderbouillon mit 2 Tiroler Knödel 6,50 Salat, gebr. Schweinsmedaillons, Schafkäse 16,50 Bauernjause, Speck, Kaminwurze, Käse, Bauernbrot, Schnaps 17,90 geröstete Knödel/Tiroler Gröstl/Kasspatzln/Spaghetti/Haussulze je 12,20 Nudeln in Pilzrahmsauce für Vegetarier 13,60 Wiener-Schnitzel, Pommes 13,60/19,30 Schweinsrückensteak 21,50 Apfelstrudel, Vanillesauce 4,90
Trinken: Cola 2,80 Bier 4,50 Weizen 5,60 Wein 5,50 Glühwein 4,30 Jagatee 5,60 Willi 4,– Brauner kl. 2,30 gr. 3,80 Schoko 3,20
Wo: im Dorfzentrum neben der TI

Restaurant-Café Toalstock, Küche 11:30-14 u. 17-21:30 Uhr. Montag Ruhetag. Gut einsehbarer Gastraum, müssen selbst Klotzer nicht klotzen. Bar und alle Tische waren voll. Das müßte ja nicht sein, spricht für den Laden. Lautes Gemurmel, die Gäste fühlen sich offensichtlich wohl. Auf das Gemüt schlagen obendrein bunte Sessel. Rosa Tischdecken vor allem, sie bringen niemanden zum Schweigen. Am Blumenschmuck zupfen alle rum, und die Kerzen sind abgedrückt von zarten Händen. Ein bißchen muß man schon warten, bis serviert wird.

Essen: Knoblauchsuppe 6,50 Kalbsrückensteak 27,90 25,20 Zwiebelrostbraten 23,90 Rehkeulen-Medaillons, Rotkraut, Eierspätzle 26,30 Kaiserschmarren 10,80 Apfelstrudel, Vanillesauce 7,–
Trinken: Cola 2,90 Bier 5,50 Weizen/Wein 6,– Glühwein/Jagatee 5,80 Wodka-Feige 4,– Obstler 2,90 Café kl. 3,20 gr. 5,80 Schoko 4,– Tee 2,60
Wo: im Zentrum an TI vorbei (liegt rechts) und beim Brunnen links die Str. hinauf

Restaurant Alt Fiss, Küche 11:30-14 u. 17:30-21:30 Uhr. Bäuerlich, geheuerlich. Viel Vegetarisches. Dinkel und Gemüse. Fleischgerichte gehen besser, und dann doppelter Schnaps. Die Leute sitzen bis zur Neige. Große Stube, von mehreren Bogen unterteilt. Dort ein offener Kamin, da ein Bauernofen mit Kuppel. Hinter dem offenen Kamin versteckt die Tische für Nichtraucher. Asketen sollen den Blick nicht trüben. Bäuerliche Holzsessel mit dicken Beinen, man will sie ohnehin nicht heiraten. Ohne Sitzpolster, aber anschmiegsame Lehnen, die den Rücken bis zur halben Höhe umschließen. Über den Tischen Laternen, manchmal im Kleid der Kuhglocke.

Essen: Tomatencremesuppe, Basilikumnockerl 6,50 Wintersalate mit Fischvariation 17,90 Schweinsrückensteak, Bratkartoffel 20,80 Spinatspätzle, Schinken 12,90 Spaghetti 7,90/11,50 Gemüsebandnudeln aus Dinkelmehl 15,– Getreidelaibchen, Wintergemüse 19,30 Hirschmedaillons, Pilzrahmsauce 31,50 Variation aus Edelfischen, Dinkelnudeln 26,50
Trinken: Cola 2,90 Bier 4,60 Weizen 5,50 Wein 6,60 (13 seitige Weinkarte) Glühwein/Jagatee 6,50 Schnaps 3,60 Cappuccino 3,80
Wo: Zentrum, Hotel Chesa Monte

Oberinntal

Essen: Tagessuppe 4,60 ungarischer Gulaschtopf 7,90 Salat, Käse- und Schinkenstreifen 11,20 Schinkenspätzle in Österzolarahm 13,60 Käsespätzle 13,20 Spaghetti 13,20 Wiener-Schnitzel, Pommes 18,30 Pizzas 15 versch. 12,20-17,90 Apfelstrudel 3,50
Trinken: Cola 0,35 l 3,50 Bier 4,30 Weizen 5,20 Wein 6,– Brauner kl. 3,50 gr. 4,– Schoko 4,–
Wo: im großen Kulturhaus. An der Kirche vorbei, den Hang entlang bis das Kulturhaus kommt. Gegenrichtung zur Gondel

Kulturstüberl, geöffnet 16-01 Uhr, Küche 18-22 Uhr, Pizza bis 24 Uhr. Ja, so ist sie eben die Kultur. Glatt, bistroartig modern und hellbraun. Gut geeignet zum kultivierten Snack, ein romantischer Abend wird es sicher nicht. Die Bar zieht sich durch, kleine Bildchen von Gustav Klimt, auch schon tot. Von der lustvollen Tiroler Schwere nicht wahrzunehmen. Neben den Holztischen und Sessel helfen Plastikgartenmöbel mit blumenbunten Polstern aus. Sitzt bequem. Gäste und Einheimische durchaus zufrieden, und preislich gehört es zu den günstigen Alternativen in Fiss. Sonnenterrasse ab Ende Feb. 13-16 Uhr.

Essen: Bouillon 5,– Tomatensuppe 6,– gebr. Maiskolben 5,– Spaghetti 12,80 Ravioli 13,60 Salatplatte, Schinken 15,– Wiener-Schnitzel 18,50 Grillteller 25,– Wildhasenfilet 32,80 St.-Peters-Fisch „Pariser Art" 21,20 Pizzas 22 versch. 11,30-18,90
Trinken: Cola 0,3 l 3,50 Bier/Weizen 6,– Wein 5,80 Glühwein/Jagatee 5,50 Obstler 2,80 Willi/Wodka-Feige 4,60 Cappuccino 4,– Schoko 3,80 Tee 2,80
Wo: am Weg zur Gondel

Pizzeria Paletti, geöffnet 11:30-22 Uhr. Vor 21 Uhr meistens recht gut besucht. Warum weiß eigentlich niemand, vielleicht, weil man so gut hineinsieht durch die Bogenfenster. Sehen und gesehen werden obendrein. Du heraus und ich hinein. Viele bummeln daran vorbei, wenn sie die Dorfrunde tun. Manchmal warten Leute sogar an der Bar auf einen Tisch, daß er endlich frei würde. Nach 22 Uhr ist leicht einer zu haben. U-förmige Tische mit rundumlaufenden Bänken, grünsamtgepolstert, echt knallig rosa Wäsche, sie prägen das Lokal.

Essen: Tiroler Zwiebelsuppe mit Bergkäse gratiniert 6,– Spaghetti 11,90 Folienkartoffel 2 Stk., Salatgarnitur 8,50 Bauernspeckbrett 12,60 Wiener-Schnitzel, Pommes 18,60 Bauernkotelett 20,80 Zwiebelrostbraten 23,60 Cordonbleu 20,80 Grillteller 22,20 hausgem. Schlutzkrapfen (Spezialität) 15,– Tir. Gröstl 14,60 Kaiserschmarren 13,30 Bratapfel, Zimteis 9,30 Kuchen, Strudel 3,90
Trinken: Cola 3,60 Bier 5,– Weizen 5,80 Wein 5,50 Glühwein/Jagatee 5,80 Obstler 2,90 Willi-Birne/ Wodka-Feige 4,60 Remy Martin 2 cl. 7,20 Johnny Red 4 cl. 7,90 Cappuccino 3,90 Tee 2,90 + Rum 4,60
Wo: am Weg vom Dorf zum Lift

Café-Restaurant Dorfalm, Küche 11:30-14 Uhr, 17:30-21:30. Außen Neubau frei von lästigen Gedanken an Geschmack, innen altes Stadlholz auf 2 Etagen. Da soll man sich in alten Zeiten glauben, als das Feuer noch ehrlich loderte. Aus dicken Schwellen die Holztreppe. Oben neben den Plätzen auch 'ne Bar. Die Wände sind gewölbeartig gemauert, der Plafond stellt ein Schindeldach dar. Fehlt nur noch eine Kuh am Nebentisch oder ein Ochs. Die Sessellehnen haben Löcher vom Holzwurm, sehr gepflegt. Eindeutig Tiroler Disney. Erfüllt sein Schauspiel mit Bravour. Und an uns ist ja auch nicht alles echt. Gute Sonnenterrasse, im Jan. schon von 10-16:30 Uhr die wärmenden Strahlen.

Ort **Fiss**

Café Leo, 10-19 Uhr, ein reines Café, besonders erfolgreich an Sonnentagen. Schon im Dez. 10-15 im Schein. Tiroler Tageszeitung liegt auf und Leserzirkel mit Stern, Neue Post etc. Draußen Plastikmöbel, Blick ins Nachbarhaus oder auf die verschneiten Wiesen. Innen wie ein klassisches Tiroler Kaffeehaus, geschmacklos, lila Sesselpolsterung.

Essen: Würstel 5,80 Toast Hawaii 7,90 Gulaschsuppe 5,80 Apfelstrudel 3,80
Trinken: Cola 2,90 Bier 4,90 Weizen 5,60 Wein 5,50 Glühwein/Jagatee 5,80 Willi/Wodka-Feige 4,– Brauner kl. 3 gr. 5,80 Cappuccino 4,– Schoko 3,90
Wo: an der Straße zum Lift, kurz unterhalb der Station

APRÈS-SKI & TREFFPUNKTE

Hackl's Keller, 15-02 Uhr. Einer der Après-Treffs von Fiss, bis ca. 20 Uhr. Dunkles Lokal, viel Holz. Gedrängt auf der einen Seite die Bar, auf der anderen Wandtische mit Hockern. Ganz hinten Raum aus schwarzen Steinen. Man steht mitten im alten Dorfgefängnis, das im 15. Jh. errichtet wurde. Oben ein kleines Fenster mit Gitterstäben. Was Grausames muß in diese Steine gedrungen sein. Mit ihren Fingernägeln werden die Häftlinge an den Steinen gekratzt, haben vor Hunger, Gestank, Ungeziefer, Schmerzens- und Todeskampf. Heute ist 'ne kleine gemütliche Bar drin, einige Holztische und fröhliche Urlauber. Musikalisch auf deutsche Musik gesetzt und was Ohren so gefällt.

Essen: Baguette/Toast 5,80
Trinken: Cola 3,20 Bier 0,3 l 4,30 Weizen 0,3 l 4,60 Wein 6,– Wodka 3,60 Willi 4,30 Whisky 4 cl. 8,60 Brauner kl. 3,60 Cappuccino 4,– Schoko 3,60 Tee 2,90 + Rum 5,80
Wo: an der Str. von Gondel ins Dorf

Abb.: Fiss. Kommen die Wintersportler, erstrahlt das Dorf.

Oberinntal

Essen: Backerbsensuppe 4,30 Gulaschsuppe 6,90 Spaghetti 11,50 Salatschüssel 8,60 Pizzas 23 versch. 10,80-18,60 Pommes 6,– Apfelstrudel 5,50 Tiramisu 6,50
Trinken: Cola 3,60 Bier 0,3 l 5,30 Weizen 5,80 Wein 6,90 Glühwein/Jagatee 6,90 Wodka-Feige/Willi 5,80 Tequila 6,50 Brauner kl. 3,50 gr. 6,– Cappuccino 4,30 Tee 3,30
Wo: in der obersten Häuserreihe. Im Ortszentrum links am Fisser Hof vorbei und dann rechts.

Charlys Pub, geöffnet 16-01 Uhr. Blauer Neonschriftzug leuchtet den Weg, den man sich gut überlegen soll. Nach langem Anmarsch ein ruhiges Pub. Es kann sein, daß man alleine ist. Voll nur, wenn es mehrere Menschen gefunden haben. Zum Après-Ski muß man nicht extra vorbeikommen. Vorteil: Besoffene schaffen den Weg nicht rauf, die aber gibt es in Fiss ohnehin kaum. Zu gediegen für maßlose Leute. Ausnahmen bestätigen die Regel. Eingerichtet mit kirschgebeizter Buche, Lederbänke um runde Tische, manche Wand auch weiß. Da drängt sich gesittetes Benehmen förmlich auf.

Essen: Nudelsuppe 5,50 Gerstlsuppe 6,– Hamburger 5,80 Cheesburger 6,50 gekochte Erdäpfel, Butter, Käse, Pustasauce 8,60 Huftsteak (180 gr.) 18,60. Bis 02 Uhr früh Baguette 5,80
Trinken: Cola 3,20 Bier 0,3 l 4,80 Weizen/Wein 6,– Glühwein/Jagatee 6,30 Obstler 3,20 Willi/Wodka-Feige 5,– Campari-Orange 7,90 Canadian Club 10,– Frizzante Piccolo 9,30 Cappuccino 4,30 Schoko 4,30
Wo: unterhalb Kulturhaus

Aster'x, geöffnet 16:30-03 Uhr. Essen - 22 Uhr. Am Eingang ein Asterix, so darf das Lokal nicht heißen, weil der Name des kleinen Galliers patentrechtlich geschützt ist. Also eine kleine gewitzte Verstümmelung. Hier sitzen auf den Plüschbänken des Nachts auch die Damen vom Tourist-Info-Servicepult. Um die Barsäule rankt sich künstlicher Efeu, ein Stück wagt er sich auch ins Lokal. Flanieren ließe sich darunter allerdings nicht. Billardtisch, Darts- und Videoautomat. Vor der Bar eine Tanzfläche, die kaum wer tanzt. Musik modern, etwas jünger, etwas härter.

Essen: Toast 6,90 Crostini Salami 6,–
Trinken: Cola 3,30 Bier 0,3 l 5,20 Becks 5,– Weizen 6,50 Wein 6,– Glühwein/Jagatee 5,80 heißer Amaretto 4,60 Wodka-Feige 3,60 Willi 4,30 Obstler 3,60 Hennessy 2 cl. 7,20 Cappuccino 3,80 Schoko 4,30 Tee 3,20 + Rum 6,–
Wo: von TI Richtung Post, dann nach ca. 50 m links.

Marend, geöffnet 15-01 Uhr. Imbißstadl-Atmosphäre, trotzdem bei Après-Ski die angebliche Hölle los. Laut, daß sich die Balken biegen sollen. Dafür ist's am Abend ruhig, weil in den Obergeschossen Gäste dormieren. 2000 Watt hat die Boxenanlage, sagt der Wirt. Dazu eine passende Lichtanlage, meint er. Plötzlich wird es ganz dunkel, und blaues Licht blitzt durch den Raum; Gewitter nennt sich das Spektakel. Dann das Schneegestöber. Eine Maschine sprüht weißen Schaum in die Menge. Die Holztische werden zur Tanzfläche, egal ob gerade Gaudimusik oder Rave angeschlagen wird. Die Beine fressen alles. Bis 21 Uhr dauert der Weltuntergang. Wir haben ihn so nicht erlebt.

Schneetelefon: ++43/5476-6003

Serfaus 1427 m

Der außergewöhnlichste Wintersportort Österreichs. Hat eine U-Bahn. Die bringt die Gäste zum Lift. Am Ortsanfang ein Schranken, Auto fahren verboten, nur Hotelzufahrt erlaubt, sonst alles Fußgängerzone. Eine Art goldener Wintersportkäfig. Dementsprechend prominent, exklusiv und teuer. Gastronomie, Après-Ski, Nachtleben, nichts zu meckern. Wer sich treffen will, trifft sich, wer sich nicht sehen möchte, sieht sich trotzdem.

930 Einwohner
5000 Betten

Nett zum Spazieren, Flanieren, Gustieren. Im Ortszentrum neben den vielen neuen riesenhaften Hotelbauten noch alte Holzstadl und sogar Bauernhöfe, die ihren Kuhmisthaufen Richtung Hauptstraße haben. Durch Fenster sieht man in den Stall. Serfaus konzentriert sich vor allem auf wohlhabende Leute und Familien mit Kindern.

i TOURIST-INFO

geöffnet: Mo-Fr 8-12 u. 13-18 Uhr. Sa 8-12 u. 13-17 Uhr. So 10-12 Uhr. Im Zentrum an der unteren Dorfstraße in einem alten Häuschen.
A-6534 Serfaus
Tel. ++43/5476-6239-0 Fax –6813
http://www.tiscover.com/serfaus
E-mail: info@serfaus.tirol.at

Oberinntal

Orientierung

Die Anfahrtsstraße endet an einem Schranken. Der öffnet sich nur für Gäste, die Hotel und Parkplatz haben. Muß das Auto aber dann die ganze Woche stehen lassen. Vor dem Dorf große **Parkgarage** für Dorfgäste und eine freie Parkfläche für Tagesgäste; rechts hinunter fahren. Vom Parkplatz mit dem Aufzug hoch, dann zur U-Bahn gehen. Oben beim Ausstieg des Parkplatzliftes das kleine Parkcafé, am Weg zur U-Bahn **WC-Anlagen**. Im Dorf selbst nur zu Fuß. Es gibt eine Hauptstraße, die an der Gondelstation endet und zwei Seitenarme. Der untere ist der nettere. Shops, Banken etc. Der obere Seitenarm führt zu Hotels und Pension.

Abb.: Zentrum Serfaus. Im alten Häuschen, Bildmitte, Büro der Tourist-Info

U-Bahn: fährt vom großen Parkplatz vor dem Ort in vier Stationen bis zur Gondel. Am Eingang Drehkreuz, zählt die Passagiere und läßt niemanden weiter, wenn der Perron voll ist. Eine Uhr zeigt die Wartezeit an. Am Bahnsteig 6 silberne Türen, die öffnen, sobald die Bahn da ist. *Vier Stationen: P – für Parkplatz, K – für Kirche, R – für Raika und S – für Gondelstation.* Im vordersten Waggon sieht man durch das Frontfenster in den Tunnel. Die U-Bahn hat keinen Fahrer, wird von einem Seil gezogen. Lautsprecher reden wie in einer großen U-Bahn: „Nächste Station Raika, bitte achten Sie auf die grüne Ausstiegsanzeige."

Parkcafé, geöffnet 8-18 Uhr. Runde Kaffeetische, Bambusmöbel, eine kleine Bar, heller hoher Raum. Drei große Palmenbuschen, Kunstefeu rankt durchs ganze Lokal. Draußen Plastiktische. *Sonne* ab Ende Feb. 11 bis 17 Uhr. Neben dem Café kleiner Raum mit elektronischer Informationswand.

Ort **Serfaus**

Kaunertal-Gletscher, vom Oberen Inntal sind es 48 km. Die Straße hat viele Lawinenverbauungen, dennoch sind viele Abschnitte nicht gesichert. Wer nicht muß, fährt im Winter nicht gerne hinein. Es gibt aber auch Leute, die fahren täglich. Lieferanten z. B.

SKIBUS

Gibt's in Serfaus keinen, da ohnehin niemand raus will und man von seinem Quartier durchschnittlich 3 Min. zu einer der U-Bahn-Stationen geht.
Skibus Serfaus → Fiss, ca. 9:15-16:30 Uhr, 6 x tägl. und zurück. Oder Taxi nehmen, ca. 20 DM.

SKISCHULE

1) Büro im Dorf bei Kirche 2) Büro bei Talstation 6er-Gondel Komperdell 3) Büro bei Bergstation 6er-Gondel Komperdell. Kurszeiten: tägl. 10:30-12:30 u. 13:45-15:45 Uhr. *Gruppenkurs:* 1Tag 74,30 3Tage 168,60 5Tage 207,10 6Tage 221,40, „kleine" Ermäßigungen für Senioren. *Privatkurs:* Unterschiedliche Preise je nach Wochentag. Halbe Tag für 2 Pers. Mo 206,10. Wird bis Sa pro Tag um 14,30 billiger. Jede weitere Pers. zahlt 20.– *Kinderskikurs:* inkl. Betreuung, 1Tag 88,60 3Tage 211,40 5Tage 278,60 6Tage 307,10. *Snowboard:* 1Tag 117,10 3Tage 271,40 5Tage 345,70 6Tage 368,60.

KINDER

Um Kinder ist Serfaus bemüht. Da sind viele andere Skiorte Österreichs hinten. Gibt ein Kinderhotel (Löwen), vor allem aber oben im Skigebiet bei Bergstation 6er-Gondel Komperdell die **„Kinder-Schneealm".**

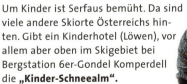

SERVICE & HILFE
++43/5476-...

Geld: *Sparkassa* mit Bankomat für EC und Kreditkarten beim Gasthof Post, an der Dorfbahnstraße. Mo-Fr 8:30-12 u. 14:30-17:30 Uhr. Sa 8:30-12 Uhr. *Volksbank* unterhalb der Kirche, mit Bankomat. Mo-Fr 8:30-12 u. 14:30-17:30 Uhr. Sa 8:30-12 Uhr. *Raika* im Zentrum vis-á-vis vom Hotel Post. Bankomat. Mo-Fr 8:30-12 u. 14:30-17:15 Uhr. Sa 8:30-12 Uhr. **Post:** von der U-Bahn-Station „Kirche" die Herrnangerstr. ein Stück hoch. Mo-Fr 8-12 u. 14-17:30 Uhr. **Arzt:** Dr. Schalber, in der Dorfbahnstraße. Von TI die Untere Dorfstraße hochgehen und oben an der Dorfbahnstraße ein kleines Stück rechts. Mo-Fr 8-11 Uhr u. 17-19 Uhr. Di nachmittag keine Ordination. Tel. -6544 **Zahnarzt:** der nächste unten in Ried. Mo, Di, Do, Fr 8-12 u. 14-17:30 Uhr. Tel. 05472-6557 **Apotheke:** beim Arzt Hausapotheke, sonst nächste in Landeck. Malser Straße 18. Mo-Fr 8-12:30 u. 14:30-18 Uhr. Sa 8-12 Uhr. **Tierarzt:** der nächste in Ried, Lindenplatz 163, Tel. 05472-6416 **Optiker:** nächster in Landeck. Malser Str. 51. **Gendarmerie:** nächste unten in Ried, Tel. 05472-2228 **Bergrettung:** Tel. –140 **Taxi:** Tel. –6238 od. –6250. **Tanken:** nächste in Prutz, hinunter ins Inntal und ein Stück Richtung Landeck.

Gästekindergarten, Mo-Sa 9-16:30 Uhr. Für Kinder unter 3 Jahre. 1Tag ohne Mittagessen 24,30 mit Mittagessen 28,60 **Eigene Kindertageskarte für die Kinder-Alm** mit Benutzung der Gondel, sonst keinen großen Lift: 1Tag 25,80 3Tage 65,80

SKIVERLEIH

Entweder in einem der Sportgeschäfte im Ort oder bequemerweise direkt bei der Gondelstation. Preise an der Talstation sind im Österreichvergleich moderat:

Erwachsene:
A-Klasse Ski 1Tag 35,80
B-Klasse Ski 1Tag 21,50
Snowboard „A" 1Tag 41,50 „B" 1Tag 28,60 *Schuhe* 1Tag 12,90

Jugendliche bis 14 Jahre:
Ski 1Tag 15,80 *Board* 1Tag 21,50
Schuhe 1Tag 10,–

Kinder bis 6 Jahre:
Ski 1Tag 10,– *Schuhe* 1Tag 5,80.

Langlaufticket
6er-Gondel Komperdell: Erw. 1Tag 28,60 3Tage in 6Tagen 79,30 Kinder 1Tag 17,90 3Tage in 6Tagen 47,20 Senioren 1Tag 24,30 3Tage in 6Tagen 67,20

Eingezäuntes Gelände, dürfen nur Kinder bis 10 Jahre rein. Hauptsächlich die Kinderskigruppen der Skischule drin. Aber für jeden kostenlos zugänglich. Mehrer Babylifte, und alle möglichen spielerischen Hilfen, das Skifahren zu erlernen. Slalomstangen, Wellenstrecke, Karussell, Kinder-Schneebar, Iglu, Schaukel, Rutsche etc.

LANGLAUFEN

60 km Loipen, 20 km schwarz, 20 km rot, 20 km blau, sehr gerecht aufgeteilt. Oben im Skigebiet mehrere Loipen. Sie kommen auch an der Rodel-Hütte vorbei (siehe Rodeln Seite 199).

Komperdell-Höhenloipe, beginnt bei Bergstation 6er-Gondel Komperdell. Drei verschiedene Runden.

Loipe IV, rot, 3 km. Mehrere Schleifen im Kessel unterhalb Bergstation Komperdell, dort wo auch alle Skifahrer hinmüssen und viele Hütten sind.

Loipe V, rot, 13 km. Im Wald um den Alpkopf-Gipfel herum, dann einen Hang hinunter und durch den Wald wieder zurück. Strenge Abfahrten. Zurück mit dem 4er-Sessel Gampen hoch zur Gondelbergstation. Nach dieser Runde schläft man nachts fest.

Loipe VI, schwarz, 9 km. Lange Zeit ident mit Loipe V, dann allerdings schleppt sie sich steil durch den Wald hinauf.

Ort **Serfaus**

Loipen im Tal, drei Varianten zu 1, zu 3 und zu 6 km. Beginnen am tieferliegenden Ortsrand, erkunden das Plateau von Serfaus. Schwierigkeitsgrad blau bis rot. Hier einlaufen, ehe man sich oben umbringt. Die Loipe III hat Anschluß nach Fiss, dort nochmals 60 km.

RODELN & WANDERN

Bahn beginnt oben bei Bergstation 6er-Gondel Komperdell, bis ins Tal ca. 3 km. Zuerst von Bergstation Richtung Kinder-Areal, daran vorbei, die Rodel ein Stück ziehen. Wellige Bahn, teilweise steile Passagen. Kommt an *Rodelhütte* vorbei, die wird auch von Skifahrern angefahren. Wer abends hinkommen möchte, muß vorbestellen.

Rodelhütte, schlichtes weißes Haus, mit Hütte nicht im entferntesten verwandt. Sieht nicht einladend aus. Hübscher die kleine Hütte ein Stück weiter, das ist leider eine Wetterstation und Ferienhaus für Mitarbeiter der Tiroler Elektrizitätsgesellschaft. Wir müssen uns also mit der Rodelhütte begnügen. Innen an der Bar Adler, der Kitz gerissen hat. Billiger Klinkerboden, über die roten Tischtücher transparentes Plastik gelegt. An der Rodelhütte kommt auch die Loipe vorbei, man trifft Langläufer, Skifahrer sind auch da.

AKTIVITÄTEN

Neben Skifahren, Rodeln, Langlaufen, Spazieren- und Ausgehen läuft in Serfaus nicht viel. **Tennis,** eine Halle im Hotel Schalber, 8-24 Uhr. **Kegeln:** im Hotel Cervosa.

Heimatbühne Serfaus, spielt im Winter einmal die Woche. Programm bei Tourist-Info holen. Es sind 3-Akter der lustigen Sorte. Irrungen und Verwirrungen im bäuerlichen Milieu. Es spielt eine Laiengruppe.

RELAXEN

So toll und teuer der Ort, neben Skifahren und der U-Bahn bietet er seinen Gästen wenig. Wer ein **Hallenbad** möchte, muß zufrieden sein mit dem im Apartmenthaus „Pezid". Mo-So 9-20 Uhr. Tel. –6284
Sauna, im Hotel Post, vorher anmelden. Tel. –6261.

Abb.: die alte Gondel fährt nur noch für die Kinder.

Essen: Knödelsuppe 5,– Gulaschsuppe 6,50 Krautspätzle 13,60 Spaghetti 13,60 Wildplatte 30,– Hirsch- od. Rehschulter 24,30 Kaiserschmarren 12,90 Germknödel 8,60 Apfelstrudel 6,50
Trinken: Cola 3,60 Bier 5,50 Weizen 6,– Wein 5,80 Glühwein/Jagatee 6,50 Wodka-Feige/Willi 4,30 Kaffee 3,80 Schoko 5,–
Liegestühle gratis, wenn man vom Haus wegschaut, liegt man in einer Waldoase. Reizend. Vorbestellung

Nachtrodeln, Tel. 0663/965 06 12

Tennis: Mo-Fr 8-23 Uhr, Sa, So, Feiertag 9-20 Uhr. Bis 16 Uhr 40,– pro Stunde, dann 43,– Ausleihen Schuhe/Schläger je 4,30

Oberinntal

Gastronomie

Restaurant Alt Serfaus, Küche 11:30-14 u. 18-21:30 Uhr. Muß sich einen sehr schönen Abend machen wollen, und der soll auch etwas kosten dürfen. Sonst wird man in dieser künstlichen Welt nicht glücklich. Obwohl nach den Spielregeln gehobener Gastronomie kassiert wird, sind die Servietten aus Papier. Wenigstens die Tischnelken echt. Ein großes Restaurant auf mehreren Ebenen; so strukturiert, daß das Wohlgefühl nicht verloren geht. Viel altes Holz, ein Hauch von Stadl, Platz auch für Gruppen in Dutzendgröße.

Essen: Backerbsensuppe 5,80 Gulaschsuppe 7,20 angeräucherte Flugentenbrust auf marinierten Vogerlsalat 17,50 Hirschschinken 16,90 Kalbsschnitzel 22,90 Wiener-Schnitzel 20,- Steak vom Tiroler Jungrind 33,60 Weidelammrückenfilet 30,- Hase 28,30 Hirschrücken 35,- Wildschwein 31,20
Trinken: Cola 3,20 Bier 5,50 Weizen 5,80 Wein 6,30 Willi/Wodka-Feige 4,30 Brauner 3,20/6,30 Schoko 4,30
Wo: an der Ortsdurchgangsstraße

Cafeteria-Pub Celentano, geöffnet 16-24 Uhr, Küche bis 23, Sa, So ab 11 Uhr. Eine Pizzeria mit fünf runden Tischen. Jeder auf einer eigenen Ebene, von Holzzäunchen getrennt. Hat ja auch nicht jeder Gast das gleiche Niveau. Ein Ventilator soll die italienische Hitze im winterlichen Serfaus vertreiben. Niedervoltlampen erhellen Raum und Gemüt, eine Palme bemüht sich, das ihre beizutragen.

Essen: Knoblauch-/Tomaten-/Gulaschsuppe 6,50 Spaghetti 12,80 Pizzas 14 versch. 12,20-15,-
Trinken: Cola 0,35 l 3,50 Bier 4,30 Weizen 5,20 Wein 6,- Brauner kl. 3,50 gr. 4,- Cappuccino 4,-
Wo: Dorfbahnstraße Nr. 58, das ist die Hauptstraße durch den Ort

Restaurant-Pizzeria Hotel Post, Essen erst abends. Es sei denn bei Schlechtwetter, da wird die Messingpforte schon zu Mittag geöffnet. Solides, preislich vernünftiges Lokal, sofern es so etwas in Serfaus überhaupt geben kann. Getäfelt mit verschiedenen Holzarten. Rosa Tischwäsche, gut sichtbarer Pizzaofen für Leute, die gerne einen prüfenden Blick darauf werfen. Die Bedienung bleibt uns freundlich in Erinnerung. Sonnenterrasse ab Mitte Feb. 11-15:30 Uhr.

Essen: Tiroler Knödelsuppe 5,50 Spaghetti 10,80/15,- Käserahmspätzle 13,60 Holzfällersteak 21,50 Lammfilet 27,90 Wildentenbrust 27,90 Auf Vorbestellung: Wildrücken 41,50 Apfelstrudel 4,30
Trinken: Cola 3,60 Bier 5,50 Weizen 6,- Wein 7,20 Glühwein/Jagatee 7,20 Willi/ Wodka-Feige 5,- Kaffee 3,80 Cappuccino 4,30 Schoko 5,-
Wo: Hotel Post an der Hauptstraße

Restaurant Sporthotel Astoria, Küche 11:30-14 u. 17:30-21:30 Uhr. Südseitige Terrasse, das beste an warmen Tagen. Schon zu Weihnachten *Sonne* von 9:30-14:30 Uhr. Konventionelle Gaststube, Fensterfront zur Straße, auf den Tischen dicke rote Kerzen. Von der Holzdecke hängen Italo-Lampen, strotzen nicht gerade vor Eleganz. Heimeliger die Jägerstube mit vielen Geweihen, roten Vorhängen und Blick durchs Fenster zu den Gartenbäumen. Rindsuppe mit Einlage 6,20, ein stolzer Preis, wahrscheinlich vom Serfauser Mastjungwiesenweideochsenrind.

Essen: Gulaschsuppe 8,50 Lasagne 13,60 Spaghetti 12,30. Man lese und staune: Straußenfilet vom Grill 33,60 Truthahnschnitzel 18,30 Käsespätzle 15,50 Serfauser Berglammkotelett 24,60 Wiener-Schnitzel 20,50 Torten 5,-
Trinken: Cola 3,30 Bier 5,50 Weizen 5,80 Wein 6,60 Glühwein/Jagatee 6,50 Bauernschnaps 4,30 Willi 5,- Brauner kl. 3,30 gr. 5,80 Cappuccino 4,30 Schoko 4,- Tee 3,30
Wo: an der unteren Dorfstraße

Restaurant Noldi, Küche 11-22 Uhr. **Visa, Master.** Haubenlokal. Im Eingangsgewölbe Tische für 2 u. 4 Personen an der Wand. Bekommt man den Durchzugsverkehr mit. Nicht ideal für ungestört sein wollende Liebende. Im hauptsächlichen Gastraum Dekosäulen, Stuckdecke mit Blümchenmalerei „Art-Simple", blauer Teppich mit orangen Blüten. Kenzo hätte seine Freude. Der zuckerlrosarote Kachelofen mit den Schnapsflaschen würde sein Herz erwärmen. Abgestimmt zum Kachelofen die Tischwäsche. Möbel im Schloßgesindestil, lachsfarben, grüntürkis gestreift. Die würdige Krönung, Kruzifix in der Ecke. Das hätte die Gemahlin des Wiener Baumeisters Lugner nicht besser einrichten können. Sie wissen, das ist die Dame, der O. W. Fischer ans Knie ging.

Essen: Süppchen vom Tafelspitz 6,50 gebundene Fischsuppe mit Ingwer-Hechtnockerl 8,60 Wildrahmgulasch, Pilze, Serviettenknödel 30,– St.-Peters-Fisch, fritierte Gemüsestreifen, Fischkartoffel 31,50 Rückenfilet vom Wildhasen 35,50 Tafelspitzsülzchen 15,– Wallerfilet 34,30 Tafelspitz 26,50 Gamsrücken 41,50
Trinken: Cola 4,30 Bier 0,3 l 4,30 Weizen 6,50 Wein ab 7,20 Schnaps 6,50
Wo: an der Dorfhauptstraße, Eingang unter der Bogengalerie

Dorfschenke, geöffnet 9-02 Uhr, Küche bis 24 Uhr. Gehört zum noblen Noldi. Erkennt man nicht zuletzt an den Wandlampen, wohinein ein „N" für Noldi gelöchert ist. So fein es drüben hergeht, so hemdsärmelig ist es hier. Z. B. stricktes Krawattenverbot. Wer eine um hat, dem wird sie abgeschnitten. Das gute Stück hängt dann hinter der Bar, kann im nächsten Winter wieder betrauert werden. Ein paar normale Tische, sonst hauptsächlich die Bar. Publikum eher nicht jünger, swingt aber ungehemmt. Die Musik hat etwas von Dröhnen, nicht ganz unmodern. Wer laut spricht, kann gehört werden.

Essen: Gulaschsuppe 8,– Schinken- od. Käsespätzle 17,90 Linsentopf, Würstel 13,60 Wiener-Schnitzel 19,30 Filetsteak 31,50 Tagestorte 5,– Kaiserschmarren 17,90
Trinken: Cola 3,60 Bier 5,80 Weizen 5,80 Wein 7,20 Glühwein/Jagatee 6,50 Wodka-Feige/Willi 4,30 Glas Sekt 8,60 Brauner kl. 3,60 gr. 7,20 Cappuccino 4,30 Tee 3,60
Wo: Unter den Arkaden an der Dorfhauptstraße

Restaurant Jenny's Schlössl, Küche 18-21 Uhr. **Visa, Master.** Mit Schlössl hat das Haus nichts zu tun, aber drin ein nobles kleines Restaurant für gepflegtes Dinner. In der Mitte Aperitif- und Digestivbar, grüne Kunstblätter ranken sich durch die Stube. Möbel im venezianischen Stil, von der „Gastgeberin" aus Italien importiert. Das einzige Restaurant, das wir während unserer Reisen kennengelernt haben, wo im Hintergrund *klassische Musik* angeboten wurde. Sicher das eleganteste Lokal von Serfaus. Ein Kleinfamilienbetrieb, die Hausherrin strahlt wie ihre venezianischen Möbel. In Serfaus glaubt jede Würstelbude Preise verrechnen zu können, wie in ein Gourmettempel. Hier paßt das Ambiente.

Essen: Paprika-Kartoffelschaumsuppe 7,90 Wildschweinschinken, Kiwifächer, Graubrot 17,20 Wiener-Schnitzel v. Jungschweinerücken 24,30 Entenbrust, Mandellikör-Glace, Chinagemüse 35,– Für 2 Pers. auf Vorbestellung bis 13 Uhr: gefülltes Entrecote „Tyrolienne" pro Pers. 45,80 od. Gamsrücken in Armaniacpflaume, Pfifferlingkartoffel 36,50 Himbeerpalatschinke 12,60
Trinken: Bier 0,3 l 4,80 Wein 6,90 (große Auswahl) Cappuccino 4,–
Wo: in der obersten Häuserreihe. Von Hauptstraße gegenüber Raika die Straße hoch, dann zweite links

Oberinntal

APRÈS-SKI & TREFFPUNKTE

Patschi-Pub, geöffnet 13-01 Uhr. Der Après-Treff von Serfaus bis 21 Uhr. Hinter dem Haus Terrasse mit Schirmbar, dort wird gegrillt. Rundherum Stehtische, auch ein paar mit Bänken aus Baumstämmen. So stark kann es kaum schneien, daß nicht Leute auf der Terrasse verharren. Innen feste dunkle Holzstadlatmo vom Boden bis zum Dach. Jeder Quadratmeter ist gleichzeitig Tanzfläche. Getränke werden gebracht oder holt man sich an der langen Bar. Abba-Hits aus den 70er Jahren, Nebelmaschine und zappendes Licht. Und kaum reinzukommen.

Essen: Knoblauchbrot 4,30 Folienkartoffel 5,– Gulaschsuppe 5,80 Spare Ribs 8,60
Trinken: Bier 0,3 l 5,30 Weizen 0,3 l 5,80 Glühwein/Jagatee 6,50 Willi/Wodka-Feige 4,30
Wo: am Ende der Talabfahrt blaue Piste 2. Oder von Talstation vor dem alten Gondelgebäude die Stahltreppe hoch, dann links die Str. rauf, ca. 3 Min.

D'Holzschupfen, geöffnet 16-01 Uhr. Abgetrennte Ecke im Restaurant Alt Serfaus. Gerade so breit, daß zwei Leute zwischen Bar und Wand stehen können. Après-Ski für reifere Damen und Herrn. Zwei Großfamilien und voll. Knapp über den Köpfen hängt bäuerliches Gerät. Deutschsprachige Musik. Wem das alles gefällt, der findet in Serfaus nichts Besseres.

Essen: Baguette/Toast 6,50
Trinken: Cola 0,35 l 4,30 Bier 0,3 l 4,80 Wein 6,30 Glühwein/Jagatee 7,20 Kaffee u. Kuchen nach Wahl (oder nach Rest) 7,–
Wo: an der Ecke des Restaurants Alt Serfaus, Dorfhauptstraße

Filou-Bar, geöffnet 21-03 Uhr. Will ein Snowboardertreff sein. Großraumvideo mit Boarderaction, strenge Lichtanlage für die Girls und Boys, die zappen zu Techno und Rave-Charts auf der Marmortanzfläche. Tische und Sitzbänke im alten Discostil. Plüschig, weich, schwülstig. Gesehen noch einen Flipper, 2 Dartsautomaten.

Essen: Toast 7,–
Trinken: Cola 5,– Bier 6,50 Weizen 7,20 Wein 7,20 Wodka-Red Bull 6,50 Tequila 6,50 Whisky 4 cl. 10,– Kaffee 4,30
Wo: Keller Hotel Astoria, untere Dorfstraße

Antonius-Bar, geöffnet 16-02 Uhr. Füllt sich erst ab etwa 21 Uhr. Die Gäste haben meist schon 3 Jahrzehnte auf dem Buckel und mögen jede Art von Musik außer Techno. An der Wand eine Goldene Schallplatte von Phil Collins. Irene, die Antonius-Diva, sagt allerdings nicht, wie die da herkommt. Toll die Bänke: kann die Sitzfläche hochheben und seine Garderobe diebstahlsicher verstauen. Das Lokal war Irenes Traum, den sie sich erfüllt hat. Am WC T-Shirt von John Lennon und Krawatte von Ringostar. Irene ist 'ne burschikose Frau mit roten Finger-

Trinken: Getrunken werden Cocktails (ab 9,–) und gute Weine ab 4,30 das Achterl. Das teuerste Achterl kostet 28,30. Bier 0,3 l 5,– Espresso 4,–
Wo: untere Dorfstraße beim Antoniusbrunnen neben der TI

Ort **Serfaus**

nägeln und hat wohl schon viel hinter sich – und uns vor sich. Insgesamt dank der Dame eine der bizzarsten Bars im Wintersportösterreich.

Disco Noldi, geöffnet 21:30-04 Uhr. Gleich stößt man auf die Bar und muß sich zwischen Wandbank-Sitzern und Tresen-Hängern durchquetschen. Schließlich erreicht man unter vielen Blicken Tanzfläche und hintere Bar. Mit den Blicken ist das so, wie der Berliner Sven Regener von „Element of Crime" singt: „Dort wo du nicht hinsiehst, steht er und schaut weg." Sei's drum, es ist ohnehin reichlich dunkel. Viel Holz und wo nicht, da Malereien an der Wand – mexikanische Pampa. Atmosphäre schwülstig, das stört nicht. Alles egal, diese ein, zwei Wochen. Zur Tanzfläche drei Durchgangsschleusen, sonst stehen Gaffer Spalier. Der DJ in einem Planwagen, da haben wir wieder die Pampa.

Essen: Nichts zum Essen, oben in der Dorfschenke.
Trinken: Cola 5,– Bier 0,3 l 5,– Weizen 7,20 Wein 8,60 Glas Sekt 10,– Wodka 2 cl. 5,80 Whisky 4 cl. 10,– Remy Martin 2 cl. 8,60 Cocktails 10-15,–
Wo: unter den Arkaden an der Dorfhauptstraße

Café am Platzl, geöffnet 15-02 Uhr. Eindeutig ein Jugendtreff und Ältere, die sich gerne druntermischen. Seriös sieht das jedoch nicht aus. Wichtigste Utensilien neben den Menschen Pool-Billardtisch, Tischfußball, Darts-, Videoautomat, Flipper. Bequeme Rückensessel wie sie im Jugendstil von Josef Hoffmann ersonnen wurden. Dazu runde Tische und eine Bank, die an der Wand sich entlang zieht. Alles in allem Spiel-Pub-Atmosphäre im 10-Schilling-Rhythmus.

Essen: Baguette 7,20 Toast 6,50
Trinken: Cola 3,60 Bier 0,3 l 4,30 Wein 7,20 Glühwein/Jagatee 7,20 Wodka-Feige/Willi 5,– Cappuccino 5,– Schoko 5,– + Rum 8,–
Wo: an der Dorfhauptstraße bei den Arkaden im 1. Stock, erkennbar an der Leuchtreklame Musikcafé

Georg's Pub, geöffnet 15-02 Uhr. Ausgerüstet um jedes Après-Ski zu überstehen. Die Holzverkleidung dient offenbar lediglich als Wandschutz. Die draufgemalten Blumen und Bäume würden welken wollen, könnten sie. Das Vorderteil eines alten Traktors dient als Abstellfläche für Alkoholgläser. Wie tief sogar ein Traktor sinken kann. Georg, der Kneipenboß, hat einen Laserstift. Mit dem roten Licht markiert er die Leute. Sein Pub ist Holländertreff, das heißt soviel wie: Gläser gegen die Wand geworfen, Scherbenhaufen am Boden, Musik, die hämmert. Und ringsum Bierleichen. Das Kruzifix in der Ecke stört Gott sei Dank niemanden.

Trinken: Cola 3,60 Bier 0,3 l 4,30 Wein 7,20 Glühwein/Jagatee 7,20 Wodka-Feige/Willi 5,– Cappuccino 5,– Schoko 5,– + Rum 8,–
Wo: an der Dorfhauptstraße an der Ecke der Arkaden

1
Serfaus
Seite 220

2
Fiss
Seite 206

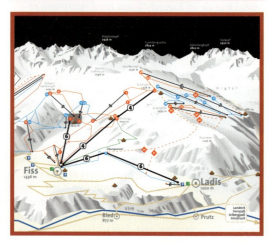

Skigebiet Fiss-Serfaus

150 km Pisten, davon 19 km schwarz, 92 km rot und 39 km blau.
Zwei gleichwertige Skigebiete auf einem Plateau im Oberinntal.

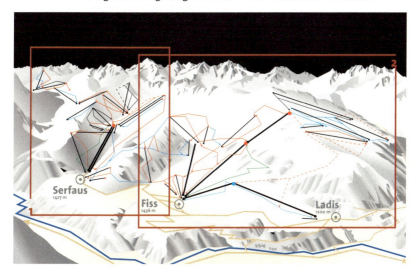

Die beiden Gemeinden sind von alters her zerstritten, können sich nicht auf eine vernünftige Verbindung zwischen den Gebieten einigen. So ist die Verbindung äußerst schlecht. Zwar gut von Fiss nach Serfaus. Aber eine Zumutung von Serfaus nach Fiss. Da wird man zum Langläufer. In Serfaus alles etwas teurer und exclusiver, mehr Skihütten und 10 km mehr Pisten. Snowboarder haben es hier wie dort gleich gut, Funpark und Halfe-Pipe. Zwei große Kinderareale, das von Serfaus eine Spur besser. Dafür in Fiss eigenes Anfängergelände mit günstigem Anfängerpaß. Sollten sich die Streithähne einigen, würde die Ecke zu den größten Gebieten Österreichs gehören.

Liftgesellschaft: ++43/5476-6396

Skipaß Fiss

Saisonen:
Hauptsaison
19.12.98-6.1.99
6.2.-12.3.99 u. 27.3.-5.4.99
Nebensaison
7.1.-5.2.99 u. 13.3.-26.3.99

Tickets, tägl. 8:30-16:30 Uhr bei Talstationen in Fiss, Ladis. Bargeld, Scheck mit EC-Karte. Keine Kreditkarten.
Ermäßigungen: Kinder bis 7 Jahre gratis. Es zahlt nur das erste Kind zw. 8 u. 15 Jahre. Alle anderen leiblichen Kids fahren so. Gruppenermäßigung ab 20 gekauften Tickets nach Absprache. Jugendliche zahlen vollen Preis.
Gratis schnuppern, jeden Samstag ab 14:30 Uhr.

	Erwachsene		Kinder 8-15 Jahre		Senioren 60/65 Jahre	
	HS	NS	**HS**	NS	**HS**	NS
Tageskarte	**52,90**	48,60	**29,30**	27,90	**47,10**	40,–
ab 11:30 Uhr	**38,60**	35,–	**22,10**	17,90	**32,10**	29,30
ab 13 Uhr	**32,10**	27,90	**15,–**	13,60	**27,10**	23,60
ab 14:30 Uhr	**20,–**	18,60	**10,70**	9,30	**17,10**	16,40
3 Tage	**140,–**	127,10	**78,60**	67,10	**120,70**	102,10
4 Tage	**178,60**	157,10	**100,–**	86,40	**155,–**	129,30
6 Tage	**252,90**	215,70	**141,40**	120,–	**215,–**	180,–

Schneestart
12.12.-18.12.98
Schneefrühling
6.4.-18.4.99

Einzelfahrten:
4er-Gondel Schönjoch, *Bergfahrt, 2 Sektionen:* Erw. 15,70 Kids 10,– Sen. 12,85 *Berg-/Talfahrt:* Erw. 21,40 Kids 12,60 Sen. 17,10.
6er-Gondel Möseralm und **6er-Gondel Sonnenbahn,** *Bergfahrt:* Erw. 10,70 Kids 5,70 Sen. 8,60. *Berg-/Talfahrt:* Erw. 13,40 Kinder 7,60 Sen. 10,70.

Ab 4-Tages-Ticket,

kann man wählen. Entweder nur Fiss oder „Ski 6". Gilt für die Gebiete: Fiss, Serfaus, Nauders, Kaunertal, Venet und Fendels. Für Gruppen gilt „Ski 6" ab 3 Tage. In diesem Buch sind in der ersten Auflage die kleinen Gebiete Kaunertal, Venet, Fendels nicht erfaßt.

Skigebiet Fiss

70 km Pisten, davon 10 km schwarz, 52 km rot und 8 km blau. Steht dem berühmteren Skigebiet Serfaus um nichts nach. Südseitig nur beschneite Pisten, weil die Sonne den ganzen Tag drüberstreicht. Auf der Nordseite nur Naturschnee. Die längste Abfahrt, 10 km, liegt in der Sonne. Snowboarder finden den ambitioniertesten Funpark der Region, Kinder einen eigenen Figurenpark mit Trara und Förderband. Zusätzlich Anfänger-Areal mit Sonderticket für Gondel-Zubringer.

70 km
Betriebszeiten: 9-16 Uhr, ab Sommerzeit 16:30 Uhr
Wertungen: *DSV:* gute Pistenpflege *ADAC:* ***

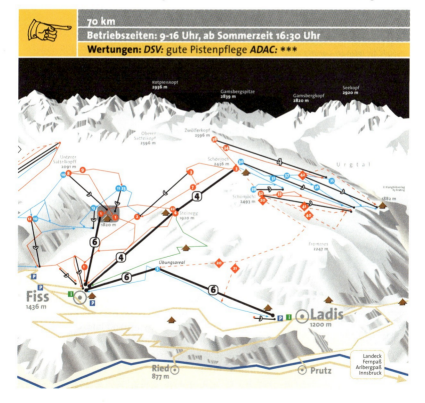

Oberinntal

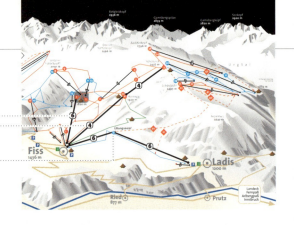

6er-Gondel Möseralm
4er-Gondel Schönjoch I

6er- Gondel Sonnenbahn

Sport-Shop

relativ groß, tägl. geöffnet von 8:30-18 Uhr. Visa, Master, Diners, Amex und Bankomat. Verkauf, Service, Verleih. Im Gondelgebäude **Skidepot**, da gibt es zwei Arten: das Depot im Gebäude der **roten 4er-Gondel** haben die Hotels für ihre Gäste reserviert. Alle anderen finden Depotraum im Gebäude der **blauen Gondel**. Kästen (10-Schilling-Münze), Raum geöffnet von 9-17 Uhr.

Abb.: 6er-Gondel Sonnenbahn. Verbindet Fiss mit Ladis. Bei Mittelstation Übungsareal

Essen: Speckknödelsuppe 5,80 Gulaschsuppe 6,50 Spaghetti 10,80 Kasspätzle 10,80 Wiener-Schnitzel, Pommes 13,60 Kaiserschmarren 11,50 Apfelstrudel 3,80
Trinken: Cola 3,60 Bier 0,3 l 3,90 Weizen 4,60 Wein 4,60 Jagatee 5,80 Cappu 4,– Schoko 4,– Tee 2,90

Die Talstation

Am bergseitigen Ortsrand, von der Umfahrungsstraße mit dem Auto zu erreichen. An Fiss vorbei Richtung Serfaus, dann nach rechts, Wegweiser. Parkplätze gleich nach der Gondelstation. Nicht verzagen, nach der ersten Parkfläche kommt eine zweite. Sind beide voll, gibt's Parkflächen an der Hauptstraße. **Kassa,** *akzeptiert nur Bargeld und Schecks. Kein Bankomat, keine Kreditkarten.*

An der Talstation kommen **drei Gondeln** zusammen. Eine gelbe, eine blaue und eine rote. *Die gelbe 6er-Gondel Sonnenbahn,* bringt die Gäste aus dem Nachbarort Ladis ins Skigebiet. Und von Fiss die Leute zum Übungsgelände bei der Mittelstation. *Die blaue 6er-Gondel Möseralm,* schließt direkt an die Gondel aus Ladis an. Leute aus Fiss steigen bei der blauen Gondel ein. Bei der Talstation auch Kinderspielplatz mit Schaukeln, Rutsche etc. *Die rote 4er-Gondel* fährt in zwei Sektionen auf das Schönjoch.

Café Krismer, 9-19 Uhr. Durch das Sportgeschäft an der Talstation in den ersten Stock. Manche österr. Zeitungen liegen auf, auch Neue Post etc. Gedämpfte Hintergrundmusik, ein Fensterband läßt viel Licht ein. Über den Tischen Stillampen, ordentlicher Steinboden für die Skischuhe. Terrasse mit Schirm, wenn Sonne, dann ganztägig.

Skigebiet **Fiss**

Pistenbeisl OHA, Küche 10-15 Uhr. Bis 19 Uhr Après-Ski, dann geschlossen und ab 21 Uhr Disco. Im Gebäude der blauen Gondel. Von der Straße vorbei an Kassa hinauf. Hoch, lichtdurchflutet, von der Decke hängt ein alter Sesselliftsessel. Darin eine Boarder-Puppe. Boden grau, Möbel grau, Gäste bl... Vor dem Haus Schirmbar. Zum Après-Ski werden die Rollos runtergelassen, damit es dunkel wird und die Lichtanlage ihre Arbeit aufnehmen kann. Tägl. zwei Tagesgerichte zur Auswahl, die werden auf schwarzen Tellern serviert.

Für Gäste aus Fiss kommen die blaue und die rote Gondel in Frage. Sie ziehen in einem „V" auseinder zu verschiedenen Punkten des Skigebiets.

4er-Gondel Schönjoch I, „die rote". Bj. 1979, 1560 m in 6,50 Min., Sektion II: Bj. 1981, 1355 m in 5,40 Min. Hinauf bis zum Schönjoch dem Höhepunkt des Skigebietes. Von oben entweder wieder hinunter nach Fiss oder auf der anderen Bergseite ins Urgtal. Bei der Mittelstation aussteigen oder gleich durchfahren bis zum Gipfel. Talfahrt beide Sektionen bis 16:30 Uhr.

Abb.: Talstation 6er-Gondel Möseralm. In der Gegenrichtung sieht man die Säulen der 6er-Gondel Sonnenbahn Richtung Ladis.

Bergbahnen Fiss

Essen: Z. B. Grillteller, 2 Medaillons, Pommes, Salat 18,60 oder: Kaiserschmarren, Apfelmus 12,20. Ab 15 Uhr Toasts/Baguettes ca. 7,– Gulaschsuppe 6,50 Apfelstrudel 4,60
Trinken: Cola 3,60 Bier 5,50 Weizen 5,80 Guinness 5,80 Heinecken 5,– Wein 6,20 Glühwein/Jagatee 6,20 Willi/Wodka-Feige 4,60 Obstler 3,20 Cappuccino 4,30 Schoko 4,60

Oberinntal

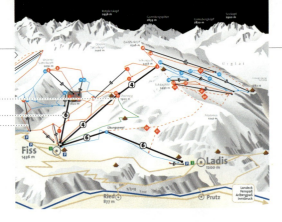

Mittelstation 4er-Gondel Schönjoch
Steinegg-Hütte
6er-Gondel Möseralm
Wald-Schlepper

ÜBUNGSAREAL

Für große und kleine Einsteiger in Fiss eigenes Übungsareal. Anfängerlifte, flache Muldenpisten. Breit und harmlos und nicht so, daß jeder zusehen kann.
Hinkommen: von Fiss mit der gelben 6er-Gondel Sonnenbahn bis zur Mittelstation. Dort aussteigen und die flachen Pisten sehen.

Anfängerskipaß, eigens für das Übungsareal geschaffen. Kostet für
Erwachsene:
ab 11:30 Uhr 19,30, ab 13 Uhr 16,40
für 1Tag 26,40, für 2Tage 50,70
Kinder:
ab 11:30 Uhr 11,40, ab 13 Uhr 7,90
für 1Tag 15,– für 2Tage 27,90
Senioren:
ab 11:30 Uhr 15,70
ab 13 Uhr 13,60
für 1Tag 23,60, für 2Tage 42,10.

Im Vergleich, ein normaler Tagesskipaß kostet für Große 52,90. Der Anfängerpaß gilt nur für 6er-Gondel Sonnenbahn und Übungsliften im Ort.

6er-Gondel Möseralm, „die blaue". Bj. 1995, 1700 m in 5,40 Min. In den Graben zwischen Schönjoch (2436 m) und Sattelkopf (2091 m). Der Sattelkopf-Rücken trennt das Skigebiet Fiss vom Skigebiet Serfaus. Ausstieg wie bei einem Sessellift, nur ein Umlaufrad. Man sollte sich beeilen, die Gondel zu verlassen. Diese Seite des Skigebiets ist im Dez. u. Jan. das sonnigere.

Einstiegsalternative, wenn bei den Gondeln alles restlos überfüllt ist. Ein Stück Richtung Serfaus fahren, dort in Linkskurve kleiner Parkplatz und oben am Waldrand Talstation *„Wald-Schlepper".* Ein steiler Lift, nichts für Anfänger. Von seiner Bergstation Verbindung nach Serfaus und nach Fiss. Am Lifthäuschen kann man Tageskarten kaufen.

Ins Skigebiet

Unsere Runde. Zuerst mit der roten 4er-Gondel zur Mittelstation und weiter bis ganz auf den Gipfel des Schönjochs. Dann die Pisten und Lifte auf der anderen Bergseite. Schließlich zurück ins Tal und von dort mit der blauen 6er-Gondel zu Möseralm und Sattelkopf.

Skigebiet **Fiss**

Mittelstation
4er-Gondel Schönjoch

Die meisten steigen nicht aus, sondern fahren hoch bis zum Gipfel und kommen erst später einmal an der Mittelstation vorbei. Hier die **Steinegg-Hütte,** *Ausgangspunkt Rodelbahn und 2 km Steinegg-Loipe (geht nur im Frühjahr). Bergangesehen von Mittelstation links der „Wonne-Schlepper", dort Snowboard-Funpark.*

Abb.: Steinegg-Hütte
Bergbahnen Fiss

Steinegg-Hütte, gleich neben der Gondelstation. Terrassensonne im Prinzip den ganzen Wintertag. *Sonne* im Januar 9-15 Uhr. SB-Bereich in U-Form, Fotos über der Nirosta-Speisenausgabe, Kassa in der Mitte. Einige Bartische mit Hockern im wintergärtlichen Anbau, davor Balkon, bei Schönwetter Türe offen. Helle Kantinenmöbel im Anbau, im Kern des Hauses dunkel. Raum bis zum Dachgiebel. Dort ein ausgestopfter Steinadler über seinem Horst, die Flügel ausbreitend. Angriffslustig starrt er auf die Skifahrer. In der unteren Etage ein À-la-carte-Restaurant (Sa zu). Tische nur gegen Reservierung. Holzsäulen auf Steinsockel, darunter die Tische. Schweres altes Holz, große Fenster zur Terrasse. Auf der Sonnenterrasse wird entweder bedient oder man holt sich die Sachen selbst. Gibt auch noch 'ne kleine Schirmbar hinter Glaswindschutz. Gesamteindruck – ordentliche „Hütte".

Essen: Nudelsuppe 3,90 Gulaschsuppe 6,80 Würstel 5,30 gemischter Salat 6,60 Knödel 3 Stk. Sauerkraut 12,50 Spaghetti 8,60 Currywurst, Pommes 10,– Grillwurst, Pommes, Salat 11,50 Wiener-Schnitzel, Pommes 16,– Käsespätzle 11,20 Fleischkäsesemmel 2,90 Germknödel 8,– Torte 4,– Krapfen 1,80
Trinken: Cola 3,20 Bier 4,80 Weizen/Wein 5,80 Glühwein/Jagatee 6,– Wodka-Feige/Willi/Café 3,60
Liegestühle 5,–

Oberinntal

Bergstation 4er-Gondel Schönjoch
Bergrestaurant Schönjoch
Wonne-Schlepper
Alm-Schlepper
Schöngamp-Alm

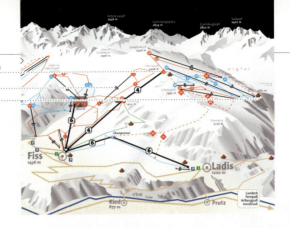

Wonne-Schlepper, Bj. 1979, 757 m in 4 Min. Er eröffnet die *rote Piste 7* „Wonneabfahrt", 1,5 km. Ihn braucht, wer von Bergstation 6er-Gondel Möseralm zur Mittelstation der roten 4er-Gondel Schönjoch kommen möchte. Beliebt ist er bei den *Snowboardern,* weil er sie auf kürzestem Weg zum Ausgangspunkt des Funparks bringt.

Bergstation
4er-Gondel Schönjoch,
*von hier entweder wieder zurück nach Fiss oder die Hänge auf der anderen Seite des Schönjochs. Eine schöne Talabfahrt nach Fiss die **rote Skiroute 20.***

Essen: Nudelsuppe 4,– Gulaschsuppe 7,– Würstel 5,60 Bratwurst, Pommes 10,30 Hauswurst, Sauerkraut, Rösti 12,20 Fleischkäse, Spiegelei, Pommes 10,80 Schnitzelburger 7,20 Spaghetti 10,80 Germknödel 8,50 Apfelstrudel 4,80
Trinken: Cola 0,3 l 3,60 Bier 4,80 Weizen 6,– Wein 5,80 Glühwein/Jagatee 6,20 Obstler 3,20 Kaffee 3,80 Schoko 3,80 Tee 3,50
Liegestühle 5,80

Bergrestaurant Schönjoch, in Bergstation 4er-Gondel Schönjoch. Noch von der alten Sorte. Nirosta-SB-Schiene, brav muß man in der Reihe stehen, bis man endlich drankommt. Über der Ausgabe hängen Fotos von den diversen Speisen. Wird etwas frisch zubereitet, wird man über Lautsprecher verständigt, sobald es abzuholen ist. Massive Holzbänke, Tische mit erbsengrünen Kunststoffplatten, wie in einer billigen Kantine. Kleine Fenster, eher dunkel. Sonnenterrasse, im Januar *Sonne* schon bis 16 Uhr. Vor dem Haus eine Kinderspieleinheit mit Schaukel und Rutsche. Selbstversorger-Gebühr 7,20 DM. Das muß man zahlen, will man sich drinnen oder auf der Terrasse picknickend niederlassen.

Skigebiet **Fiss**

→ von der Bergstation 4er-Gondel zur Schöngamp-Alm, *auf dieser Seite des Schönjochs vier Schlepper, ein 4er-Sessel und ein verzweigtes Pistennetz. Egal welche Piste man nimmt, über jede erreicht man den tiefsten Punkt des Hanges, dort liegt die Schöngamp-Alm-Hütte. Von ihr wieder zurück zum Schönjoch, muß man zwei Lifte nehmen.*

Schöngamp-Alm, im Wald neben Talstation Alm-Schlepper. Eine Holzhütte mit Steinecken. *Sonne* erreicht die Hütte erst ab Ende Januar. Dann von 11-14 Uhr. Im März bis 15 Uhr. Die Sonnenterrasse also nur drei Stunden am Tag zu gebrauchen. Neben dem Haus unter einem Schuppendach ein paar Tische, da sitzen auch Leute bei Schneefall. Innen drei kleine Stuben, sind schnell voll. Die Theke im Hauptraum ist um einen alten Käsereikessel gebaut, dort muß man sich Essen und Getränke selbst holen.

Essen: Frittatensuppe 4,20 Knödelsuppe 5,80 Gulaschsuppe 7,– Pommes 5,20 Würstel 5,50 Spaghetti 7,80 Wiener-Schnitzel, Pommes, Salat 17,90 Germknödel 7,90 Apfelstrudel 4,60
Trinken: Cola 2,90 Bier 4,30 Weizen 5,80 Wein 5,80 Glühwein/Jagatee 6,–/Willi/Wodka-Feige 5,– Obstler 3,20 Kaffee 3,60 Schoko 3,60 Tee 3,20

Alm-Schlepper, Bj. 1985, 1173 m in 6 Min. Fährt nur bis 15:30 Uhr. Von der Schöngamp-Alm Richtung Schönjoch. Ihn muß man in jedem Fall nehmen, will man wieder zurück auf das Schönjoch. Er bringt uns über die Baumgrenze hinaus. Seine Bergstation liegt ca. 400 m oberhalb Talstation 4er-Sessel Zwölfer. Eine flache Pistenverbindung hinüber.

Fährt nur bis 15:30 Uhr

Abb.: Bergstation 4er-Gondel Schönjoch. 2915 m in 12,30 Min. Im Hintergrund 4er-Sessel Zwölfer
Bergbahnen Fiss

Oberinntal

4er-Sessel Zwölfer
Plazörl-Schlepper
Schönjöchl-Schlepper
Schöngamp-Schlepper

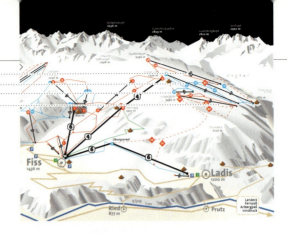

→ **rote Skiroute 42,** 4 km. Von Bergstation Alm-Schlepper rechts raus. 15-20 m breit, flach durch den Wald. Manche nehmen Abkürzung zwischen den Bäumen, weil ihnen die Piste zu weite Schleifen zieht. Eine schöne Strecke, und die Schöngamp-Alm ist auch ein passender Abschluß.

4er-Sessel Zwölfer, Bj. 1992, 1111 m in 3,45 Min., kuppelbar, ohne Windschutzkappe. Auf den Grat des Schönjochs. Kommt 100 m oberhalb Bergstation 4er-Gondel Schöngamp an. Die rote *Piste 38* verbindet von Bergstation 4er-Sessel zu Bergstation 4er-Gondel. Weiters von Bergstation 4er-Sessel die *rote 34* (3 km) zu seiner Talstation zurück oder abzweigen auf *rote Piste 35* (500 m) zur Schöngamp-Alm-Hütte.

Plazörl-Schlepper, Bj. 1981, 1322 m in 6,30 Min. Fährt bis Bergstation 6er-Gondel Schöngamp. Von seiner Bergstation über *rote Piste 30* (3 km) und *rote Piste 37* (4 km) hinunter zur Hütte. Verbindungsarme zu allen Liften auf dieser Hangseite.

Schöngamp-Schlepper, Bj. 1982, 1337 m in 3,25 Min. 50 m neben Bergstation Plazörl-Schlepper. Auf den Grad des Schönjochs, auch von ihm kann man zur Gondel-Bergstation abfahren. Bei Bergstation Schöngamp-Schlepper beginnt die *rote Skiroute 20,* bei Schönwetter eine empfehlenswerte Talabfahrt nach Fiss. Bei der Bergstation des Schöngamp-Schleppers beginnen auch die beiden *roten Skirouten 40/41,* (2,5/2 km). Beide enden bei Talstation Schöngamp-Schlepper. Wer will, weiterfahren hinunter zur Schöngamp-Alm-Hütte.

Abb.: Plazörl-Schlepper
Bergbahnen Fiss

Skigebiet **Fiss**

Schönjöchl-Schlepper,
Bj. 1981, 1410 m in 2,50
Min. Liegt zwischen dem
Plazörl-Schlepper und dem
Schöngamp-Schlepper.

**–► von Bergstation 4er-
Gondel Schönjoch ins Tal nach Fiss,**
*zwei Möglichkeiten. Über die rote Piste 3
oder die rote Skiroute 20.*

 –► **rote Skiroute 20,** 10 km. Längste Abfahrt, bis ins
Tal. Von Bergstation 4er-Gondel Schönjoch rechts raus.
Zuerst ein Stück flachen Weg am Grat gehen. Ca.
300 m, dann steht man am kurzen *Schönjöchl-Schlepper.* Mit ihm hinauf zur Skiroute. Wer sich die 300 m
gehen ersparen möchte, fährt von Bergstation Schönjoch-Gondel auf roter Piste 30 zum *Schöngamp-
Schlepper.* Mit ihm auf den Grat und dann zur Route
20. Sie ist zunächst ein schmaler Gratweg. Wird eine
ca. 30 m breite flachwellige Piste und biegt dann in
den Wald. Wo sie schmäler wird. Nach einer scharfen
Rechtskurve ein langer Ziehweg – unterbrochen von
einem Pistenstück. Viel Ziehweg, viel Landschaft und
viel Fahrt.

 –► **rote Piste 3,** 4 km. Serpentinen-Pistenweg quer
den Hang hinunter zur Mittelstation 4er-Gondel
Schönjoch. Von ihr geht ein Ast ab, der läuft etwas
steiler. Wer es besonders gut kann, nimmt die Schneefelder zwischen den Serpentinen. Sofern nicht gerade
Lawinenzäune im Weg stehen.

 –► **blauer Ziehweg 22,** von Mittelstation der roten
4er-Gondel hinüber zur Bergstation der blauen
6er-Gondel Möseralm. Über den Wonne-Lift hinweg.

Abb.: Bergstation 4er-Sessel Zwölfer
Bergbahnen Fiss

Oberinntal

Sattelkopf-Schlepper
Möser-Schlepper
Bergstation 6er-Gondel Möseralm

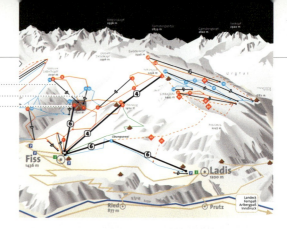

Bergstation **6er-Gondel Möseralm,**

in unmittelbarer Umgebung die drei Schlepper „Möserlift", „Sattelkopflift" und „Rastlift" und die Hütte Möseralm. Von hier hat man drei mögliche Richtungen. Wieder ins Tal, auf den Sattelkopf oder hinüber zum Schönjoch, wo die roten 4er-Gondeln arbeiten.

Essen: Frittatensuppe 3,90 Gulaschsuppe 6,50 Würstel 5,30 Spaghetti 10,30 Jausenteller 10,80 Bauernsalat 10,–
Trinken: Cola 3,20 Bier 4,80 Weizen 5,20 Wein 5,20 Glühwein/Jagatee 6,– Wodka-Feige/Willi 5,– Cappu 4,20 Schoko 4,20 Tee 3,20

Möseralm, 50 m unterhalb Bergstation blaue 6er-Gondel. Diese Angabe kann allerdings bereits überholt sein, denn es ist geplant, die „Hütte" ein Stück weiter nach links zu setzen, damit die Sonne eine Stunde länger auf die Terrasse scheinen kann. Derzeit: im Dez. von 11:15-14:30 Uhr, Jan. 11-15 Uhr. Es soll dann 300 Terrassenplätze geben, am Selbstbedienungs-Angebot würde das nichts ändern.

Abb.: Bergstation 6er-Gondel Möseralm

Skigebiet **Fiss**

–▸ von der Möseralm zu Mittelstation 4er-Gondel Schönjoch, mit dem **Möser-Schlepper,** Bj. 1978, 312 m in 1,40 Min. Neben der Möser-Hütte. Ihn nimmt, wer nicht mehr ins Tal fahren möchte und trotzdem zur Mittelstation 4er-Gondel Schönjoch. Vom Möser-Schlepper raus und die ***blaue Piste 23*** hinüber zum „Wonne-Schlepper". Von seiner Bergstation auf der ***roten Piste 7*** zur Mittelstation.

Abb.: Bergstation 6er-Gondel Möseralm
Bergbahnen Fiss

–▸ von der Möseralm zum Sattelkopf, *der Sattelkopf ist ein Gipfel zwischen Fiss und Serfaus. Oben keine Infrastruktur, man muß gleich weiter. Von Sattelkopf Bergstation die einzigen* **schwarzen Pisten** *im Skigebiet. Man hat auch Anschluß ins Skigebiet Serfaus. Die Verbindung funktioniert gut. Zurück sehr mühsam. Am blauen Skiweg 10 fühlt man sich mehr als Langläufer, denn als Skifahrer.*

Sattelkopf-Schlepper, Bj. 1967, 747 m in 4 Min. Seine Talstation liegt ca. 50 m oberhalb Möser-Schlepper. Der Sattelkopf-Schlepper ist vor allem bei guten Skifahrern beliebt, weil man mit ihm die einzigen schwarzen Pisten des Skigebiets erreicht.

 –▸ schwarze Piste 8, 1,5 km. Oben am Schlepper rechts raus und direkt den Hang hinunter, endet bei der Möseralm. Viele merken erst im Hang, daß sie von unten gutmütig erscheint.

 –▸ schwarze Piste 9, 2 km. Macht einen größeren Bogen, kommt an der Bergstation des Möser-Schleppers vorbei. Dort Abzweigemöglichkeit auf blaue Piste 23, die zum „Wonne-Schlepper" führt. Mit ihm hinauf und Abfahrtsmöglichkeit zu Mittelstation 4er-Gondel Schönjoch.

Oberinntal

Sattelkopf

Wald-Schlepper

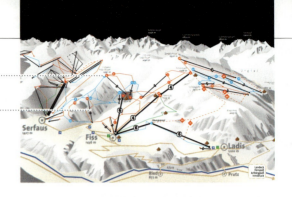

→ **rote Piste 10,** 4 km. Beginnt an Bergstation Sattelkopf-Schlepper. Auch von der Bergstation Wald-Schlepper zu erreichen. Ganz oben schmal, muß auch über eine Kuppe gehen. Dann breit, in der Pistenmitte Gruppen von Tannen. Sehen im Ensemble aus wie große Buschen. Nach schmaler Walddurchfahrt und Linksschwung *Pistengabel:* dort 1) auf roter 10 bleiben zum Rast-Schlepper → Möseralm 2) schwarze Piste 12 → Waldschlepper 3) auf roter Piste 24 → nach Serfaus.

→ **schwarze Piste 12,** 3 km. Beim Sattelkopf-Schlepper links raus. Zunächst mit roter Piste 10 ident. Zweigt dann weg und endet an Talstation Wald-Schlepper. Unten wird sie erst wirklich zur schwarzen und ist toll zu fahren oder toll zu fürchten.

Wald-Schlepper, Bj. 1971, 1190 m in 5,15 Min. Ihn muß man in jedem Fall benutzen, will man wieder zurückkommen ins Skigebiet Fiss. Wer aus Serfaus zurückkommt, muß ebenfalls den steilen Wald-Schlepper nehmen. Rausfliegen nicht zu empfehlen, immer wieder ausgeschilderte Notwege durch den Wald zu den Pisten.

*Vom Waldlift nach Fiss auf der roten Piste 10 zum Rast-Schlepper. Von seiner Bergstation auf der **roten Piste 1** zur Gondel-Talstation. Oder: 100 m unterhalb Rast-Schlepper endet die Piste. Links in den Wald eine schmale skibreite Spur, die in der roten Piste 1 endet. Damit spart man sich die Schleppliftfahrt.*

Skigebiet **Fiss**

Abb.: Piste vom Sattelkopf. Im Hintergrund Fiss
Bergbahnen Fiss

→ **vom Sattelkopf nach Serfaus,** von Bergstation Sattelkopf-Schlepper auf der roten Piste 10, dann auf die rote Piste 24. Von ihr löst sich blaue Piste 8 Richtung Serfaus. Wer von der roten Piste 24 direkt auf eine blaue Piste 2 kommt, liegt richtig. Sie ist die Talabfahrt nach Serfaus.

→ **blaue Piste 8,** ein flacher schmaler Waldweg am Hang entlang. Langsame Fahrt durch eine Wald- und Wiesenlandschaft. Wer mit Sicherheit zur Gondel nach Serfaus kommen möchte, sollte auf der blauen 8 bleiben bis sie auf die blaue Piste 2 trifft. Die kommt von der Bergstation des Serfauser Skigebietes.

SNOWBOARDEN

In Fiss besser als in Serfaus, wo es keine besonderen Einrichtungen gibt. Der **Funpark** von Fiss ist oben am Rast-Schlepper. Erreichbar direkt mit blauer 6er-Gondel Möseralm. Eine lustige Anlage mit Obstacles und solchen Dingen zum Kurven und Springen. Der Snowboarder-Treff schlechthin. Gleich daneben die Möseralm. Bei einem Ausflug nach Serfaus bedenken, der Rückweg elendslang flach.

CARVEN

Zum Thema Carven haben hauptsächlich die Sporthändler etwas anzubieten. Die neuesten Testski. Wer carven will, kann. Wird es aber schwer können, zu viele Leute auf der Piste. Keine offizielle Strecke. Vom Schönjoch Richtung Schöngamp-Alm geht es auch recht gut. Breite Pisten, weniger Leute als auf den vorderen Hängen.

Liftgesellschaft: ++43/5476-6203

Skipaß Serfaus

Saisonen:
Hauptsaison
19.12.98-6.1.99 u. 6.2.-5.4.99
Nebensaison
7.1.-5.2.99
Schneestart
5.12.-18.12.98 (= Vorsaison)
Schneefrühling
6.4.-18.4.99 (= Nachsaison)

Tickets, tägl. 8-17 Uhr an der 6er-Gondel Komperdell. Keine Kreditkarten, bezahlen Cash, Scheck, EC-Karte. **Ermäßigungen:** Kinder bis 6 Jahre gratis. Pro 20 gekauften Karten eine Freikarte.

Einzelfahrten: –► **mit 6er-Gondel Komperdell,** z. B. wegen der 4,5 km Rodelbahn, die an Bergstation beginnt. *Bergfahrt:* Erw. 14,30 Kinder 8,60 Sen. 12,90. *Berg- u. Talfahrt:* Erw. 22,90 Kinder 12,90 Sen. 20,–

	Erwachsene		Kinder 6-15 Jahre		Senioren 60/65 Jahre	
	HS	NS	HS	NS	HS	NS
Tageskarte	**60,–**	56,70	**35,70**	33,60	**48,60**	45,–
ab 11 Uhr	**54,30**	50,70	**32,80**	30,70	**42,80**	39,30
ab 12 Uhr	**45,30**	42,10	**27,90**	25,70	**35,–**	31,40
ab 13 Uhr	**38,60**	36,40	**23,60**	21,40	**30,70**	27,10
ab 14 Uhr	**32,80**	30,70	**19,30**	17,10	**26,40**	24,30
3 Tage	**167,10**	150,70	**97,80**	86,40	**136,40**	122,80
6 Tage	**300,–**	267,10	**170,70**	152,10	**246,40**	221,40

–► **mit Lazidbahn,** beginnt bei Bergstation 6er-Gondel Komperdell, endet am 2351 m hohen Lazidgipfel. Dorthin kommt manchmal ein Pistengerät und führt Leute ans Ende des Skigebietes zur Skihütte Masner. *Bergfahrt:* Erw. 8,60 Kinder 5,70 Sen. 7,90. *Berg- u. Talfahrt:* Erw. 12,90 Kinder 8,60 Sen. 11,40.

Ab 4-Tages-Ticket, „Ski 6" möglich.

Kaufen ca. 25% aller Urlauber. Gilt für Fiss, Serfaus, Nauders, Kaunertal, Venet und Fendels. Für Gruppen „Ski 6" ab 3 Tage. Hier in der ersten Auflage die kleinen Gebiete Kaunertal, Venet, Fendels nicht beschrieben.

Schneetelefon: ++43/5476-6003

Skigebiet Serfaus

80 km Pisten, davon 9 km schwarz, 40 km rot und 31 km blau. Schneesicher. Erstreckt sich über vier Gipfel, tief hinein in das unbelebte Wintergebirge. Große Strecken sind nur mit Schleppliften zu machen. Die Hütten alle in einer Mulde versammelt, zwei ganz am Ende des Skigebiets. Größtenteils fährt man im selben Kessel, um die Bergstation 6er-Gondel Komperdell.
Zielgruppe: junge Schöne, am besten mit Familie. Die Kinderskischule und das Kinderareal sind Vorbild für alle Skischulen in Österreich. Talabfahrt bis weit ins Frühjahr hinein.

80 km
Betriebszeiten: Gondel 8:45-16:30 Uhr
Wertungen: *DSV:* kinderfreundlich *ADAC:* ***

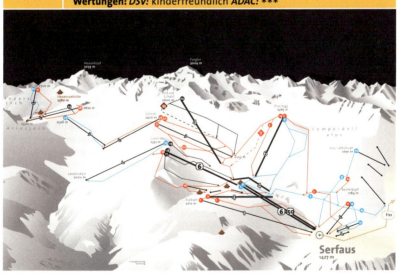

Oberinntal

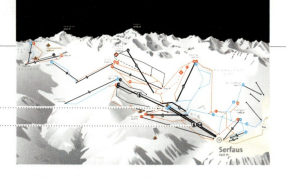

6er-Gondel Komperdell
Panoramarestaurant

Bergstation Komperdell

Sport-Shop

im Keller des Gondelgebäudes. Für Massenansturm bestens gerüstet. Skidepot für 2000 Paar (je 3,–) und 1200 Schuhe, die getrocknet werden über Nacht (je 3,–). 600 Skier zum Verleihen, Skiservice, Verkauf von Skiern und Schuhen. Cola- und Kaffeeautomat – je 10 Schilling.

Die Talstation

Ganz am Dorfende, zu erreichen nur zu Fuß oder mit der dorfeigenen U-Bahn. Mit ihr kommen Tagesgäste vom Parkplatz am Dorfrand. Je nach Adresse im Ort fährt oder geht man zur Gondel. **Kassa** *direkt bei Talstation, Scheck, Bares oder EC-Karte, keine Kreditkarten. Zu sehen ein greiser 1er-Sessellift, der nicht mehr fährt und eine alte Großgondel, bunt bemalt. Ihr Altenteil ist es, die Kinder der Kinderskischulen hochzubringen, dorthin, wo auch die 6er-Gondel endet, die daneben beginnt.*

6er-Gondel Komperdell, Bj. 1988, 2594 m in 8,40 Min. Die einzige Möglichkeit, ins Skigebiet von Serfaus zu kommen. Getrennte Eingänge für Leute mit und ohne Gästekarte. Die Gondel gleitet sanft ohne Mittelstation bis zur Bergstation, wo man sie auf jeden Fall verlassen muß.

Kinder-Gondel, Bj. 1958, 2660 m in 7,10 Min. Das große klassische Gondelgebäude neben dem modernen 6er-Gondel-Haus. Fährt nur noch für die Kinder.

Sport-Shop

geöffnet 9-16 Uhr. In Bergstation Komperdell. Versteckt im untersten Geschoß, nimmt **Master, Visa, Diners, Amex,** hat alles, was man plötzlich so brauchen kann. Service nur zur Not, sonst unten im Tal.

Bergstation **Komperdell,**

Gondelgebäude, hat vier Etagen. Ein Lift fährt sie ab oder Treppensteigen mit den Skischuhen. Meistens Treppensteigen. **UG:** *Skischulsammelplatz, Kinderrestaurant (nur für Skischule), Sport-Shop, 6er-Gondel Lazid → Bergfahrt.* **EG:** *WC, 6er-Gondel Komperdell → Tal-fahrt, Telefone.* **OG:** *Restaurant, Schneebar, Terrasse.* **DG:** *Liegestuhlterrasse, Schirmbar, kommt man automatisch hin, wenn man mit dem 4er-Sessel Gampen fährt.*

Skigebiet **Serfaus**

Abb.: Panoramarestaurant bei Dunkelheit. Wer es nachts verläßt, verläßt es illuminiert.

Panoramarestaurant, im Gondelgebäude. Großer SB-Bereich für die fröhlichen Skifahrermassen. SB-Stationen frei zugänglich. Salatbar mit 18 gefüllten Schüsseln, z. B. Lachs-Shrimps-Salat. Diverse Öle, auch Distel und Walnuß. Kuchen- und Früchtebar zum Verlieben. Viel besser kann man so einen SB-Teil nicht machen. Kreisrunder hoher Speisesaal mit großer Glasfront, Panoramablick. Modern, gelbe Säulen, lila Teppichboden, Poster von Piccasso. Auf der Terrasse Holzlattentische mit festen Bänken, ganzen Tag Sonne. Bei WC ein Wickelraum. Wesentlich günstiger als die anderen Hütten.

Essen: Tagessuppe 3,80 Knödelsuppe 4,80 Gulaschsuppe 4,80 Tiroler Gröstl, Spiegelei 12,20 Spaghetti 11,80 Pizzaschnitte 9,80 Currywurst 11,50 Kuchen 4,30 (ab 15 Uhr Häferlkaffee + Kuchen 6,50)
Trinken: Cola 2,90 Bier 4,80 Wein 5,80 Glühwein/Jagatee 6,50 Wodka-Feige/Willi 4,60 Kaffee 3,80 Schoko 4,20 Tee 2,90

Abb.: Sonnenterrasse Panoramarestaurant Komperdell

Oberinntal

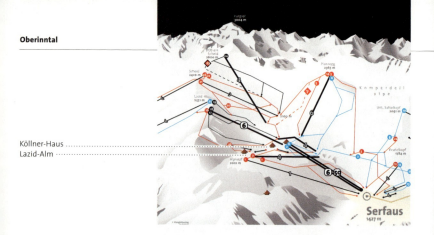

Köllner-Haus ....
Lazid-Alm ....

Essen: Knödelsuppe 7,20 Gulaschsuppe 8,60 Almjause (Hirschwürstel, Alpkäse, Tir. Bauernspeck) 17,20 Würstel 7,20 Salat, Hühnerbrüstchen 16,50 Wiener-Schnitzel, Pommes 17,20 Germknödel 9,30
Trinken: Cola 3,60 Bier 5,80 Weizen 6,50 Wein 6,80 Glühwein/Jagatee 6,50 Wodka-Feige/Willi 5,– Obstler 3,60 Cappuccino 4,60 Schoko 5,–

Schalber-Alm, in der Mitte des Kessels unterhalb der Komperdell-Bergstation, ca. 100 m neben dem 4er-Sessel Gampen. Mauerfundament und Holzaufbau, sieht im Vergleich zu den anderen Gebäuden sehr süß aus. Außen Selbstbedienung (etwas billiger), innen wird bedient. Auf der Terrasse ordentliche Holztische. *Sonne* im Jan. bis 13:20 Uhr, ab Mitte Feb. bis 15:10 Uhr. Kleinere und größere Stube, auf der einen Seite Mauer, auf der anderen Holz. Tische in Familiengröße, kleine Bar mit Bank für drei Leute und etliche Hocker. Hüttenwirt Rudi gibt dem allem die besondere Note: 120 Kilo, Vollbart und Glatze. Gelobt wird von den Gästen die Qualität des Essens, auch Einheimische kommen gerne. Preislich Topniveau.

Essen: Frittatensuppe 5,30 Gulaschsuppe 6,90 Würstel 6,50 Salatplatte, Schinken, Ei 12,80 Schweinsbraten, Sauerkraut, Knödel 15,80 Portion Pommes 7,20 Bauerngröstl 12,80 Germknödel 7,90 Apfelstrudel 4,30
Trinken: Cola 2,90 Bier 5,20 Weizen 5,80 Wein 5,80 Glühwein 6,30 Jagatee 6,90 Willi 4,30 Wodka-Feige 4,80 Brauner kl. 2,80 gr. 5,–
Wohnen: 20 Zimmer von 1-Bett bis 4-Bett und mehrere Lagerplätze

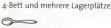

Köllner-Haus, im Kessel unterhalb der Bergstation Komperdell. Gehört ebenfalls dem Deutschen Alpenverein. Dem kann man, was Serfaus betrifft, kein gutes Zeugnis ausstellen (siehe auch Hexensee-Hütte Seite 232). Hüttenwirt Franz kennt die Sonnenaufgangs- und -untergangszeiten nicht, das ist unüblich. Normalerweise sind Hüttenwirte mit der Natur eng verbunden. Bedienung außen und innen. Drei Stuben, solid eingerichtet, rot-weiß karierte Vorhänge, einige Bildchen. Auf der Terrasse ordentliche Möblage, eingezäunt von Holzgeländer, Windschutzglas. Blick auf das Areal der Kinder-Alm. Nette Bedienung.

Abb.: Panoramarestaurant Komperdell & Köllner-Haus
Foto Mayer Serfaus

Lazid-Alm, im Kessel. Allerdings von Bergstation Komperdell nicht wirklich gut zu erreichen. Muß Schuß fahren durch die Mulde, die meisten treten dann. Besser vom Lazid-Gipfel runter über rote Piste 16. Gemauertes festes Almhaus, rot-weiß-rote Fensterbalken, großer feuerroter Tiroler Adler über dem Eingang. Service draußen und drinnen. **Sonne** im Dez. 7:45 bis 14:30, Jan. - 15 Uhr. Die blonde Gerda an der Bar ist die berühmte Frau Noldi, hat viel Gastronomie auch unten im Ort. Sehr attraktive Frau und arbeitet trotzdem den ganzen Tag. Ihre Alm kann sich auch sehen lassen. Musikalisch setzt sie auf Volksmusik.

Essen: Leberknödelsuppe 7,20 Gulaschsuppe 8,60 Knödelteller, Sauerkraut 13,60 Käsespätzle 17,20 Tiroler Gröstl 17,20 Wiener-Schnitzel 20,– Speckplatte 17,90 **vorbestellen:** Schweinshaxe pro Pers. 24,30 Gamsrücken 38,60 Germknödel 7,80 Apfelstrudel 5,–
Trinken: Cola 3,60 Bier 0,3 l 4,30 Weizen 5,80 Wein 7,20 Glühwein/Jagatee 6,50 Wodka-Feige/Willi 4,30 Cappuccino 4,30

Abb.: Lazid-Alm, in der Mulde unterhalb Bergstation Komperdell.
Foto Mayer Serfaus

Oberinntal

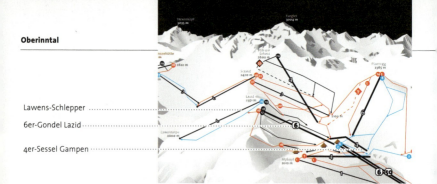

Lawens-Schlepper
6er-Gondel Lazid
4er-Sessel Gampen

Essen: Rindsuppe 4,90 Gulaschsuppe 7,80 Bergbauernsalat 16,90 Knödelteller (2 Stk.) 14,60 Spaghetti 13,20 Käsespätzle 15,50 Wiener-Schnitzel 18,30 Rumpsteak 26,– Germknödel 8,30 Apfelstrudel 5,50
Trinken: Cola 3,50 Bier 5,50 Weizen 6,– Wein 6,90 Glühwein/Jagatee 6,90 Willi 5– Cappuccino 4,60

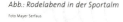

Sportalm, von 6er-Gondel Komperdell in den Kessel am Kinderland vorbei. Wird deshalb auch von vielen Kindergruppen heimgesucht. Gehört wie Masner-Hütte und Panoramarestaurant zur Liftgesellschaft. Vor dem Haus Eisbar und Terrasse. *Sonne* im Dez. - 14 Uhr, im Jan. - 15 Uhr. Einige Stehtische mit Fleckerlteppichhocker, einfache Tische, nichts Besonderes.

–► von Bergstation Komperdell auf den Lazid-Gipfel,
   6er-Gondel Lazid, Bj. 1992, 1450 m in 4,50 Min. Hinauf auf den 2351 m hohen Lazid-Gipfel. Schließt direkt an 6er-Gondel Komperdell. Überschwebt den Hüttenkessel unterhalb der Bergstation Komperdell und bringt uns hinauf in baumlose Regionen. Die Bergstation der Lazid-Gondel ist konstruiert wie die Station eines Sessellifts. Kein Gebäude, sondern Umlaufrad im Freien. *Nächstes WC* unten im Bergrestaurant Komperdell oder in der Masner-Skihütte.

Abb.: Rodelabend in der Sportalm
Foto Mayer Serfaus

–▸ **vom Lazid-Gipfel drei Möglichkeiten,**
1) Zurück zur Bergstation Komperdell durch den davorliegenden Kessel. 2) Zum Scheid-Schlepper und mit ihm weiter in die Berge. 3) Auf der anderen Bergseite die blaue Piste 25 zum Lawensalp-Schlepper. Ein Hang, ein Lift, mehr dort nicht.

–▸ **blaue Piste 25,** 2,2 km. Breit bis 80 m, flach wie Kate Moss, am Schlepper entlang. Im unteren Drittel etwas steiler. Die Umgebung! Wüste Bergzacken fließen nacheinander hinunter. Abzweigung hat die Piste keine, sie ist die einzige am Hang, endet am Lawens-Schlepper. Die Piste wird wenig befahren, eben weil sie nicht weiterführt.

Abb.: Tiefschneeabfahrt unterhalb 6er-Gondel Lazid
Foto Mayer Serfaus

Lawens-Schlepper, Bj. 1978, 1392 m in 7,30 Min. Wieder zurück auf den Lazid-Gipfel. Beim Rauffahren kann man die Felskulisse so richtig genießen. Bei Schlechtwetter weniger lustig, da fühlt man sich ziemlich einsam den Gewalten der Natur ausgeliefert.

–▸ **vom Lazid-Gipfel zurück Richtung Bergstation 6er-Gondel Komperdell,** *die Pisten vom Lazid-Gipfel und den anderen Spitzen auf dieser Seite des Skigebietes enden* **im Kessel** *unterhalb Bergstation 6er-Gondel Komperdell. Dort im Kessel mehrere beliebte Skihütten. Um die Bergstation der Gondel zu erreichen, muß man den* **4er-Sessel Gampen** *nehmen; er ist ein ganz kurzer Verbindungslift vom Kessel zur Bergstation.*

Oberinntal

4er-Sessel Obere Scheid
Scheid-Schlepper

4er-Sessel Gampen

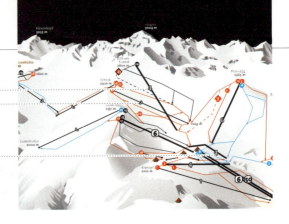

→ **schwarze Piste 19,** 2,8 km. Vom Lazid-Gipfel zurück in den Kessel. Niemanden fürchterlich in Erinnerung. Sie teilt sich weiter unten. Man kann entweder links wegzweigen zum Scheid-Schlepper (weiter ins Skigebiet) und 4er-Sessel Obere Scheid oder sich rechts halten und Richtung Bergstation Komperdell wedeln.

4er-Sessel Gampen, Bj. 1989, 850 m in 6 Min. Der Wunderlift im Skigebiet. Er hat zwei Talstationen, eine auf jeder Seite des Hügels der Bergstation 6er-Gondel Komperdell. In der Mitte die Ausstiegsstelle und gerade hinein ins Gondelgebäude.

→ **vom Lazid-Gipfel Richtung Masner-Hütte,** *nur über Scheid-Schlepper. Man sieht ihn vom Lazid-Gipfel unten im Kessel neben 4er-Sessel. Hinkommen, zuerst dem Sinn nach zurück zur Bergstation 6er-Gondel Komperdell, weiter unten auf* → **rote Piste 20,** *3,2 km. Darauf zum Scheid-Schlepper. Die rote 20, schmal, halbröhrenartig. Wem das zu langweilig, auch steile Abkürzungen da. Unten flach, ineinanderlaufende Kuppen.*

Abb.: 4er-Sessel Obere Scheid
Komperdellbahnen Serfaus

4er-Sessel Obere Scheid, Bj. 1993, 1610 m in 6,40 Min. Kuppelbar, aber keine Windschutzkappe. Ausschließlich für bessere Skifahrer. Von seiner Bergstation eine schwarze Piste und eine Skiroute. Für Anfänger und Ungeübte keine Pisten, wartet bei Bergstation Komperdell das Rettungsteam.

Skigebiet **Serfaus**

→ **Skiroute 23,** 2 km. Unterhalb 4er-Sessel Obere Scheid. Manchmal schmal, manchmal strenger steil, hat auch Möglichkeiten zum Queren und Auslaufzonen. Immer Sichtkontakt zu den anderen Pisten.

→ **schwarze Piste 24,** 2,6 km. Gott sei Dank sehr breit, 10-80 m, die Ränder steigen röhrenartig an. Eine Röhre für Könner, irgendwie kommt man schon runter.

*Vom 4er-Sessel weiter ins Skigebiet, muß man eine der beiden Strecken wählen, und mit Scheid-Schlepper auf den Scheid-Gipfel fahren. Von dort weiter. Für gute Skifahrer gibt es bei guten Wetter- und Schneeverhältnissen eine **interessantere Alternative zur →** **Masner-Hütte:** Ab Bergstation 4er-Sessel Obere Scheid nach der ersten 180°-Linkskurve in den steilen, nicht präparierten Hang. Einstieg unmittelbar vor der Holzbande. Ist mit einer Schnur „versperrt", wenn Lawinengefahr. Sonst offen. Darf also fahren. Auf diese Art spart man sich den langen Scheid-Schlepper.*

Scheid-Schlepper, Bj. 1974, 1350 m in 6 Min. Ca. 200 m oberhalb 4er-Sessel Obere Scheid. Auf den Scheid-Gipfel. Er ist das offizielle Angebot, tiefer ins Skigebiet vorzudringen, zur Masner-Hütte. Zurück Richtung Bergstation Komperdell entweder auf roten Pisten 21 od. 22. Weiter in die Berge auf roter Piste 26.

Abb.: Scheid-Schlepper: Frische Pärchen fahren ihn am liebsten. 1,3 km lang und flach. Gut zum Anlehnen. Ältere Pärchen hätten gerne einen Sessel.

Komperdellbahnen Serfaus

Oberinntal

Minders-Schlepper
Masner-Schlepper
Masner-Hütte
Arrez-Schlepper
Moos-Schlepper

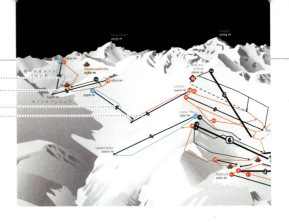

Fährt nur bis 15:30 Uhr

Moos-Schlepper, Bj. 1980, 478 m in 2,30 Min. Fährt nur bis 15:30 Uhr. Steil zurück auf den Scheid-Gipfel. Von dort die rote Piste 22 hinunter in den Kessel vor der Bergstation Komperdell. Braucht ihn unbedingt wieder zurück.

Fährt nur bis 15:30 Uhr

Arrez-Schlepper, Bj. 1980, 2118 m in 10 Min. Fährt nur bis 15:30 Uhr. Elendslang nach hinten, gefühlsmäßig will er nicht enden, macht im Verlauf eine Kurve. Er bedient die ***blaue Piste 27***, 3,2 km, ca. 30 m breit. Sie ist natürlich ebensflach wie der Schlepper. Links und rechts der Piste große Steine, die aus dem Schnee schauen.

→ **rote Piste 28,** 1,8 km. In den hintersten Kessel des Skigebietes. Dort noch ein Anschlußschlepper und dann aus. Im Kessel die Masner-Hütte.

Abb.: Die Masner-Hütte am Ende des Serfauser Skigebiets. 2 Gondeln und 2 Schlepper, ehe man ankommt. 7,5 km am Lift.

Skigebiet **Serfaus**

Abb.: Skihütte Masner mit Minders-Schlepper im Hintergrund

Komperdellbahnen Serfaus

Masner-Hütte, ein großes Etablissement. Trotzdem oft kein Platz zu finden, da Ziel vieler Skifahrer und Skischulgruppen. Grobes Holz, Wandschnörksel und Malereien. Im ersten Stock eine Stube, die meisten Tische sind mittags für die Kinderskischule reserviert. SB auf der Terrasse, Biertische und Schirmbar. Unterhalb der Speiseterrasse große Liegestuhlterrasse; *Sonne* den ganzen Tag. Innen Bedienung, das Personal – obwohl zahlreich vorhanden – ist zu den Hauptzeiten restlos überfordert. Gehobenes Preisniveau.

Essen: Tagessuppe 5,50 Gulaschsuppe 7,90 Speckteller 15,80 Schweizer Wurstsalat 11,50 Knödelteller 3 Stk., Sauerkraut 16,50 Spaghetti 13,20 Pommes 6,90 Würstel 7,20 Bernerwürstel, Pommes 12,90 Schweinsbraten, Sauerkraut, Knödel 13,20 Apfelstrudel 6,20
Trinken: Cola 3,60 Bier 5,60 Weizen 6,30 Wein 6,60 Glühwein/Jagatee 6,90 Willi/Wodka-Feige 5,– Brauner kl. 3,80 gr. 5,50

→ von der Masner-Hütte auf den letzten Gipfel, *von der Masner-Hütte entweder zum Masner-Schlepper, mit ihm zurück Richtung Serfaus. Oder mit dem Minders-Schlepper auf den letzten Gipfel des Serfauser Skigebiets.*

Minders-Schlepper, Bj. 1981, 1307 m in 6,45 Min. Fährt nur bis 15:10 Uhr. Auf das 2700 m hohe Minders-Joch, die höchste Erhebung des Skigebiets. Von oben zurück auf der *blauen Piste 30* oder der *roten Piste 31*. Beide führen vorbei an der Masner-Hütte und enden am Masner-Schlepper → zurück Richtung Serfaus.

Fährt nur bis 15:10 Uhr

Masner-Schlepper, Bj. 1980, 953 m in 5,10 Min. Fährt nur bis 15:30 Uhr. Hat die ehrenvolle Aufgabe, die Skifahrer wieder aus dem Kessel der Masner-Hütte zu bringen.

Fährt nur bis 15:30 Uhr

Oberinntal

Hexensee-Hütte
Masner-Schlepper
Moos-Schlepper
6er-Sessel Plansegg
4er-Sessel Gampen

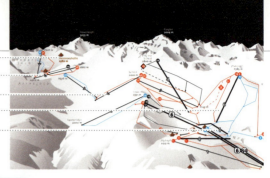

Abb.: Skigebiet mit Skihütte Masner
Komperdellbahnen Serfaus

Essen: Suppe 6,90 Bauernjause 16,50 Würstel 6,90 Speckbrot 12,20
Trinken: Cola 4,60 Bier 0,3 l 5,– Glühwein/Jagatee 7,20 Willi 4,80 Kaffee 3,60 Tee 3,50
Wohnen: Matratzenlager 22,– pro Person

–▸ von der Masner-Hütte zur Hexensee-Hütte, die Hexensee-Hütte liegt abseits der Pisten, ist nicht ohne Mühen, manchmal Gefahren, zu erreichen. Man darf sich nicht zuviel davon erwarten. Nicht immer steht abseits der Pisten etwas Besonderes. Nur hingehen, wenn das Wetter absolut sicher ist, kommt leicht in Notlage, da abseits der Pisten.

Von Bergstation Minder-Schlepper raus, rechts vom Lift einen schmalen ausgetretenen Pfad hoch. Pfosten markieren ihn. Mit den Skiern am Buckel etwa 15-20 Min. bergan. Dann hat man den Gipfel umkreist. Sobald jene Stelle erreicht, wo die Skier angeschnallt werden können, rundherum gelbe Urinflecken im Schnee. Das kleine Betonhäuschen ist eine Zollhütte, dahinter beginnt Italien. Abfahren an den Markierungsstangen bis zur Hütte. Es könnte sein, daß die Stangen der Sturm weggetragen hat. Dann eher so gut es geht oben am Grat halten.

Hexensee-Hütte: das Original abgebrannt vor einigen Jahren. Der neuen Hütte fehlt es noch am Geruch der Berge. Es riecht nach Veredelungschemie. Rauchen vor dem Haus. Innen helles Holz, vier Tische, wie in einer Ikea-Ecke. Der alte Hüttenwirt ist auch nicht mehr. Von einem Geheimtip abseits der Pisten reden nur wirkliche Fans.

–▸ von der Masner-Hütte zur Bergstation 6er-Gondel Komperdell, mit Masner-Schlepper zurück auf das Arrezjoch. Auf der flachen blauen Piste zum Moos-Schlepper, von seiner Bergstation auf roter Piste 20 zum 4er-Sessel Gampen. Mit ihm zur Bergstation Komperdell.

Skigebiet **Serfaus**

→► **Pisten und Lifte von Bergstation Komperdell Richtung Serfaus-Ort,** *von der Bergstation Komperdell Richtung Serfaus zwei Pisten, die blaue Piste 2 und die blaue Piste 6.*

→► **blaue Piste 2,** 4 km, die flache Abfahrt zur Talstation Serfaus. Von ihr Anschluß zum blauen Skiweg 10 nach Fiss. Über die blaue Piste 2 direkt zum *Patschi-Pub,* dem Après-In-Treff von Serfaus.

→► **blaue Piste 6,** endet am 4er-Sessel Gampen. Sie ist 1,2 km, eine Übungsstrecke. Über die blaue Piste 6 kommt man auch zum 6er-Sessel Plansegg.

Abb.: 6er-Gondel Lazid schwebt über die weite Senke unterhalb der Bergstation 6er-Gondel Komperdell, die aus Serfaus Ort kommt.
Foto Mayer Serfaus

6er-Sessel Plansegg, Bj. 1997, 1772 m in 6 Min. Kurz unterhalb der Bergstation Komperdell, der einladendste aller rundum liegenden Lifte. Von oben 1) Talabfahrt bis nach Serfaus. 2) Anschluß nach Fiss 3) in den Kessel unterhalb Bergstation 6er-Sessel Komperdell. Dort Anschluß zur Masner-Hütte oder zur 6er-Gondel.

→► **rote Piste 14,** 2,5 km. Von ihr zweigt die *Skiroute 14a* (2,8 km) weg. Beide Strecken enden im Kessel unterhalb der Bergstation Komperdell →► Anschluß an 4er-Sessel Obere Scheid, Scheid-Schlepper und 4er-Sessel Gampen.

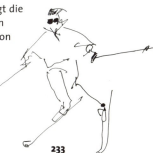

Oberinntal

4er-Sessel Alpkopf ·············

Bifang-Schlepper ·············

→ **rote Piste 5/blaue Piste 4,** 2,5 km/3 km. Zu beiden Seiten des 6er-Sessels Plansegg. Beide einladend breit, teilweise 50-80 m. Sie werden gerne und häufig gefahren. Beide enden sie bei Talstation 6er-Sessel Plansegg. Von dort z. B. das kurze Stück zum 4er-Sessel Gampen und mit ihm zur Bergstation 6er-Gondel.

→ **rote Piste 3,** 6 km. Von der Bergstation 6er-Sessel Plansegg hinunter zur blauen Piste 2 und weiter nach Serfaus. Längste Abfahrt im Gebiet. Wer die rote Piste 3 nimmt, muß, um wieder auf den Berg zurückzukommen, die Gondel im Tal besteigen. Über die rote Piste 3 kommt man aber auch zur blauen Piste 3, die den Anschluß nach Fiss möglich macht.

4er-Sessel Alpkopf, Bj. 1997, 625 m in 2 Min. Neben Talstation 4er-Sessel Gampen. Zieht auf den südlich vom Komperdell-Gipfel gelegenen Alpkopf. Von dort rote Piste 7 wieder zurück zu Talstation 4er-Sessel Gampen oder Talstation 4er-Sessel Alpkopf oder weiter auf blauer Piste 2 ins Tal.

→ **rote Piste 1,** Waldabfahrt, 3,5 km, Talabfahrt nach Serfaus. 20-25 m breit, steile wie flache Passagen durch den Wald. Von der Waldabfahrt ein Wegweiser zur Rodelhütte, siehe Serfaus-Ort Rodeln Seite 199. Weiter unten teilt sich die Piste, kommt erst bei der Talstation wieder zusammen. Beide Wege sind es wert, gefahren zu werden.

Skigebiet **Serfaus**

Verbindung nach Fiss

Von der Serfaus-Talabfahrt rote Piste 2 oder 3 auf den **blauen Skiweg 25,** *er führt nach Fiss. Eine Weile ist man unterwegs, dann Gabel. Dort ein Stück hochtreten, dem Wegweiser „Waldlift" oder „Fiss" folgen. Der Weg verläuft oberhalb von Serfaus, ist breit wie ein Pistengerät. Das Dorf und die Umgebung lassen sich ausführlich betrachten. Folgt ein kurzes Stück, das Piste genannt werden kann, endet aber gleich in einem Waldweg. Es riecht herrlich, die Äste hängen tief. Bei der Gabelung links oben bleiben und zum Waldlift (an der Hütte kann man Tageskarte kaufen). Mit dem Waldlift hoch und auf blauer Piste 6 ins Skigebiet Fiss fahren.*

Bifang-Schlepper, Bj. 1969, 620 m in 3,50 Min. Von der obersten Häuserreihe in Serfaus 400 m Richtung Sattelkopf. Von oben Abfahrtsmöglichkeit zur Talstation Serfaus oder zum blauen Skiweg 10 nach Fiss.

Talabfahrt

Gibt es zwei Möglichkeiten. Von der Bergstation 6er-Gondel Komperdell über die **blaue Piste 2,** *die sich 4 km teilweise sehr eben hinunterschlängelt zum Dorf. Wer es etwas steiler haben möchte, nimmt den unterhalb der Bergstation Komperdell gelegenen 6er-Sessel Alpkopf und die* **rote Piste 1.**

Abb.: Waldabfahrt rote Piste 1. Im Hintergrund die Häuser von Serfaus
Komperdellbahnen Serfaus

Foto Mayer Serfaus

Carven

Offiziell keine Piste zum Carven. Geeignet die Pisten am 6er-Sessel Plansegg. Eine gute Strecke ist sicherlich die 2,2 km blaue Piste 25. Von Bergstation 6er-Gondel Lazid am Lawens-Schlepper entlang.

Snowboarden

300 m **Funpark** mit Half-Pipe beim 6er-Sessel Plansegg. Maschingefertigte Schneehaufen am Pistenrand für allerlei Sprünge. So angelegt, daß man auch gesehen wird. Skifahrer dürfen hin, aber nicht hinein. *Erreichen:* mit 6er-Gondel Komperdell und dann zum 6er-Sessel Plansegg. An der **schwarzen Piste 19** eine Halbröhre etwa 200 m lang. Das wird in den Prospekten als „natürliche Half-Pipe" angeboten.

Schneetelefon: ++43/5473-771

Nauders 1400 m

Am Reschenpaß, kurz vor der italienischen Grenze.
Einst kleines Bauerndorf, heute ganz auf Wintersport.
Alles dicht beisammen, zu Fuß zu erledigen. Die Kirche
thront über neuen Pensionen und Hotels. Wahr-
zeichen ist eine alte Festung. Talstation außerhalb des
Ortes, aber Pistenabfahrt bis Dorfzentrum.

1500 Einwohner
4000 Betten

Ein solider österreichischer Durchschnitts-Skiort.
Keine spezielle Zusatzinfrastruktur wie Erlebnisbad,
Saunalandschaft etc. Aber großer Vorteil: Nicht weit
zu einigen tollen Südtiroler Skigebieten und auch
nach Samnaun (Schweiz) nur eine kurze Autofahrt.
Dort Einstieg in das Skigebiet Samnaun-Ischgl, das
schrägste in ganz Österreich. Après-Leben in Nauders
an der Abfahrt zwischen Talstation Gondel und Dorf
beim Schirm vor Gasthof Martha.

i TOURIST-INFO

geöffnet: Mo-Fr 9-12 u. 13-18 Uhr, Sa
9-12 u. 16-18 Uhr, So 10-12 u. 16-18
Uhr. Im Ortszentrum am Postplatz,
davor ein Informator.
A- 6543 Nauders
Tel. ++43/5473-205 Fax – 627
http://www.tiscover.com/nauders
E-mail: tvb.nauders@tirol.com

Oberinntal

ORIENTIERUNG

Das Ortszentrum liegt links der Reschenbundesstraße. Im Ort Einbahnsystem und enge Straßen. Falschparken und sonstige Ausfälligkeiten sind in Nauders nicht anzuraten. Im Dorf gibt es 14 Polizisten, das heißt auf 100 Einwohner einer. So schnell kann man gar nicht schauen hat man schon einen Knöllchen. Z. B. Falschparken vor der TI.

SKIVERLEIH

Ski-Shop Habichler direkt an der Skischulwiese, *Sport Wassermann* im Zentrum, *Sport Penz* Zentrum, *Skistadl Sylvia Ortner* Zentrum. Einheitliche Preise unter Nachbarn.

Standard-Ski
1Tag 14,30 3Tage 40,– 6Tage 78,60
Top-Ski
1Tag 38,60 3Tage 111,40
6Tage 184,30
Top-Schuh
1Tag 12,80 3Tage 37,10 6Tage 70,–
Standard-Ski
1Tag 14,30 3Tage 40,– 6Tage 78,60
Jugend
1Tag 12,80 3Tage 35,70 6Tage 65,70
Schuhe
1Tag 10,– 3Tage 28,60 6Tage 50,–
Kinder
1Tag 10,– 3Tage 20,– 6Tage 50,–
Schuhe
1Tag 5,70 3Tage 14,30 6Tage 27,10

Führungen in Schloß Naudersberg
Di, Do 16 Uhr, Mi 17 Uhr, So 11 Uhr. Eintritt 7,20 Kinder bis 14 frei. Jeden Sonntag 15:30 Uhr Münzenschlagen.

Abb.: Schloß Naudersberg

Kurz vor Nauders an der linken Straßenseite die **Festung Nauders.** Ein monströses Bauwerk im Felsen. 1840 erbaut zur Bewachung der Straße über den Reschenpaß. *Führungen* jeden Mittwoch ab 15 Uhr und Sonntag ab 17 Uhr, pro Pers. 9,– Kann den Führer Ludwig Thoma auch anrufen: 05473-242, dann legt er vielleicht eine Extraschicht ein. Auch auf der Straße ist der Mann leicht zu erkennen. Mit seinem weißen BMW-Cabrio fährt er auch im Winter offen.

Schloß Naudersberg, 1330 erbaut, erhebt sich über den Ort. War zur Verteidigung der Straße nie gedacht. Wäre dafür auch zu schwach gewesen. Aber Gerichtssitz war sie einst. Das Oberste Gericht im Vinschgau. Im Napoleon-Zimmer finden standesamtliche Trauungen statt. Irgendwann soll es auch ein Museum geben, soweit ist es noch nicht. Das Schloß wird wegen des netten Schloßrestaurants aufgesucht. Eigentümer der ganzen Anlage: Familie Köllmann vom Hotel Edelweiß.

Ort Nauders

Skibus
Pendellinie, und zwar zwischen Nauders und Talstation der 6er-Gondelbahn. Fährt ab 8:30-16:30 Uhr. In der Hochsaison alle 15 Min., sonst alle 25 Min.

Skischule
Skischule Bergkastel-Nauders
Büro im Zentrum. ***Kurszeiten:*** 10-12 u.13-15 Uhr. ***Gruppenkurs:*** 1Tag 60,– 3Tage 164,30 6Tage 185,70. ***Privatkurs:*** 1Std. 78,60 jede weitere Pers. 25,70 1Tag 314,70 (So-Mo) 285,70 (Do-Sa) jede weitere Pers. 35,70. ***Snowboard:*** 3halbe Tage 142,80 4halbe Tage 164,30 5halbe Tage 178,60.

Skischule Nauders
1) Büro im Zentrum 2) Büro bei Zweigstelle-Skiwiese 3) Büro beim Ski-Kinderland. ***Gruppenkurs:*** 1Tag 64,30 3Tage 144,30 6Tage 160,– ***Privatkurs:*** 1Std. 80,– jede weitere Pers. 21,40 1Tag 314,30 jede weitere Pers. 37,10. ***Snowboard:*** 2halbe Tage 132,80 4halbe Tage 155,70 5halbe Tage 167,10.

Service & Hilfe
++43/5473-…

Geld: *Raika* im Ortszentrum. Mo-Fr 8-12 u. 14-17:30 Uhr, Sa 8:30-11:30 Uhr, daneben Bankomat. Visa, Master, Diners und Changeomat. Die *Sparkasse* hat unter der Woche bis 18 Uhr geöffnet. **Post:** am Postplatz, Mo-Fr 8-12 u. 14-18 Uhr. Geldangelegenheiten - 17 Uhr. **Arzt:** Gemeindearzt Dr. Öttl im Gemeindehaus. Mo, Di, Do, Fr 8:30-11:30, Mo, Mi 16:30-18 Uhr. Tel. –500. **Zahnarzt:** Dr. Mangweth, im Gemeindehaus. Mo-Fr 8-11 Uhr. Tel. –790 **Apotheke:** beim Gemeindearzt. **Gendarmerie:** am Postplatz. Tel. –201. **Bergwacht:** Tel. –242. **Autovermietung:** bei Auto Hutter (ARAC) **Tanken:** am Reschenpaß BP abends mit Münzeinwurf. Aral an Ortseinfahrt Nord: 6-22 Uhr, kleiner Shop dabei.

Abb.: Festung Nauders
TVB/Ludwig Thoma

Abb.: Bergstation 6er-Gondel Bergkastel. Das Tageszentrum von Nauders.

TVB Nauders

Kinderskikurs:
in Skischule Nauders
1 Tag 64,30 3 Tage 144,30
6 Tage 160,–
Mittagsbetreuung/Tag
17,10

KINDER

Gegenüber der Talstation **6er-Gondel Bergkastel** Babylift mit flachem Skihang. Bei Einfahrt Ortsmitte unterhalb der Burg, Kinderspielplatz mit Rutsche, Klettergerüst etc. Am Burghang können die Liebsten rodeln, popschrutschen, skifahren und boarden üben. Die Kinderskischule hat dort einen Babylift. Ungefährlich, weit und breit kein Auto. Babysitting und **Gästekindergarten** – bei der Tourist-Info anmelden.

LANGLAUFEN

Arsangs-Loipe, 6 km, beginnt bei Talstation der 6er-Gondel. Macht ihre Schleifen am flachen Hochtalboden zwischen den bewaldeten Hängen und der Reschenpaß-Straße. Manchmal steigt sie gemächlich, aber kontinuierlich an. Die Fortsetzung der Arsangs-Loipe ist die Reschen-Loipe.

RODELN & WANDERN

Rodelbahn Bergkastel, 8 km lang. Von der Bergstation der 6er-Gondel. Über weite Strecken sehr flach, teilweise die Rodel ziehen. Kreuzt mehrmals die Piste, davor jedoch Schneehaufen als Stopper und Warnung. Das letzte Stück ident mit dem flachen Auslauf der Talabfahrt Richtung Talstation.

Ort **Nauders**

Mutzkopf Rodelbahn, vom Mutzkopf, dem Hausberg Nauders, der dem Ort im Winter die Sonne stiehlt. Die Bahn endet bei der Talstation.

AKTIVITÄTEN
Eis: Eislaufplatz tägl. 14-21 Uhr. **Tennis:** Halle geöffnet von 8-24 Uhr. 12-16 Uhr 25,80 ab 16 Uhr 34,30 pro Stunde. **Squash:** im Hotel Nauderer Hof, nur gegen Anmeldung. **Kegeln:** bei Café-Imbiß Winkler, 10-24 Uhr, Freitag geschlossen. 2 Bahnen recht eng beisammen, am Kopf mehrere Gasthaustische.

Kegeln: Pro Std. 21,50. *Wo:* im Ortszentrum, Einfahrt Mitte.

RELAXEN
Da hat Nauders kaum etwas zu bieten, zumindest von öffentlicher Seite gar nichts. Wer unbedingt in ein **Hallenbad** möchte, kann bei den *Hotels „Central", „Erika"* (tägl. 7-19 Uhr), *„Regina"* (tägl. 8-19 Uhr) und Sporthotel *„Tirolerhof"* (tägl. 8-16 Uhr) anfragen. Sind die Bäder allerdings mit Hausgästen voll, wird man nicht reingelassen. **Dampfbad, Whirlpool, Sauna, Solarium** gibt's im Central", „Erika" und „Regina".

Abb.: Arsangsloipe, 6 km. Langlaufen Richtung Italien.

TVB Nauders

Oberinntal

GASTRONOMIE

Restaurant Schloß Naudersberg, Küche 11:30-21 Uhr, Montag Ruhetag. Drei Stuben. Vom Eingang weg die langgezogene Schankstube im Renaissancegewölbe. Kleine Fenster, dicke Mauern; die ehemaligen Stallungen. Der Geruch ist längst raus, manchmal sieht man noch 'ne Kuh. Immer höflich bleiben, bitte. Der Bauernofen sieht zwar nett aus, könnte das alte kalte Gemäuer aber niemals erwärmen. Deshalb Fußbodenheizung. Von der Schankstube abgehend Fürsten- und Ritterstuben. Erkennbar an einem Harnisch in der Ecke. Rosa Tischwäsche, für Abend besser reservieren, denn fast alle Nauders-Gäste wollen hier einmal einen erinnerlichen Abend verbringen.

Essen: Zwiebelsuppe 6,50 Filetspitzen vom Rind, Butterreis 20,80 Rahmgeschnetzeltes, Spätzle 17,90 Brettljause 15,– Käsespätzle 12,20 Tiroler Speckknödel 3 Stk. in Suppe, Salat 13,60 Rindsmedaillons, Butterspätzle 32,20 Wiener-Schnitzel 17,90 Vorbestellen: Schweinshaxe gegrillt 38,60 Chateaubriand 68,– Fondues pro Pers. 35,–
Trinken: Cola 2,80 Bier 4,20 Weizen 5,– Wein 5,80 Glühwein 6,– Jagatee 7,– Obstler 2,80
Wo: In der Burg. Einfahrt Mitte, dann rechts den Hügel hoch, davor Parkplätze.

Pizzeria Mamma Mia, Küche 17-23 Uhr, Mi Ruhetag. Gelb-orange gestreifte Eingangstüre, sieht einladend, fröhlich aus. Strohsessel wie sie ein asiatischer Fürst mag, der in der Thron-Rangfolge auf Platz 372 liegt. Gemauerte Rundbar mit schwerem Holzbrett, darauf Soletti. Kunstbaum mit Lichtern. Hellblauer Plafond, einige Wölkchen und Möven. In der Mitte Salatbüffet, Pizzaofen sichtbar, ein Italiener bereitet die Fladen.

Essen: Tagessuppe 4,30 Spaghetti 11,– Lasagne 11,50 Salat vom Büffet kl. 5,80 gr. 7,20 Chili con Carne 15,– Pizza 24 versch. zw. 11 und 15,–
Trinken: aus unerfindlichen Gründen keine Getränkepreise notiert – sorry.
Wo: im Hotel „Neue Burg" neben der alten Burg.

Restaurant Hotel Post, Küche 11-14 u. 18-21 Uhr. Gasthof aus der alten Zeit herübergerettet. Aquarelle und Zeichnungen erinnern an die Vergangenheit des kleinen Dorfes am Reschenpaß. Zwei Gaststuben. Die „rosa" Stube zeichnet sich durch rosa Tischwäsche aus. Die „Jagdstube" durch eine reichhaltige Trophäensammlung. Fast alles, was sich ausstopfen läßt, ist vertreten. Blickwert der Intarsien-Stammtisch neben dem grünen Kachelofen, da darf man sich leider nicht hinsetzen. Der Polsterung würde eine Erneuerung nicht schaden. Aber man kann ja nicht alles wollen. Altes Haus und neue Tapezierung, wo gibt's das?

Essen: Terlaner Weinsüppchen 6,80 Nauderer Kasknödel 13,20 Krautspatzln (hausgemachte Eierspätzle mit gedünstetem Weinkraut) 11,30 große Auswahl Tiroler Köstlichkeiten bis 22,– Flußzander ungarischer Art 26,50 Riesengarnelen 33,– Fasanbrüstchen „Winzer Art" 23,60
Trinken: Cola 0,35 l 3,80 Bier 0,3 l 4,– Weizen 5,50 Wein 6,– (viele Weine aus F, CH, A, E, I) Glühwein/Jagatee 6,– Bauernobstler 3,60 Kaffee 3,60
Wo: am Hauptplatz von Nauders. Einfahrt Mitte, dann links bis man dort ist.

Schwarzer Adler, Küche bis 21 Uhr. Im Adler tafelt, wer mindestens 25,– für ein Hauptgericht ausgeben möchte. Hier werden die großen Nauderer Hochzeiten

Essen: Rindsuppe 5,20 Tomatensuppe 7,20 Spaghetti 11,80 Wiener Saftgulasch 18,30 Wiener-Schnitzel 19,80

gefeiert. Dicke Mauerbogen trennen Hotel-Lobby und Gaststube. Darüber schwer eine geschnitzte Holzdecke. Leichtfüßiger die Zirbenstube im Zubau. Stoffservietten gestärkt, perfekt präpariert. Der Wirt schreitet durch die Stuben und grüßt zu den Tischen. Das bringt gewisse Gemütlichkeit in die Seelen der Menschen. Die Leute sitzen hier länger als anderswo und lassen sich vom Essen ins Verdauen fallen. Mit Beinen so schwer wie die Holzdecke verlassen sie den Schwarzen Adler. Ans Fliegen ist nicht mehr zu denken, bestenfalls ans Stolpern.

Züricher Kalbsrahmgeschnetzeltes 27,90 Wildragout 20,80 Schwarzer Adler Geheimnis – eine Überraschung für 65,–
Trinken: Cola 3,50 Bier 0,3 l 4,– Weizen 6,60 Wein 6,– (17seitige Weinkarte, da soll man etwas finden) Obstler 3,–
Wo: im Ortszentrum neben der Mariahilf-Kirche.

Restaurant Alt Nauders, Küche 11-14 u. 17-21 Uhr. Am Eingang Bar, wo Einheimische lümmeln. Nein nicht wirklich lümmeln, nur hängen. Die Gasträume sind in den gewölbten ehemaligen Stallungen, vergleiche Restaurant Schloß Naudersberg. Dort rosa, hier die Basis für ein gepflegtes Nachtmahl, hellblaue Tischtücher. Das Restaurant eines der teureren im Ort, trotzdem von Gästen wie Ansässigen gerne besucht.

Essen: Bauerngerstl-Suppe 6,50 Spaghetti 11,50 Hühnerbrüstchen, Grill/Tiroler Herrengröstl/Nauderer Käsespätzle 15,– Zwiebelrostbraten 23,60 Forelle Müllerin 21,50
Trinken: Cola 0,35 l 3,50 Bier 0,3 l 4,60 Weizen 5,50 Wein 5,20 Obstler 2,30 Brauner kl. 3,30
Wo: im Ortszentrum.

Café-Restaurant Niklas, geöffnet 10-01 Uhr, durchgehend warme Küche, kein Ruhetag. Neubau an der Reschen-Bundesstraße (Talhauptstraße). **Sonne** kommt erst Mitte März zur Terrasse, vorher schafft sie es nicht über den Mutzkopf. Das ganze Lokal in Esche gehalten, Boden aus Terracotta, weinrote Tischtücher. Über den Tischen moderne Stillampen. Der Raum hat drei Erker, darin runde Tische mit Drumherum-Bank. Alles neu, keine Patina. Extra Kinderspielzimmer mit zwei Tischen, Spielküche etc.

Essen: Nudelsuppe 5,– Knoblauchrahmsuppe 6,20 Fleischkäse, Spiegelei, Pommes/Spaghetti 11,80 Wiener-Schnitzel 15,80 Rahmgeschnetzeltes, Spätzle 16,50 Speckknödel 3 Stk. 12,90 Palatschinken 2 Stk. 7,50
Trinken: Cola 2,60 Bier 5,– Weizen/Wein/Glühwein 6,– Jagatee 5,50 Obstler 2,90 Kaffee 3,50 Schoko 3,80 Tee 2,60.
Wo: an Talhauptstraße Ri. bergan li.

Café-Imbisse Winkler, geöffnet 10-24 Uhr, Freitag Ruhetag. Die Sonnenterrasse leidet unter dem sogenannten Mutzkopf. Das ist der Berg gegenüber, hinter dem im Winter die Sonne bald verschwindet. **Sonne** im Januar von 10-12:30, Feb. - 14:30 Uhr. Angenehm warm auf der Bank an der Hausmauer.
Die Terrasse ist recht beliebt. Die Stube innen sehr einfach mit einigen Tischen.

Essen: Gulaschsuppe 6,50 Würstel 5,80 Spiegeleier, 3, Brot 8,60 Grill-Kotelett, Pommes 15,80 Torten 4,–
Trinken: Cola 3,50 Bier 5,80 Weizen 5,50 Wein 5,50 Glühwein/Jagatee 6,– Obstler 2,60 Saurer Apfel 3,60 Kaffee 3,50 Schoko 3,60 Tee 3,–
Wo: Ortszentrum, Einfahrt Mitte.

Oberinntal

Essen: Tiroler Knödelsuppe 6,–
Putenschnitzel Hawaii 19,80 Wiener-Schnitzel 17,90 Löwenteller (gegrilltes Rind, Schwein, Grillwürstel, Pommes, Gemüse) 23,60
Tiroler Speckknödel 2 Stk. 12,90
Kasnudeln 13,60
Trinken: Cola 2,60 Bier 4,– Weizen 5,30 Wein 5,20 Glühwein 5,80
Cappu 3,60 Schoko 4,60 Tee 2,90
Wo: am Postplatz im Zentrum.

Goldener Löwe, Küche 11:30-14 u. 17:30-21 Uhr, Mo Ruhetag. Gasthof, Restaurant und Weinstube aus dem 16. Jh. Damals gab es hier wohl noch Löwen, Tiger, Elefanten, und aus den Affen sind die heutigen Tiroler geworden. Schlechter Witz, liebe Tiroler verzeiht, ihr seid ganz liebe und fleißige Menschen. Wenn schon beim Löwen essen, dann in der alten Stube im 1. Stock. Holzvertäfelt, großer Bauernofen, Boden ist neu. Das Haus gehört dem Altbürgermeister. Ausgehängt das Goldene Ehrenzeichen des Herrn Bundespräsidenten. Wer in der Stube keinen Tisch findet, muß im alten Stall Platz nehmen. Schon wieder.

APRÈS-SKI & TREFFPUNKTE

Beliebter Après-Treffpunkt nach Ende des Skitages Gasthof Martha. Liegt direkt am flachen Skiweg von der Talstation 6er-Gondel hinunter in den Ort.

Essen: Gulaschsuppe 5,80 Toast 7,20
Pfeffersteak (300 gr.) 34,30
Trinken: Cola 3,60 Bier 0,3 l 4,30
Weizen 6,50 Wein 6,30 Glühwein 6,50 Jagatee 7,90 Cynar Orange 7,90 Tequila 4,30
Piccolo 17,20
Cappuccino 4,30
Wo: Nauders Mitte rein und bei Hotel „mein Almhof" links, geht nicht anders.

Treffpunkt Clima, geöffnet tägl. 14-02 Uhr. Treffpunkt vor der großen Nachtsause. Im angebauten Vorbau Spielautomaten, Fußball, Video, Darts, Flipper und ein kleiner Pool-Billard-Tisch. Wer keine Münzen mehr hat oder schon aus dem Spielautomatenalter heraußen ist, sitzt an der Bar. Die zieht sich zackig und eckig durch den Raum, darüber hängen Geldscheine aller Nationen. Damit wird ja 2002 mit Einführung des Euros Schluß sein.

Trinken: Bier 0,3 l 5,20
Glühwein/ Jagatee 6,–
Willi/Wodka-Feige 4,30
Wo: neben Hotel Nauderhof, Ortszentrum.

Traktor Tenna, geöffnet tägl. 15-02 Uhr. Vom Après-Ski bis in die Nacht. Vor der Türe das Hinterteil eines roten Traktors. Innen trifft man dann auf das Gesicht des Vehikels. Hatten wir schon mal wo. Schmale langgezogene Kneipe, viel Holz, die Bar streckt sich bis hinten. Am Ende ein paar Stehtische, dahin muß man sich aber erst durchkämpfen. Bei Vollmond tanzen die Menschen auf der Bar, sonst wo Platz ist. Musikalisch die gesamte Tiroler Wintersportmusik. Einflüsse aus Amerika, England und dem Zillertal.

Chess Pub, geöffnet tägl. 21-02 Uhr. Draußen am Hotel steht groß Hallenbad, am Weg hinunter in das Kellerlokal verbreitet es sein Odeur. Die Treppen mit grauem Teppichboden überzogen, wie zum Skistall. Innen schwarz-weiß mit roten Kanten und rotem Plafond konsequent durchgestylt. Früher gab's einen Raum zum Schachspielen, heute erinnern nur noch die wandgemalten Pferdchen daran und der Name. Musikalisch hält man sich an die Hitparaden-Charts Durchschnitt.

Essen: Toast 5,80
Trinken: Cola 3,30 Bier 5,– Heinecken 5,– Hirter 4,80 Weizen 5,– Weinachterl 3,60 Whisky 4 cl. 7,20 Campari 4 cl. 3,60 Vodka-Orange 2 cl. 8,– Tequilla 4,30 Obstler 3,20 Brauner kl. 3,60 gr. 7,20
Wo: Keller Hotel Astoria, beim Naudererhof rechts die Str. rein.

Alm-Bar, geöffnet tägl. 16-03 Uhr. Extremes Après-Ski, nur wenn der Ort von Gästen überquillt. Abends meist gut besucht. Hat am längsten offen, zuletzt treffen sich hier alle, die noch immer nicht nach Hause wollen. Die Bar macht einen Bogen durch das Lokal, Tische in Nischen. Bei jedem ein Fensterchen mit Vorhang. Sehr tirolerisch eingerichtet, der Name hat es ja ohnehin schon verraten. Tanzfläche mit Lichtanlage, bunte Strahlen, wie sie auch gerne auf Solotänzerinnen geworfen werden. Der Besitzer des Hotels und der Alm-Bar steht jeden Tag bis Sperrstunde am Tresen. Man erkennt ihn daran, daß er heftig diskutiert und seinem Barman in den Hintern tritt. Das nicht bildlich, sondern tatsächlich. Der Junge lacht dazu schmerzverzerrt.

Essen: Gulaschsuppe 8,– Toast 8,50
Trinken: Cola 3,80 Bier 0,3 l 4,80 Weizen 0,3 l 5,50 Wein 6,50 Glühwein/Jagatee 6,– Tequilla 5,– Glas Sekt 8,60 Whisky 4 cl. 9,20 Flasche Dom Perignon 365,– Kaffee 4,30
Wo: Keller Hotel Tirolerhof, an Verbindungsstraße von Burg ins Ortszentrum.

Liftgesellschaft: ++43/5473-327

Skipaß Nauders

Saisonen:
Hauptsaison
24.12.98-6.1.99
6.2.-5.3.99 u. 27.3.-10.4.99
Nebensaison
12.12.-23.12.98 u. 7.1.-5.2.99
6.3.-26.3.99 u. 11.4.-17.4.99

Tickets, tägl. 9-16 Uhr bei Talstation 6er-Gondel Bergkastel. Bei Verkaufsstelle im Ort Mo-Fr 9-12 u. 13-18 Uhr Sa u. So 9-12 u. 15-19 Uhr. Kassa bei Talstation 6er-Gondel Bergkastel nimmt Bargeld, die gängigsten Fremdwährungen, Scheck mit Karte und *Bankomat*.
Ermäßigungen: Kinder bis 5 Jahre gratis. Gruppen ab 20 Pers. ermäßigter Tarif. Pro 20 Pers. eine Freikarte.

	Erwachsene		Jugendliche 6-15 Jahre		Senioren 60/65 Jahre	
	HS	NS	**HS**	NS	**HS**	NS
Tageskarte	**54,30**	48,60	**30,70**	28,60	**45,70**	41,40
ab 11 Uhr	**48,60**	43,60	**27,10**	26,40	**41,40**	37,90
ab 12 Uhr	**40,-**	35,-	**23,60**	22,10	**33,60**	30,70
ab 13 Uhr	**34,30**	29,30	**21,40**	19,30	**28,60**	25,-
ab 14 Uhr	**28,60**	25,-	**19,30**	17,10	**24,30**	21,40
3 Tage	**140,70**	124,30	**79,30**	70,70	**122,10**	105,70
6 Tage	**255,70**	218,60	**141,40**	121,40	**218,60**	187,90

Einzelfahrten:
mit 6er-Gondel Bergkastel
Berg: Erw. 15,70 Jugend 9,30 Sen. 12,90. *Berg & Tal:* Erw. 20,– Jugend 14,30 Sen. 16,40, 5er- *Block Berg:* Erw. 67,10 Jugend 39,30 Sen. 55,–
mit Schloßlift: Erw. 2,90 Jugend 2,10 Sen. 2,10. **mit 2er-Sessel Mutzkopf:** *Berg & Tal:* Erw. 12,90 Jugend 7,90 Sen. 11,40.

Ab 4-Tages-Ticket, auch möglich der Verbundskipaß **„Ski 6".** Gebiete: Fiss, Serfaus, Nauders, Kaunertal, Venet und Fendels.
Für Gruppen gilt „Ski 6" ab 3 Tage. In diesem Buch Kaunertal, Venet, Fendels noch nicht. Sorry.

Schneetelefon: ++43/5473-771

Skigebiet Nauders

65 km Pisten, davon 6 km schwarz, 35 km rot und 24 km leicht. Hat zwei Gesichter. Um die Bergstation und die darunter liegenden Pisten Winterwald-Landschaft. Wild, rauh und windverblasen die Pisten um das Tscheyeck. Dort die Skirouten, Tiefschneestrecken und ein Schlepper auf 2850 m. Viel Trubel um die Gondel Bergstation. Dort trifft sich alles. Spaziergeher, Rodler, Sonnenanbeter und die Pistengeschöpfe. Viele Italiener, die es von der Grenze nur 3 km haben. Hinkommen morgens nur mit dem Skibus oder Auto. Abends mit Ski ins Dorf.

65 km
Betriebszeiten: 9-16 Uhr, ab Sommerzeit - 16:30 Uhr
Wertungen: *DSV:* schneesicher *ADAC:* ***

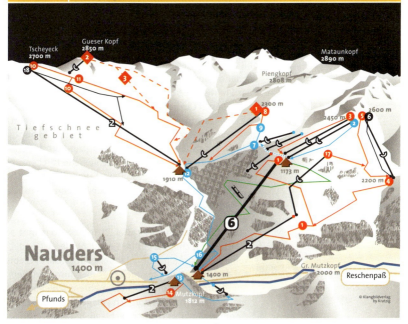

Oberinntal

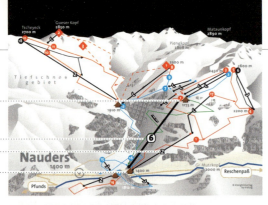

SB-Restaurant

6er-Gondelbahn Bergkastel

2er-Sessel Lärchenhang

Talstation

Die Talstation

Sport-Shop

an der Talstationen keinen ausgemacht, nur im Ort, Skistadl Ortler. Geöffnet: 9-12 u. 15-18 Uhr, Sa 9-12 u. 14-18 Uhr, So u. Feiertage 9-11 u. 16-18 Uhr. Verkauf, Verleih, Service etc.

Essen: Wurstsemmel 2,90 Würstel 5,50 Fleischkäse, Kartoffelsalat 7,90 Wiener-Schnitzel 14,30 Strudel 4,60
Trinken: Cola 3,– Bier 5,– Weizen 5,20 Wein 6,– Glühwein 5,– Jagatee 6,50 Wodka-Feige 4,50

ein Stück außerhalb des Ortes kurz vor der Grenze zu Italien. Moderne 6er-Gondel und ein älterer 2er-Sessel, der zuerst flach über die Wiese schaukelt, dann hochzieht.

Um die Talstation große Parkfläche. Zu Spitzenzeiten helfen Platzwächter aus, damit die Autos eng beisammen stehen. Das Parken ist kostenlos. Im Gondelhaus, dort wo WC, ein Raum mit Skisafes (10 S). Skipaß-Kassa keine Kreditkarten, aber Fremdwährungen und Bankomat.

Büffet, gemauerte Würstelbude neben der Kassa. Davor eine Terrasse so breit wie ein Biertisch, gerade daß man zugehen kann. Der Blick fängt sich immer wieder an den Skikästen der Autodächer. Innen ein paar Stehtische, Budel mit zwei Würstelfrauen.

2er-Sessel Lärchenhang, Bj. 1986, 1550 m in 15 Min. Das ist alles andere als schnell. Wird nur benutzt, wenn die Gondel überlastet ist. Endet irgendwo im Lärchenwald. Um vom 2er-Sessel Lärchenhang zur Bergstation 6er-Gondel zu kommen, oben anschließend Lärchenhang-Schlepper nehmen. Von Bergstation Lärchenhang-Schlepper links raus, kommt nach einigen 100 m Bergstation 6er-Gondel.

6er-Gondelbahn Bergkastel, Bj. 1990, 2750 m in 12 Min. Der wichtigste Lift im Gebiet. Moderne Gondel, keine Mittelstation. Normalerweise bringt sie die Leute auf den Berg. Wird aber auch tagsüber immer wieder angefahren. Oben im Anschluß mehrere Schlepper und ein 2er-Sessel auf das nördlich gelegene Tscheyeck. Ab Sommerzeit fährt die Gondel bis 16:30 Uhr.

Skigebiet **Nauders**

Bergstation
6er-Gondel Bergkastel,
Oben großes SB im Stil eines Marktrestaurants. Auf der Ebene der Bergstation laufen die Fotografen von „Foto Nino" mit Kameras herum und fotografieren die Leute. Ungefragt. Ab 18 Uhr kann man die Bilder dann bei Nino in Nauders anschauen, wer will, kauft: 15 x 20 cm 7,20.

Abb.: 6er-Gondel Bergkastel
TVB Nauders

SB-Restaurant, mit Ausnahme an der großen Mittelbar, dort wird bedient. Gastraum unterteilt. Lange Tische für 10 Personen und kleine für 4 Leute. Helles Holz, sehr sauber, ordentlich. Der SB-Teil großzügig, in der Mitte Salatbar. Appetitliche Kuchen und Bäckereien. Gibt auch Skibrillen, Mützen etc. zu kaufen. Vor dem WC Schließfächer (10-Schilling-Münze), für die Kleinen ***Kinder-WC.*** Vor dem Haus weite Sonnenterrasse mit Biertischen, Liegestühle kosten 4,30 + 3,– Pfand. Decken detto. *Sonne den ganzen Tag.*

Essen: Suppe 4,30 Gulaschsuppe 7,20 Knödelsuppe 5,50 Wurstsemmel 3,60 Schweinsbraten 14,30 Bratwurst, Pommes 10,80 Bernerwürstel 12,60 Würstel 5,80 Hauswurst, Sauerkraut 10,80 halbes Hähnchen 10,80 Wiener-Schnitzel 15,– Krapfen 2,20 Apfelstrudel 4,60
Trinken: Bier 5,– Weizen 5,80 Wein 6,50 Glühwein 5,– Jagatee 6,90 Willi/Wodka-Feige 4,80 Brauner kl. 3,60 Schoko 4,–

Oberinntal

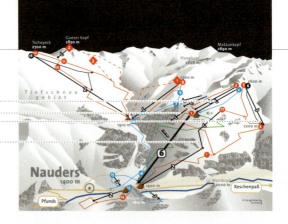

Zirm-Schlepper I + II
Ideal-Schlepper
Alm-Schlepper

Lärchenhang-Schlepper

→ **rote Piste 1,** die Talabfahrt von Bergstation 6er-Gondel. Oben etwa 70 m breit, am Ideal-Schlepper entlang. Dann links und schmaler Querweg, ca. 10 m breit. Unter Gondel und Lärchenhang-Schlepper durch. Unten wieder etwa 50 m breit. Stark befahren und ohne Umschweife gerade hinunter, gut steil. Zuletzt ein Ziehweg und langes Schußstück. Da wirklich Schwung nehmen, um locker zur Talstation zu gleiten.

Ideal-Schlepper, Bj. 1989, 450 m in 4 Min. Bei Gondel-Bergstation raus, links unterhalb. Nur Anfänger und Skischulgruppen.

Zirm-Schlepper I + II, Bj. 1974 u. 1980, je 1100 m in 8 Min. 50 m von Bergstation, flach hinüber. Laufen parallel und eröffnen die *rote Piste 3* sowie die *blaue Piste 2.* Das sind breite flache Pisten, 50-100 m. Ideal für Anfänger aller Gattungen und Carver. Am Zirm-Schlepper II im unteren Bereich ein **Boardercross.**

Von Bergstation Zirm-Schlepper entweder zurück zur Gondel-Bergstation oder hinüber zum **Alm-Schlepper** *(Bj. 1978, 1200 m in 7 Min.). Er begrenzt das Skigebiet Richtung Süden.*

→ **rote Piste 5,** beginnt bei Bergstation Alm-Schlepper. Aber auch von Bergstation Zirm-Schlepper erreichbar. Sie endet bei Talstation Alm-Schlepper.

Skigebiet **Nauders**

–▸ **schwarze Piste 6,** abgesehen von schwarzer 18 (Tscheyeck) die einzige schwarze Piste im Gebiet. Etwa 20 m breit. Jagt am Alm-Schlepper entlang, ist gut präpariert, übersichtlich und erotisch steil. Kann man sich schon drüberwagen. Endet am Alm-Schlepper.

*Von Talstation Alm-Schlepper wieder hinauf und am Zirm-Schlepper entlang die **blaue Piste 2** zur Bergstation der 6er-Gondel. Oder die **rote Piste 1** Richtung Tal.*

–▸ **rote Piste 4,** von Talstation Alm-Schlepper zur Talabfahrt. Eine flache schmale Strecke mit vielen Querfahrten durch den losen Lärchenwald. Am Pistenrand viele Almhütten, nett zum Verweilen. Den Rucksack auspacken und mit der Familie picknicken. Sehr viele Leute fahren die Piste nicht, zu abgelegen. Sie trifft dann auf die rote Piste 1, das ist die Talabfahrt von Bergstation 6er-Gondel. Wer wieder bergan möchte, kann mit dem **Lärchenhang-Schlepper** fahren.

Abb.: Die Zirmschlepper vor der Bergstation 6er-Gondel Bergkastel.
TVB Nauders

Oberinntal

2er-Sessel Tscheyeck

Goldsee-Schlepper
Ganderbild-Schlepper
Gaisloch-Schlepper
Goldsee-Hütte

Lärchenhang-Schlepper

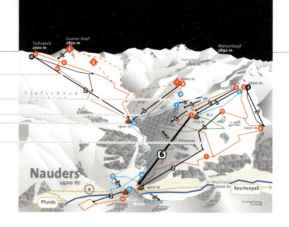

Lärchenhang-Schlepper, Bj. 1987, 1700 m in 10 Min. Durch den Lärchenwald zu den Zirben. Macht eine Kurve, kreuzt die Rodelbahn, zeitweise ist er sehr steil. Endet oberhalb der Gondel. Entweder rechts zum Alm-Schlepper auf rotem Ziehweg 17 oder links hinunter zur Bergstation Gondel.

→ von Bergstation 6er-Gondel zum Tscheyeck

von Bergstation bergangesehen links hinüber, an den Zirm-Schleppern vorbei. Das Tscheyeck ist ein sanfter Bergrücken. Felsig und zackig nur die obersten Spitzen. Das Tscheyeck liegt sonnig. Bei Wind bitterlich kalt.

Goldsee-Schlepper, Bj. 1974, 600 m in 4 Min. Ca. 200 m links von Bergstation 6er-Gondel Bergkastel, hinter den Zirm-Schleppern. Von Bergstation sieht man den Goldsee-Schlepper nicht. Wer ihn nimmt, kann wieder zurück zur 6er-Gondel oder weiter Richtung Tscheyeck.

Aquarell: Vanesa Hardi

Skigebiet **Nauders**

Ganderbild-Schlepper, Bj. 1982, 600 m in 4 Min. Vom Goldsee-Schlepper etwa 200 m entfernt, die Verbindung ist ein flacher Ziehweg. Von seiner Bergstation ebenfalls zurück zur 6er-Gondel. An seiner Talstation beginnt *blaue Piste 7,* hinunter in den Graben zu Gaisloch-Schlepper und 2er-Sessel Tscheyeck.

→ **blaue Piste 7,** eine 5 m schmale Querfahrt durch den Wald. Mehrere hundert Meter, dann kommt sie mit der roten Piste 8 zusammen. Nach Unterquerung Gaisloch-Schlepper ein schmäleres Steilstück bis zur Talstation *Gaisloch-Schlepper* und *2er-Sessel Tscheyeck.*

Abb.: 2er-Sessel Tscheyeck. 2200 m in 15 Min. Bitter kalt an Windtagen. Die steilsten Pisten im Gebiet.
Nauderer Bergbahnen GmbH & CO KG

Goldsee-Hütte, zwischen den Talstationen 2er-Sessel Tscheyeck und Gaisloch-Schlepper. *Sonne* ab Anfang Feb. 9-16 Uhr. Kleiner offener SB-Bereich, ein Gastraum hoch bis zum Dach. 16 lange Tische in Reih und Glied, je für etwa 10 Personen. Bei Schlechtwetter muß man schon zusammenrücken. Unbequem, irgendwer will immer raus. Terrasse mit Biertischen, von gemauertem Geländer umgeben, damit niemand runter fällt. Die Hütte hat keinen besonderen Eindruck hinterlassen, ist aber die einzige in diesem Winkel.

Essen: Tagessuppe 4,30 Würstel 5,80 Pommes 6,90 Gulasch 13,60 Spaghetti 7,20/11,50 Fleischkäse 7,20 Fleischkäse, Pommes, Spiegelei 10,80 Wurstbrot 5,50 Büffetsalat 7,20/10,80 Apfelstrudel/Torten 4,60
Trinken: Cola 3,30 Bier 5,– Weizen 5,80 Wein 6,50 Glühwein 5,– Jagatee 6,50 Willi 4,80 Kaffee 3,60 Schoko 4,– Tee 3,20

Von der Hütte drei Möglichkeiten: auf blauer Piste 12 ins Tal, mit dem Schlepper oder mit dem Sessellift hoch.

→ **blaue Piste 12,** eine der zwei Talabfahrten. Zuerst ein flacher Ziehweg, dann ein Pistenabschnitt. Unten trifft sie mit Talabfahrt von Bergstation 6er-Gondel zusammen. Ein langes Schußstück zu Gondel und 2er-Sessel Lärchenhang.

Oberinntal

Panorama-Schlepper

Gaisloch-Schlepper

2er-Sessel Tscheyeck

TIEFSCHNEE

bergabgesehen von Bergstation 2er-Sessel Tscheyeck, die rechten Hänge gelten als Tiefschneegebiet. Sind als solches auch in den offiziellen Karten ausgewiesen. Man kommt zwar in jedem Fall irgendwie hinunter nach Nauders, wer sich ein anstrengendes Abenteuer ersparen möchte, begnügt sich mit einem Abstecher und schaut, daß er rechtzeitig wieder zur roten Piste 10 kommt.

Gaisloch-Schlepper, Bj. 1982, 1300 m in 8 Min. Durch die Lärchen bis über die Baumgrenze hinaus. Endziel 2300 m. Oben rote Piste 8 und Skiroute 1 hinunter zum Tscheyeck. Blaue Piste 9 ein flacher radracbreiter Ziehweg zum Ganderbild-Schlepper. Mit ihm hoch und hinüber zur Bergstation 6er-Gondel Bergkastel.

→ **rote Skiroute 1,** oben am Gaisloch-Schlepper links raus. Zuerst quert sie schräg über den Hang. Dann stichgerade hinunter umgeben von Lärchen. Bei der eingeschneiten Almhütte stürzt sie 200 m steil und schmal durch Fichten. An der Kante hält jeder inne. Sie endet am Ziehweg, in den auch die Routen vom Tscheyeck münden, und weiter zum 2er-Sessel Tscheyeck.

2er-Sessel Tscheyeck, Bj. 1982, 2200 m in 15 Min. Altes Exemplar. Vor der Kartenkontrolle hängen Decken, damit man sich einwickeln kann. Die Fahrt dauert lange, und der Wind, der um den Gipfel bläst, ist bitter kalt. Immerhin geht es auf 2700 m. Am Weg hinauf kann man sich blickmäßig gut über die Pistenverhältnisse informieren. Die Kuppe rechts am Horizont, das ist der Gueser-Kopf, 2850 m. Auch ihn kann man mit einem Lift erklimmen.
Der fährt nur bis 15:30 Uhr.

→ **rote Piste 10/11,** Tscheyeck-Abfahrt u. Wiegenabfahrt. Die Standardstrecken vom Tscheyeck. Die 10 wird auch beschneit. 20-50 m breit, regelmäßig flach, hängt leicht nach links. Bei Rasern sehr beliebt. Die rote 11 etwas steiler und rascher ins Tal.

Skigebiet **Nauders**

→ **schwarze Piste 18,** stürzt gleich unterhalb vom Sessel in den Hang. Buckel haben sich gebildet, im Prinzip aber locker zu bewältigen. Von ihr kann man zur *roten 11* abzweigen. Tut man das nicht, kommt man automatisch zur *roten 10.*

Panorama-Schlepper, Bj. 1989, 400 m in 4 Min.
Auf den Gueser-Kopf, höchster Punkt im Skigebiet. Oben keine Pisten, *nur Skirouten.* Wer sich hinaufgewagt hat und sich die Routen nicht zutraut, kann in einer *Radrac-Spur am Lift entlang* wieder zurückrutschen und eine der roten Pisten 10 oder 11 nehmen.

→ **rote Skiroute 2/3,** vom Gipfel laufen sie zunächst gemeinsam. Dann steil, breit und mugelig, ehe sich die Strecken trennen. Die *Route 3* ist kürzer und harmloser, biegt rasch hinüber zur roten Piste 11, wo man wieder in Sicherheit ist. Die *Route 2,* daran haben nur geübtere Skifahrer Freude. Teilweise ist sie schmal, zur präparierten Piste kommt man nicht mehr, weil ein Graben dazwischen liegt. Unten mündet die Route 2 in einen erleichternden Ziehweg wieder zurück zum 2er-Sessel und Gaisloch-Schlepper.

Talabfahrt

Vom Tscheyeck ab der Goldsee-Hütte über den **blauen Skiweg 12.** *Von Bergstation 6er-Gondel Bergkastel die* **rote Piste 1.** *Von Bergstation Zirm-Schlepper und Bergstation Alm-Schlepper über* **rote Piste 5,** *dann rote Piste 4, die in die rote Piste 1 mündet. Von der Talstation ein Skiweg ins Dorf. Kurz oberhalb der Gondel-Station rechts weg – immer den Spuren nach. Vorbei am* **Gasthof Martha,** *dort eines der frequentiertesten Après-Ski.*

Abb.: 2er-Sessel Tscheyeck. Blick ins Gaisloch zur Goldsee-Hütte
TVB Nauders

Carven

Wie in den meisten österreichischen Skigebieten. Man wartet, wie sich der Schwung entwickelt. Noch stehen dafür die ganz normalen Skipisten zur Verfügung. Rote Piste 10 und die Hänge am Zirm-Schlepper sind geeignet.

Snowboarden

Oberhalb Gondel-Bergstation an den Zirm-Schlepper breite flache Pisten, die toll zu fahren sind. Am Zirm-Schlepper Boarder-Cross-Strecke, in den Zirben versteckt. Links und rechts Schneehaufen. Aber besonders intelligent, daß gleich Bäume daneben sind, in die man knallen kann. Das spart die Willi-Birne.

Skiberg Mutzkopf

Der Ursprung des Nauders-Skigebietes. Heute absolut vernachlässigt. Keine Beschneiung, nicht einmal Skibusverbindung. Kaum jemand fährt noch. Einige Senioren, die ungestört ein bißchen Sport treiben wollen. Von oben Abfahrten nach beiden Richtungen, enden beide wieder bei Talstation 2er-Sessel Mutzkopf. Eine flache Abfahrt führt hinunter zum Babylift gegenüber Talstation Nauders und dann zurück. Eine steile Abfahrt vorne runter. Oben ein Bergrestaurant.

Tageskarte für alle Altersgruppen 14,30.

Wohnen

- **258** St. Anton
- **264** St. Christoph
- **265** Stuben
- **268** Ischgl
- **274** Fiss
- **280** Serfaus
- **286** Nauders

Hotel oder Apartmenthaus mit Whirlpool

St. Anton

8000 Betten

Eine der traditionellsten und teuersten Skiregionen Österreichs. Zahlt fest für Namen und das große schneesichere Skigebiet. In St. Anton und Umgebung alle Quartiere knapp an der 50-DM-Grenze. In der Kategorie bis 100 DM schläft, wer Pech hat, im Haus mit Etagenbad. Wer gut wählt, bekommt um das selbe Geld Sauna, Whirlpool oder Dampfbad. Im Ortszentrum sehr große Auswahl an kostspieligen Hotels, mit teilweise langer Tradition. Mehr Hotels akzeptieren Kreditkarten als anderswo.

Zimmer bis 50 DM

 keine Extras
 Nichtraucher
Gästehaus Schön, St. Jakob 2. Tel. –3644. Du/WC. Preis/Pers. ÜF in HS 50,– in NS 46,– Kids bis 20%.
Möslihof, St. Jakob 13. Tel. –2773. Bauernhof. Du/WC. Preis/Pers. ÜF in HS 43,– in NS 40,– Kids bis 50%.
 keine Extras
Haus Klimmer, St. Jakob 85. Tel. –2707. Du/WC Haustiere okay. Preis/Pers. ÜF in HS 45,– in NS 43,–
 Etagendusche
Gasslihof, St. Jakob 48. Tel. –2668. Bauernhof. Etagendusche, Garage, Preis/Pers. ÜF in HS 46,– in NS 41,–
 keine Extras
Haus Ganderau, St. Jakob 14. Tel. –2653. Erweitertes Frühstück. Du/WC. Preis/Pers. ÜF in HS/NS 46,–
Nichtraucher
Haus Alpenrose, St. Jakob 128. Tel. –2736. Nichtraucher. Du/WC. Preis/Pers. ÜF in HS 50,– in NS 46,–
Sat-TV
Haus Alpina, St. Jakob 160. Tel. –3315. Frühstücksbüffet. Du/WC. Preis/Pers. ÜF in HS 50,– in NS 44,–
Etagenbad
Haus Alber, St. Jakob 32. Tel. –2868. Bauernhof. Preis/Pers. ÜF in HS 49,– in NS 46,– Kids 25%.
Whirlpool
Haus Bergwelt, St. Jakob 134. Tel. –2995. Etagenbad. Preis/Pers. ÜF in HS 49,– in NS 40,– Kids bis 100%.
 Etagenbad
Pension Schranz, St. Anton 190. Tel. –3205. Preis/Pers. ÜF in HS 49,– in NS 46,– Kids 50%.

Zimmer **bis 100 DM**

Pension Stadlerwald, St. Anton 574. Tel. –32700. Du/WC. Preis/Pers. ÜF in HS 64,– in NS 57,– Kids bis 50%.
Haus Schranz , St. Anton 386. Tel. –2672. Frühstücksbüffet. Du/WC, Preis/Pers. ÜF in HS 53,– in NS 51,–
Pension Sonneneck, St. Anton 232. Tel. –3375. Du/WC. Preis/Pers. ÜF in HS 59,– in NS 56,– Kids bis 70%.
Landhaus Hüttl, St. Anton 446. Tel. –3224. Du/WC, Tel. Preis/Pers. ÜF in HS 69,– in NS 51,–
Hotel Senn, St. Anton 471. Tel. –3601. Frühstücksbüffet. Bad/WC, TV, Sauna, Dampfbad, Whirlpool und Solarium. Tischtennis. Garage. Preis/Pers. ÜF in HS 89,– in NS 76,– Kids 25%.
Tannenhof, St. Anton 151. Tel. –2364. Preis/Pers. ÜF in HS 100,– in NS 93,– Kids 25%.
Pension Battisti, St. Anton 288. Tel. –3462. Frühstücksbüffet. Du/WC. Preis/Pers. ÜF HS 89,– NS 79,– Kids 30%.
Landhaus Daniel, St. Anton 375. Tel. –2698. Büffet. Du/WC. Safe. Preis/Pers. ÜF in HS 83,– in NS 74,–
Pension Gabl, St. Anton 281. Tel. –2229. Du/WC. Tel., TV. Sauna. Preis/Pers. ÜF in HS 86,– in NS 79,–
Pension Pirker, St. Anton 241. Tel. –2310. Frühstücksbüffet. Du/WC. Tel. Preis/Pers. ÜF in HS 84,– in NS 64,–

 keine Extras
 Tiere okay
 Tischtennis
 keine Extras
 Kreditkarten
 Etagenbad
 Sauna
 Sauna
 Sauna
 Sauna

Zimmer **bis 150 DM**

Hotel Tirolerhof, St. Jakob 102. Tel. –2448. Frühstücksbüffet. Du/WC, TV, Tel. Aufzug. Sauna, Fitneßraum, Solarium. Tischtennis. Preis/Pers. ÜF in HS 141,– in NS 113,– Kids bis 50%.
Hotel Friedheim, St. Jakob 56. Tel. –2411. Frühstücksbüffet. Preis/Pers. ÜF in HS 106,– in NS 97,– Kids bis 100%.
Nassereinerhof, St. Anton 12, Tel. –3366, Frühstücksbüffet. Etagenbad, TV, Telefon. Aufzug, Sauna. Preis/Pers. ÜF in HS 119,– in NS 107,– Kids bis 60%.
Hotel Sailer, St. Anton 145. Tel. –2673. Preis/Pers. ÜF in HS 146,– in NS 117,– Kids bis 25%.
Aparthotel Alpin Life Garni, St. Anton 544. Tel. –2323. Frühstücksbüffet. Relax-Zone mit röm. Kräutercaladarium. Tepidarium. Sauna, Dampfbad, Solarium. Preis/Pers. ÜF in HS 140,– in NS 119,– Kids bis 50%.

 Aufzug
 keine Extras
 Etagenbad & Sauna
 Nichtraucher

St. Anton: ++43/5446–

Hotel Tenne, St. Jakob 63. Tel. –2669. Mit Du/WC, TV, Tel. Preis/Pers. ÜF in HS 127,– in NS 113,–
Hotel Seeberger, St. Anton 48. Tel. –3262. Büffet. Du/WC, Tel. Preis/Pers. ÜF in HS 113,– in NS 100,–

Zimmer **bis 200 DM**

Hotel Schranz Karl, St. Anton 372. Tel. –2555-0. Frühstücksbüffet. Bad/WC, TV, Tel. Suiten. Relax-Zone mit Sauna, Solarium, Massage, Fitneßraum. Preis/Pers. ÜF in HS 186,– in NS 157,–
Hotel Schweizerhof, St. Anton 304. Tel. –2480. Bad/WC, Tel., TV, Safe. Sauna, Solarium, Dampfbad, Whirlpool. Hotelbus. Tiere okay. Preis/Pers. ÜF in in HS 200,– in NS 171,– Kids bis 50%.
Hotel Rosa Canina, St. Anton 513. Tel. –2175. Du/WC. Preis/Pers. ÜF in HS 179,– in NS 156,– Kids bis 40%.
Brunnenhof, St. Jakob 47. Tel. –2293. Gourmethotel. Sauna. Preis/Pers. ÜF HS 178,– NS 150,– Kids bis 30%,
Hotel Gletscherblick, St. Jakob 107. Tel. –3285. Bad/WC, Tel., TV. Frühstücksbüffet. Aufzug. Relax-Ecke mit Sauna, Dampfbad, Solarium, Massage. Preis/Pers. ÜF in HS 146,– in NS 117,–
Hotel Grischuna, St. Anton 197. Tel. –2304. Bad/ WC, TV, Tel. Nichtraucheretage. Spezialitätenrestaurant. Hotelbar. Ski- und Schuhdepot an der Talstation. Preis/Pers. ÜF in HS 207,– in NS 171,–

Zimmer **ab 200 DM**

Hotel St. Antoner Hof, St. Anton 450. Tel. –2910. Bad/WC. Hallenbad, Sauna, Dampfbad, Massage. Haustiere okay. Hotelbus. Kreditkarten. Preis/Pers. ÜF in HS 341,– in NS 281,–
Hotel Post, St. Anton 55. Tel. –22130. Frühstücksbüffet. Aufzug. Hallenbad, Sauna, Fitneßraum und Solarium. Kinderbetreuung tagsüber. Hotelbus. Kreditkarten. Preis/Pers. ÜF in HS 282,– in NS 146,– Kids bis 100%.
Hotel Alte Post, St. Anton 58. Tel. –2553. 4-Sterne. In der Fußgängerzone. Bad, WC, Sat-TV, Tel. Sauna, Solarium, Dampfbad, Whirlpool, Massage. Aufzug. Kreditkarten. Garage. Preis/Pers. HP in HS 304,– in NS 226,–

St. Anton: ++43/5446–

Hotel Arlberg, St. Anton 19. Tel. –22100. 4-Sterne. Suiten. Nichtraucheretagen. Hotelhalle, offener Kamin, Hotelbar. Relax-Zone mit Hallenbad, Saunarium. Kinderbetreuung. Personenaufzug. Hunde okay. Kreditkarten. Hotelbus. Gäste-Garage. Preis/Pers. HP in HS 213,– in NS 147,– Kids bis 70%

Hotel Grieshof, St. Anton 347. Tel. –2331. 4-Sterne. Suiten. Kaminhalle, Hotelbar. Frühstücksbüffet. Restaurant. Diätküche auf Wunsch. Relax-Zone mit Hallenbad und Sauna. Kinderbetreuung. Kreditkarten. Hotelbus. Garage. Preis/Pers. HP in HS 267,– in NS 176,– Kids bis 50%

Hotel Montjola, St. Anton 175. Tel. –2302. 4-Sterne. Suiten. Nichtraucheretage. Restaurant. Diätküche auf Wunsch. Büffet. Sauna, Dampfbad, Solarium, Massageraum. Kinderbetreuung. Personenaufzug. Kreditkarten. Hotelbus. Garage. Preis/Pers. HP in HS 267,– in NS 176,– Kids bis 100%

Hotel Mooserkreuz, St. Anton 160. Tel. –2230. Frühstücksbüffet. 4-Sterne. Restaurant. Diätküche. Hallenbad. Sauna, Dampfbad. Aufzug. Kreditkarten. Preis/Pers. HP in HS 267,– in NS 176,– Kids bis 100%

Sporthotel, St. Anton 52. Tel. –3111. 4-Sterne. In Fußgängerzone. Frühstücksbüffet. Restaurant. Hallenbad Sauna, Massage. Kinderbetreuung. Kreditkarten. Haustiere okay. Hotelbus. Preis/Pers. HP in HS 304,– in NS 226,–

Hotel Tyrol, St. Anton 27. Tel. –2340. 4-Sterne. Suiten mit Sat-TV, Telefon, Minibar und Safe. Frühstücksbüffet. Restaurant. Auf Wunsch Diätküche. Relax-Center. Kids-Club. Kinderbetreuung. Haustiere okay. Kreditkarten. Hotelbus. Garage. Einzelzimmer + 21,– Preis/Pers. HP in HS 304,– in NS 226,– Kids bis 50%

St. Anton: ++43/5446–

Symbol für Wohn-Schlafraum.

Waschmaschine

Wasch-
maschine

 TV

Endreinigung
im Preis

 TV

 Endreinigung im Preis

Haustiere okay

 Wasch-
maschine

 Haustiere o.k.

 Wasch-
maschine

 Endreinigung im Preis

Appartements/Ferienwohnungen

Angebote starten bei ca. 100 DM. Hat man allerdings noch keine Extras. Auf Sauna oder sonstiges Zusatzangebot darf man erst ab ca. 150 DM rechnen. Preise meist inkl. Nebenkosten, exkl. Endreinigung.

Appartements **bis 50 DM**
gibt es keine.

Appartements **bis 100 DM**
Haus Spiss, St. Anton 531. Tel –2479. Du/WC, TV, Telefon
Preis/App. für 2-4 Personen in HS 93,– in NS 79,–
Haus Praxmarer, St. Anton 566. Tel. –3767. Du/WC. Safe.
Preis/App. für 2-5 Pers. in HS 100,– in NS 71,–
Endreinigung 57,–
Haus Pfeifer, St. Anton 566. Tel. –2529. Du/WC. TV,
Telefon. Preis/App. f. 2-4 Pers. in HS 100,– in NS 91,–
Haus Strolz, St. Jakob 82. Tel. –2445. Du/WC. Preis/App.
für 2-3 Pers. in HS 100,– in NS 86,– Endreinigung 71,–
Haus Sonnenblick, St. Jakob 378. Tel. –2704. Du/WC.
Preis/App. für 2-4 Pers. in HS 60,– in NS 51,–

Appartements **bis 150 DM**
Haus Auer, St. Anton 438. Tel. –2821. Du/WC. Preis/App.
für 2-4 Pers. in HS 143,– in NS 114,– Endreinigung 43,–
Hotel Birkl, St. Anton 527. Tel. D- 0829-3333, Du/WC.
Preis/App. für 2-3 Pers. in HS/NS 136,–
Haus Charlotte, St. Anton 496. Tel. –3305. Du/WC.
Preis/App. für 1-4 Pers. in HS 105,– NS 76,–
Endreinigung 36,–
Haus Eiter, St. Anton 359. Tel. –2550. Du/WC. TV.
Preis/App. für 2 Pers. HS 114,– und NS 100,–
Haus Falch, St. Anton 467. Tel. –2811. Du/WC. Preis/App.
für 2 Pers. in HS 143,– in NS 114,– Endreinigung 71,–
Haus Findelkind, St. Anton 514. Tel. –2374-0. Du/WC.
Preis/App. für 2 Pers. in HS/NS 143,– Endreinigung 71,–

Appartements **bis 200 DM**
Kindl Josef, St. Anton 102. Tel. –2837. Du/WC. Safe.
Preis/App. für 2-4 Pers. in HS/NS 200,–

Haus Probsdorfer, St. Anton 493. Tel. –2171. Mit Du/WC. Preis/App. für 3-4 Pers. im HS 200,– in NS 171,–
Haus Schranz, St. Anton 386. Tel. –2672. Du/WC. Mikrowelle. Preis/App. für 2-4 Pers. in HS 157,– in NS 129,–
Haus Sonnenberg, St. Anton 258. Tel. –2541. Du/WC. Sauna. Preis/App. für 2-5 Pers. in HS 157,– in NS 129,– Endreinigung 71,–

 keine Extras

   Endreinigung im Preis

  Endreinigung 71,– Sauna

Haus Schweiger, St. Anton 258. Tel. –2541. Du/WC, TV, Tel., Sauna und Massage. Garage. Preis/App. für 2-4 Pers. in HS/NS 171,– Endreinigung 114,–

  Sauna

Appartements **ab 200 DM**

Hotel Almjur, St. Anton 417. Tel. –2728. Du/WC. Waschmaschine, Safe. Sauna, Fitneßstudio. Preis/App. für 2-5 Pers. in HS 500,– in NS 457,–

Nichtraucher

Amalienhaus, St. Anton 47. Tel. –2696. Frühstücksbüffet. Du/WC. Wohnzimmer. Preis/App. für 4 Pers. in HS 286,– in NS 220,– Endreinigung 50,–

 Frühstücksbüffet

Haus Bergheim, St. Anton 80. Tel. –2255. Du/WC, TV. Sauna. Kreditkarten. Preis/App. für 2-6 Pers. in HS 485,– in NS 443,– Endreinigung im Preis

Sauna

St. Christoph: ++43/5446

Hier gibt es Frühstücksbüffet

Preise pro Person und Tag im Doppelzimmer mit Halbpension
Hauptsaison:
23.12.-6.1, 6.2.-13.3.
27.3.-5.4.

All-inklusive

Hotel hat Bus

St. Christoph

500 Betten
Außergewöhnlich teuer. Wer im 250-DM-Hotel wohnt muß sich fühlen wie ein armer Sozialhilfe-Empfänger. Normalsterbliche fahren besser gleich weiter. Interessant das Angebot des All-inklusive-Clubs Magic Life.

Zimmer bis 200 DM *gibt es keine.*

Zimmer **ab 200 DM**
Arlberg Hospitz, St. Christoph 118. Tel. –2611. Hier urlaubt Flick. Hallenbad. Sauna, Dampfbad, Whirlpool, Solarium und Massage. Kinderbetreuung. Preis/Pers. HP in HS 800,– in NS 486,–
Alpenhotel St. Christoph, St. Christoph 534. Tel. –3666. Hallenbad. Relax-Zone mit Sauna, Dampfbad, Fitneßraum, Solarium, Massage. Kinderbetreuung. Preis/Pers. HP in HS 400,– in NS 243,– Kids bis 70%.
Hotel Maiensee, St. Christoph 429. Tel. –2804. Frühstücksbüffet. Hallenbad. Sauna, Dampfbad, Whirlpool, Fitneßraum, Solarium, Massage. Kinderbetreuung. Preis/Pers. HP in HS 257,– in NS 129,–
Hotel Arlberghöhe, St. Christoph 182. Tel. –2635-0. Frühstücksbüffet. Sauna und Solarium. Kinderbetreuung. Kreditkarten. Preis/Pers. HP in HS 250,– in NS 193,– Kids bis 50%.
Magic Life – Der Club Arlberg, St. Christoph 341. Tel. –3666. All-inklusive: Hallenbad, Relax-Zone, Skiservice, -paß, -schule, -verleih, Sport-, Animationsprogramm. Kinderbetreuung. Haustiere okay. Preis/Pers. für 1 Woche in HS 2421,40-3500,– in NS 1500,– - 1642,90

Appartements/Ferienwohnungen
gibt es in St. Christoph keine. Wer eines will, findet es in den umliegenden Orten. Besten Häuser haben Mikrowelle in der Küche, Sauna und Whirlpool im Keller.

Stuben

im Hotel oder Apartmenthaus gibt es Solarium

650 Betten
Der günstige Wohnort im Skigebiet St. Anton-St. Christoph-Stuben. Wenige Quartiere, günstige und teure halten sich die Waage. Ab ca. 70 DM in einem Haus mit Sauna, Whirlpool. Für ca. 160 DM Frühstück, mehrgängiges Abendessen, Hallenbad mit Relax-Zone.

Hauptsaison:
20.12.-7.1.
Nebensaisonen:
29.11.-20.12., 13.4.-3.5.
7.1.-31.1., 21.3.-4.4.

Zimmer bis 50 DM gibt es keine.

Zimmer **bis 100 DM**

Haus Tarmann, Tel. –706. Frühstücksbüffet. Du/WC. Preis/Pers. ÜF in HS 60,– in NS 56,– Sauna

Stubiger Hof, Tel. –727. Frühstücksbüffet. Du/WC. TV, Tel. Preis/Pers. ÜF in HS 69,– in NS 57,– Sauna

Haus Sonnblick, Tel. –798. Du/WC. Preis/Pers. ÜF in HS 67,– in NS 60,– keine Extras

Pension Lattacher, Tel. –706. Du/WC, TV. Sauna, Whirlpool. Preis/Pers. ÜF in HS 66,– in NS 56,– Whirlpool

Haus Gertrud, Tel. –702. Bad/WC. TV-Raum. Preis/Pers. HP in HS 67,– in NS 54,– keine Extras

Haus Flexen, Tel. –717. Frühstückspension. Du/WC. TV. Darts. Preis/Pers. ÜF in HS 80,– in NS 69,– Massage

Haus Chesa Lavadina, Tel. –715. Du/WC. Frühstücksbüffet. Sauna. Preis/Pers. ÜF in HS 94,– in NS 69,– Sauna

Haus Anna, Tel. –735. Frühstücksbüffet. Mit Du/WC. Preis/Pers. ÜF in HS 67,– in NS 57,– keine Extras

Zimmer **bis 150 DM**

Berg Klause, Tel. –551. Du/WC, TV, Tel. Frühstücksbüffet. À-la-carte-Restaurant. Sauna, Solarium, Massage. Garage. Preis/Pers. HP in HS 115,– in NS 93,– Sauna

Zimmer **bis 200 DM**

Hotel Arlberg, Tel. –521. Du/WC. TV, Telefon. Frühstücksbüffet. Preis/Pers. HP in HS 200,– in NS 150,– Tiere okay

Stuben: ++43/5582

Relax-Zone

Hallenbad

Hallenbad

Infrarotkammer

Hotel Post, Tel. –761. Frühstücksbüffet. Du/WC. TV, Tel. Sauna, Solarium, Massage, Fitneßraum. Kinderbetreuung. Tischtennis. Kreditkarten. Preis/Pers. HP in HS 186,– in NS 126,–

Hotel Mondschein, Tel. –511. Du/WC. TV, Tel. Hausbar. Sauna, Solarium. Preis/Pers. HP in HS 179,– in NS 94,–

Hotel Hubertushof, Tel. –771-0. Frühstücksbüffet. Bad, TV, Telefon und Safe. Sauna und Solarium. Kinderspielzimmer. Preis/Pers. HP in HS 166,– in NS 150,–

Hotel Albona, Tel. –712. Bad, TV, Tel. Sauna, Infrarotkammer. Preis/Pers. HP in HS 157,– in NS 120,–

Zimmer **ab 200 DM**
gibt es keine.

Stuben: ++43/5582

TV im Zimmer oder Appartement.

Appartements/Ferienwohnungen
Wenige Appartements, kein besonders großzügiges Angebot. Extras zur Wohnung ab ca. 150 DM.

Appartements **bis 50 DM**
gibt es keine.

Appartements **bis 100 DM**
Haus Murmele, Tel. –288. Du/WC, TV. Preis/App. für 2 Pers. in HS 100,– in NS 80,–
Haus Iton, Tel. –575. Du/WC, TV, Telefon. Preis/App. für 1 Pers. in HS 76,– in NS 60,–

 keine Extras
 keine Extras

Appartements **bis 150 DM**
Haus Maroi, Tel. –569. Mit Du/WC. Preis/App. für 2 Pers. in HS 147,– in NS 114,–
Chalet Cresta, Tel. –797. Du/WC. Sauna. Preis/App. für 2 Pers. in HS 149,– in NS 119,–

 Wohnküche
 Spüle

Appartements **bis 200 DM**
Haus Groger, Tel. –456. Du/WC, TV, Safe. Preis/App. für 2 Pers. in HS 171,– in NS 137,–
Haus Schneider, Tel. –703. Du/WC. TV, Tel., Safe. Preis/App. für 2 Pers. in HS 157,– in NS 129,–

 Wohnküche
 Restaurant

Appartements **ab 200 DM**
Garni Arlberg, Tel. –521. Frühstücksbüffet. Du/WC, TV, Minibar. Aufzug. Sauna und Solarium. Preis/App. für 2 Pers. HP in HS 387,– in NS 314,–
Chalet Steinhauser, Tel. –704. Bad/WC x 2, drei Schlafräume, Küche und Wohnzimmer. Sauna. Preis/ App. für 4-6 Pers. in HS/NS 357,–

Sauna

Sauna

Kein Bad am Zimmer, gemeinsam auf der Etage

Kinderermäßigungen werden individuell gestaltet. In der Regel: bis 4 Jahre 50%, von 4-10 Jahren 25%. Sofern kein eigenes Zimmer gebraucht wird.

 Etagenbad

 billigste Quartier

 Etagenbad

 im Zentrum

 Du/WC am Zimmer

Sauna

  Sauna

 im Zentrum

 Sauna

Sauna

Ischgl 8700 Betten

Nicht so teuer wie man bei der Berühmtheit des Ortes vermuten möchte. Auch genug ordentliche Billigquartiere mit Bad am Flur. Ab ca. 90 DM mit Frühstücksbüffet und praktisch jedes Haus mit Sauna, Dampfbad, Whirlpool als Extra. Dieser Standard ist einmalig in Österreich. Ischgl ist nicht umsonst derzeit die erste Winteradresse Österreichs. Hier paßt fast alles.

Zimmer bis 50 DM

Försterhaus, Ischgl 46. Tel. –5459. Etagenbad. Gäste-Parkplatz. Preis/Pers. ÜF in HS 46,– in NS 40,–
Haus Kurz, Ischgl 34. Tel. –5435. Etagenbad. Gäste-Parkplatz. Preis/Pers. ÜF in HS 36,– in NS 34,–
Haus Sonnberg, Ischgl 157. Tel. –5246. Etagenbad. Gäste-Parkplatz. Preis/Pers. ÜF in HS 46,– in NS 43,–
Haus Walser, Ischgl 32. Tel. –5342. Etagenbad. Garage. Preis/Pers. ÜF in HS 40,– in NS 37,–
Haus Wechner, Ischgl 15. Tel. –5361. Mit Du/WC. Garage. Preis/Pers. ÜF in HS 46,– in NS 43,–

Zimmer **bis 100 DM**

Hotel-Garni Alpenblick, Ischgl 107. Tel. –5311. Du/WC, Telefon, TV-Anschluß. Sauna und Solarium. Aufzug. Preis/Pers. ÜF in HS 93,– in NS 79,–
Pension Angela, Ischgl 243. Tel. –5170. Du/WC, TV, Telefon. Kühlschrank. Relax-Ecke mit Sauna, Solarium und Fitneßgeräten. Aufzug. Garage. Preis/Pers. ÜF in HS 94,– in NS 74,–
Hotel-Garni Aurikel, Ischgl 242. Tel. –5332. Zentrum. Du/WC, TV, Tel. Preis/Pers. ÜF in HS 93,– in NS 79,–
Pension Belmonte, Ischgl 338. Tel. –5904. Du/WC, TV, Tel. Sauna. Hausbar. Preis/Pers. ÜF in HS 99,– in NS 84,–
Hotel-Garni Belvedere, Ischgl 300. Tel. –5577. Du/WC, TV, Telefon. Sauna und Solarium. Gäste-Garage. Preis/Pers. ÜF in HS 100,– in NS 64,–

Ischgl: ++43/5444–

Hotel-Garni Binta, Ischgl 238. Tel. –5630. Zentrum. Du/WC, TV, Telefon. Sauna, Dampfbad, Whirlpool. Garage. Preis/Pers. ÜF in HS 96,– in NS 76,–

Nahe Silvretta-Center

Hotel-Garni Caroline, Ischgl 45. Tel. –5289. Ortszentrum. Du/WC, TV, Telefon. Aufzug. Sauna, Whirlpool, Solarium und Massage. Garage. Preis/Pers. ÜF in HS 87,– in NS 73,–

 Masseur im Haus

Hotel-Garni Daniel, Ischgl 222. Tel. –5365. Du/WC, TV, Telefon. Preis/Pers. ÜF in HS 86,– in NS 74,–

 keine Extras

Hotel-Garni Edi, Ischgl 197. Tel. –5351. Du/WC, TV, Tel. Sauna, Solarium und Massage. Gäste-Parkplatz. Preis/Pers. ÜF in HS 96,– in NS 80,–

bei Tourist-Info

Hotel-Garni Fimba, Ischgl 161. Tel. –5240. Du/WC, TV, Telefon. Aufzug. Preis/Pers. ÜF in HS 94,– in NS 75,–

 Sauna

Hotel-Garni Eggerstüberl, Ischgl 223. Tel. Du/WC, TV, Telefon. Café und Restaurant. Dampfbad. Garage. Preis/Pers. ÜF in HS 100,– in NS 86,–

Café-Restaurant

Pension Grütter, Ischgl 301. Tel. –5687. Du/WC, TV, Telefon. Massage und Solarium. Kinderspielraum. Preis/Pers. ÜF in HS 100,– in NS 86,–

Masseur im Haus

Hotel-Garni Litzner, Ischgl 339. Tel. –5368. Du/WC, TV, Telefon. Sauna, Dampfbad, Solarium und Massage. Garage. Preis/Pers. ÜF in HS 89,– in NS 74,–

Sauna

Hotel-Garni Mirabell, Ischgl 255. Tel. –5174. Du/WC, TV, Telefon. Sauna, Solarium. Gäste-Parkplatz. Preis/Pers. ÜF in HS 100,– in NS 86,–

Sauna

Hotel-Garni Pazze Nova, Ischgl 210. Tel. –5389. Du/WC, TV, Telefon. Sauna, Dampfbad, Solarium. Parkplatz. Preis/Pers. ÜF in HS 96,– in NS 77,–

bei 24er-Gondel Silvretta

Hotel-Garni Persutt, Ischgl 190. Tel. –5308. Du/WC, TV, Telefon. Preis/Pers. ÜF in HS 93,– in NS 79,–

 keine Extras

Hotel-Garni St. Nikolaus, Ischgl 31. Tel. –5247. Du/WC, TV, Telefon. Restaurant, Café. Aufzug. Garage. Preis/Pers. ÜF in HS 96,– in NS 79,–

im Zentrum

Hotel-Garni Victoria, Ischgl 175. Tel. –5580. Du/WC, TV, Telefon. Restaurant, Diätküche wer mag. Hausbar. Sauna, Dampfbad und Solarium. Gäste-Parkplatz. Preis/Pers. ÜF in HS 93,– in NS 71,–

 Diätküche

Ischgl: ++43/5444–

 Sauna

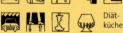

 Diätküche

 Aufzug

 Café

Sauna

bei 24er-Gondel Silvretta

Nähe 4er-Gondel Pardatschgrat

Sauna

 Aufzug

 Relax-Zone

 Diätküche auf Wunsch

 Relax-Zone

Zimmer **bis 150 DM**

Hotel Charly, Ischgl 5. Tel. –5434. Du/WC, Tel., TV. Sauna, Solarium. Preis/Pers. HP in HS 140,– in NS 121,–
Hotel Fatlar, Ischgl 224. Tel. –5182. Du/WC, TV, Telefon. Diätküche. Hausbar. Relax-Center, Sauna, Dampfbad, Solarium. Aufzug. Gäste-Garage. Preis/Pers. HP in HS 131,– in NS 107,–
Pension Alpenrose, Ischgl 82. Tel. –5276. Du/WC, TV. Aufzug. Hausbar. Preis/Pers. HP in HS 123,– in NS 93,–
Pension Bellevue, Ischgl 189. Tel. –5319. Du/WC, TV. Café, Hausbar. Preis/Pers. HP in HS 123,– in NS 93,–
Pension Berina, Ischgl 253. Tel. –5106. Du/WC, TV, Telefon. Aufzug. Sauna, Solarium. Gäste-Parkplatz. Preis/Pers. HP in HS 129,– in NS 107,–
Sportpension Persura, Ischgl 8a. Tel. –5339. Du/WC, TV. Gäste-Kühlschrank. Preis/Pers. HP in HS 133,– in NS 114,–
Pension Prennerhof, Ischgl 62. Tel. –5451. Mit Du/WC, TV, Telefon. Sauna, Dampfbad, Whirlpool, Solarium. Gäste-Parkplatz. Preis/Pers. HP in HS 139,– in NS 130,–
Pension Sun Live, Ischgl 316. Tel. –5810. Du/WC, TV, Tel. Sauna, Solarium. Preis/Pers. HP in HS 123,– in NS 93,–
Pension Valülla, Ischgl 19. Tel. –5254. Du/WC, TV, Tel. Aufzug. Preis/Pers. HP in HS 129,– in NS 107,–

Zimmer **bis 200 DM**

Hotel Albona, Ischgl 282. Tel. –5500. Du/WC, TV, Tel. Restaurant, Café, Hotelbar. Sauna, Solarium, Massage, Dampfbad und Fitneßraum. Preis/Pers. HP in HS 187,– in NS 157,–
Hotel Antony, Ischgl 229. Tel. –5427. Du/WC, TV, Tel. Restaurant, Café, Hotelbar. Aufzug. Sauna, Solarium. Garage. Auch Appartements. Preis/Pers. HP in HS 165,– in NS 127,–
Hotel Brigitte, Ischgl 236. Tel. –5646. Bad, TV, Tel. Dampfbad, Sauna, Solarium, Massage, Whirlpool, Fitneßraum. Aufzug. Hotelgarage. Preis/Pers. HP in HS 186,– in NS 171,–

Hotel Chasa Nova, Ischgl 227. Tel. −5423. Mit Bad, TV, Telefon und Terrasse. Café und Hausbar. Sauna, Solarium, Massage, Dampfbad. Preis/Pers. HP in HS 179,− in NS 114,−

Relax-Zone

Hotel Ferienglück, Ischgl 151. Tel. −5212. Du/WC, TV, Tel. Aufzug. Café, Hausbar. Sauna, Solarium, Dampfbad, Fitneßraum. Hotel-Garage. Preis/Pers. HP in HS 179,− in NS 150,−

Nähe 24er-Gondel Silvretta

Hotel Goldener Adler, Ischgl 6. Tel. −5217. Du/WC, TV, Tel. Restaurant, Café, Hausbar. Dampfbad, Sauna, Solarium, Massage und Whirlpool. Preis/Pers. HP in HS 160,− in NS 129,−

beim Silvretta-Center

Hotel Grillalm, Ischgl 181. Tel. −5293. Du/WC, TV, Tel. Restaurant, Café, Hausbar und Nachtclub. Sauna, Solarium, Massage, Dampfbad, Fitneßraum. Preis/Pers. HP in HS 181,− in NS 150,−

Nachtclub

Hotel Jägerhof, Ischgl 43. Tel. −5206. Bad/WC, TV, Tel. Café und Hausbar. Sauna, Solarium, Dampfbad, Fitneßraum. Aufzug. Gäste-Garage. Preis/Pers. HP in HS 171,− in NS 144,−

Diätküche

Hotel Olympia, Ischgl 62a. Tel. −5288. Mit Du/WC, TV, Telefon. Café, Hausbar. Sauna, Dampfbad, Whirlpool, Solarium. Aufzug. Gäste-Parkplatz. Preis/Pers. HP in HS 171,− in NS 131,−

superbes Relax-Center

Zimmer **ab 200 DM**

Hotel Ischglerhof, Ischgl 192. Tel. −5330. 4-Sterne. Restaurant, Café, Hausbar. Relax-Center mit Erlebnisbad, Nebelgrotte und Kneippbecken. Aufzug. Garage. Preis/Pers. HP in HS 235,− in NS 186,−

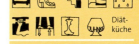
bei 24er-Gondel

Hotel Madlein, Ischgl 144. Tel. −5226. Nahe 4er-Gondel, mit Rolltreppe hinfahren. Gehört dem skurrilsten Hotelier Ischgls. Im Keller die „In-Disco" des Dorfes. Restaurant, Café und Bar. Relax-Zone mit Hallenbad. Preis/Pers. HP in HS 271,− in NS 163,−

interessanter Hotelier

Hotel Trofana, Ischgl 18. Tel. −601-60. 4-Sterne. Bad, WC. Büffet. Restaurant und Hotelbar. Relax-Zone mit Sauna, Dampfbad und Whirlpool. Preis/Pers. HP in HS 229,− in NS 193,−

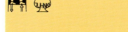
Relax-Zone

Ischgl: ++43/5444–

700 m² Freizeitbereich auf 2 Etagen

Ski- und Sportbetreuer im Haus

Indoor-Golfen & Tennisschlagkanal

Minibar am Zimmer. Haben die wenigsten Hotels.

Achtung: Preis eventuell zuzüglich einmaliger Reinigungsgebühr, in der Regel zwischen 45 und 70 DM – je nach Größe des Appartements

Sauna / keine Extras

Hotel Post, Ischgl 7. Tel. –5232. 4-Sterne. Komfortzimmer. Frühstücks-, Salat- und Bauernbüffet. Galadiner. Erlebnishallenbad auf 700 m² mit Kinderbadebereich. Animationsprogramm. Reiten. Preis/Pers. HP in HS 236,– in NS 164,–

Hotel Elisabeth, Ischgl 220. Tel. –5411. 100-m²-Suiten. Frühstücksbüffet. Galadiner. Penthouse-Hallenbad im 7. Stock. Panoramasauna mit Glasscheibe zur Piste. Keine Kreditkarten. Gäste-Parkplatz mit Zu- und Abholservice. Preis/Pers. HP in HS 271,– in NS 221,–

Hotel Trofana Royal, Ischgl 334. Tel. –600. 5-Sterne. Luxus-Suiten und Turmzimmer. Büffet rund um die Uhr. 2 Gourmetmenüs. Galadiner. Freizeiterlebniswelt auf 2000 m². Animations- u. Sportprogramm. Tennisschlagkanal. Indoor-Golf. Billard. Kreditkarten. Gäste-Tiefgarage. Preis/Pers. HP in HS 436,– in NS 264,–

Appartements/Ferienwohnungen

Kein umwerfendes Angebot im Vergleich zu den tollen Wohnmöglichkeiten in Hotels und Pensionen. Kaum ein Apartmenthaus hat Zusatzinfrastruktur. Wohnungen für 2-3 Personen kosten ab. ca. 130 DM. Ein bißchen Sauna im Haus hat, wer für 6 Personen ca. 450 DM bezahlt.

Appartements **bis 100 DM**
gibt es keine.

Appartements **bis 150 DM**

Haus Albert, Ischgl 170a. Tel. –5188. Du/WC, TV. Sauna. Preis/App. für 2-3 Pers. in HS 143,– in NS 114,–

Haus Almfried, Ischgl 50. Tel. –5234. Du/WC, TV. Preis/App. für 2-3 Pers. in HS 143,– in NS 114,–

Haus Alpenklang, Ischgl 310. Tel. −5715. Du/WC, TV, Tel. Preis/App. für 2-3 Pers. in HS 129,− in NS 114,−
Haus Chesa Monte, Ischgl 30. Tel. −5237. Du/WC, TV, Tel. Aufzug. Preis/App. für 2 Pers. in HS 143,− in NS 114,−
Haus Christopher, Ischgl 272. Tel. −5614. Du/WC, TV, Tel. Preis/App. für 2 Pers. in HS 129,− in NS 114,−
Haus Davo Lais, Ischgl 251. Tel. −5185. Du/WC, TV. Preis/App. für 2-3 Pers. in HS 129,− in NS 114,−
Haus Fenga, Ischgl 115. Tel. −5376. Mit Du/WC, TV. Sauna. Preis/App. für 2 Pers. in HS 121,− in NS 100,−
Haus Gradiva, Ischgl 324. Tel. −5825. Du/WC, TV, Telefon. Preis/App. für 2 Pers. in HS 143,− in NS 114,−
Haus Grafspitz, Ischgl 264b. Tel. −5533. Du/WC, TV, Tel. Preis/App. f. 2-3 Pers. in HS 129,− in NS 93,−
Haus Winkler, Ischgl 214. Tel. −5350. Du/WC, TV. Preis/App. für 2 Pers. in HS/NS 129,−

Appartements **bis 200 DM**
Haus Bergkristall, Ischgl 173. Tel. −5297. Du/WC, TV. Preis/App. f. 4-5 Pers. in HS 200,− in NS 157,−
Haus Dorfschmiede, Ischgl 191. Tel. −5769. Zentrum. Du/WC, TV, Tel. Preis/App. für 4 Pers. in HS 200,− in NS 171,−
Haus Golfais, Ischgl 241. Tel. −5477. Du/WC, TV, Tel. Preis/App. für 4 Pers. in HS 200,− in NS 171,−
Haus Samnaun, Ischgl 211. Tel. −5403. Du/WC, TV, Tel. Preis/App. für 4 Pers. in HS 200,− in NS 171,−
Haus Val Gronda, Ischgl 213. Tel. −5416. Du/WC, Preis/App. für 4 Pers. in HS/NS 186,−
Haus Wallis, Ischgl 194. Tel. −5267. Bad, TV, Tel. Preis/App. für 4 Pers. in HS 200,− in NS 186,−

Appartements **ab 200 DM**
Haus Fliana, Ischgl 280. Tel. −5543-0. Mit Relax-Ecke. Preis/App. für 6 Pers. in HS 442,− in NS 386,−
Haus Adler, Ischgl 333. Tel. −5918. Sauna. Aufzug. Nahe 24er-Gondel. Preis/App. f. 4-6 Pers. in HS 357,− in NS 243,−
Haus Bella vista, Ischgl 273. Tel. −5541. Bad/WC, Sat-TV. Preis/App. für 4-5 Pers. in HS 279,− in NS 229,−
Haus Gletscherblick, Ischgl 183. Tel. −5252. Im Zentrum. Preis/App. für 5-6 Pers. in HS 343,− in NS 257,−

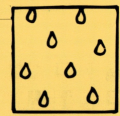
Haus mit Dampfbad, meistens im Keller

Fiss 3900 Betten

Für ein Top-Gebiet außergewöhnlich große Auswahl an günstigen Quartieren. Viele Bauernhöfe mit Bio-Produkten. Ab 80 DM in fast jedem Haus Relax-Ecke mit Sauna, Dampfbad. Um ca. 150 DM pro Person „Luxus pur". Galadiners, Relax-Centers mit Hallenbad. Appartements: viele Häuser haben Extras wie Sauna, Dampfbad.

Zimmer bis 50 DM

Bauernhof im Ortsteil „Fisser Höfe"

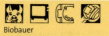
Biobauer

  an der Loipe

  keine Extras

   nahe Talstation

   Kochnische im Zimmer

   hat Pferde

   rollstuhlgeeignet

   Nichtraucherzimmer

Pension Alpenrose, Fiss 35. Tel. –6395. Bauernhof. Du/WC, TV, Kühlbar. Frühstück aus biologischem Eigenbau. Preis/Pers. ÜF in HS 47,– in NS 43,–
Pension Bergland, Fiss 111. Tel. –6423. Bauernhof. Du/WC, TV, Tel. Frühstücksbüffet mit Bio-Eiern, melkfrischer Milch. Preis/Pers. ÜF in HS 49,– in NS 46,–
Pension Fortuna, Fiss 131. Tel. –6295. Bauernhof. Du/WC, TV. Preis/Pers. ÜF in HS 49,– in NS 43,–
Kai-Hof, Fiss 107. Tel. –6412. Du/WC. Frühstücksbüffet. TV-Raum. Preis/Pers. ÜF in HS 44,– in NS 39,–
Lärchenhof, Fiss 123. Tel. –6421. Bauernhof. Du/WC, Kühlbox. Hunde okay. Preis/Pers. ÜF in HS 47,– in NS 43,–
Poltehof, Fiss 45. Tel. –6424. Bauernhof. Du/WC, Kinderspielzimmer. Preis/Pers. ÜF in HS 49,– in NS 44,–
Haflingerhof, Fiss 17. Tel. –6408. Bauernhof. Du/WC, Tel. Sat-TV-Raum. Preis/Pers. ÜF in HS 50,– in NS 47,–
Haus Schlatter, Fiss 56. Tel. –6429. Du/WC. Rollstuhlgeeignet. Haustiere okay. Preis/Pers. ÜF in HS/NS 41,–
Haus Rietzler, Fiss 33. Tel. –6526. Bauernhof im Dorfkern. Etagenbad. Preis/Pers. ÜF in HS 36,– in NS 33,–

Zimmer bis 100 DM

Kinderbetreuung

Hotel Am Johannesbrunnen, Fiss 61. Tel. –6496. Bad, Sat-TV, Tel. Frühstücksbüffet. Sauna, Dampfbad, Solarium. Restaurant, Hausbar. Parkplatz. Skisafes. Preis/Pers. ÜF in HS 80,– in NS 71,–
Hotel-Pension Am Römerweg, Fiss 34. Tel. –6427-0.

Neues Familienhotel mit 90-m² -Suiten. Nichtraucheretage. Frühstücksbüffet. Sauna, Fitneßraum, Solarium. Garage. Preis/Pers. ÜF in HS 97,– in NS 86,–

Haben wir gewohnt. War nett.

Hotel-Garni Charly's, Fiss 160. Tel. –6677. Skiabfahrt bis zum Haus. Loipe hinterm Haus. Mit Du/WC, Sat-TV, Tel. Frühstücksbüffet. Sauna und Solarium. Preis/Pers. ÜF in HS/NS 70,–

Haben wir gewohnt. War nett.

Hotel Belmont, Fiss 173. Tel. –6868. 4-Sterne. Suiten. Mit neuem Café-Restaurant. Fitneß und Sauna. Halle mit Tagesbar. Tischtennis und Billardtische. Preis/Pers. ÜF in HS 79,– in NS 56,–

Sauna

Hotel-Garni Hubertushof, Fiss 86. Tel. –6727. Dorfzentrum. Frühstücksbüffet. Aufzug. Sauna, Solarium, Kraftkammer. Haustiere okay. Preis/Pers. ÜF in HS 83,– in NS 59,–

Suiten

Hotel-Garni Fernblick, Fiss 55. Tel. –6560. Ca. 30 m² mit Bad, Sat-TV, Telefon. Sauna, Dampfbad, Solarium. Tiefgarage. Preis/Pers. ÜF in HS 69,– in NS 56,– Kids bis 100%.

Relax-Zone

Hotel-Garni Herz Larain, Fiss 196. Tel. –6050. Bad, WC, TV. Frühstücksbüffet. Hausbar mit offenem Kamin. Sauna, Dampfbad, Solarium. Kinderspielzimmer. Preis/Pers. ÜF in HS 93,– in NS 83,–

30-m²-Zimmer

Hotel-Garni Röck, Fiss 10. Tel. –6444. Pistenhotel. Frühstücksbüffet. 6er-Gondel Möseralm, Kinder-Skiareal und Skischulsammelplatz befinden sich direkt neben dem Hotel. Preis/Pers. ÜF in HS 80,– in NS 71,–

Kinderspielzimmer

Zimmer **bis 150 DM**

Ferienhotel Angerhof, Fiss 10. Tel. –6407. Frühstücksbüffet. Sauna, Solarium, Dampfbad und Fitneßraum. Hausbar. Hunde okay. Im Restaurant tägl. 3 versch. Menüs. Preis/Pers. HP in HS 107,– in NS 100,–

Bauernhof

Hotel Bergblick, Fiss 90. Tel. –6407. 4-Sterne. An der Loipe und Eislaufplatz. Frühstücksbüffet mit Bio-Ecke, Saftbar. Galadiner. Salat-, Dessertbüffet. Preis/Pers. HP in HS 121,– in NS 97,– Kids bis 100%

gratis Skitaxi

Hotel Aster's, Fiss 178. Tel. –6836. An Loipe. Rollstuhlgeeignet mit Aufzug. Restaurant. Pub im Haus. Sauna, Whirlpool und Solarium. Parkplatz. Preis/Pers. HP in HS 110,– in NS 93,–

Pub im Haus

Fiss: ++43/5476–

Gasthof Cores, Fiss 110. Tel. –6417. Zentrum, rollstuhlgeeignet. Bad, WC, TV, Tel. Frühstücksbüffet. Saunalandschaft. Haustiere okay. Garage. Preis/Pers. HP in HS 117,– in NS 106,–

Hotel Fisser Hof, Fiss 94. Tel. –6563. Hotelhalle mit Kamin. Tagesbar. Familienzimmer mit Sat-TV. Hallenbad, Sauna, Dampfbad, Solarium, Massage, Fitneßraum. Preis/Pers. HP in HS 140,– in NS 119,–

Zimmer **bis 200 DM**

Schloßhotel, Fiss 75. Tel. –6397. Bei den Liften. Familienzimmer. Kaminhalle, Tagesbar. Erlebnishallenbad mit Kinderbecken, Sauna, Dampfbad, Fitneßstudio und Massagen. Kinderclub mit Betreuung von 9-21 Uhr. Parkplatz. Preis/Pers. HP in HS 157,– in NS 114,– Kids bis 100%.

Hotel St. Laurentius, Fiss 97. Tel. –6714-0. An den Pisten. Familienzimmer. 5-Gänge-Abendmenü und Salatbüffet. Sauna, Solarium, Dampfbad, Whirlpool. Preis/Pers. HP in HS 157,– in NS 145,– Kids bis 100%.

Hotel Bergfrieden, Fiss 80. Tel. –6361. Abschnallen vorm Haus. Relax-Center mit Sauna, Dampfbad, Whirlpool, Solarium. Sportwissenschaftlerin und Heilmasseuse mit eigenem Massageprogramm. Gesundheitsbäder. Naturküche. Parkplatz. Haustiere okay. Preis/Pers. HP in HS 171,– in NS 107,–

Zimmer **ab 200 DM**

Verwöhnhotel Chesa Monte, Fiss 106. Tel. –6404. Frühstücksbüffet. Auf Wunsch rein vegetarische Menüs. Hallenbad. Sauna, Solarium, Dampfbad, Whirlpool und Massage. Nichtraucheretage. Spezielle Wochenprogramme für die Gäste. Preis/Pers. HP in HS 231,– in NS 196,–

Fitneßraum für scharfe Kurven

Appartements/Ferienwohnungen

In den neuen Häusern viele Appartements. Für zwei Personen mit 100 DM rechnen. Viele haben Sauna und/oder Dampfbad. Das Wohnniveau von Fiss ist hoch und preislich zu vielen anderen Orten ansprechend.

Appartements **bis 50 DM** gibt es keine.

Appartements **bis 100 DM**

Haus Ferienland, Fiss 127. Tel. −6293. Mit Du/WC, TV, Telefon. Geräumig. Parkplatz. Preis/App. für 2 Pers. in HS 100,− in NS 86,−

Appartements Edith, Fiss 176. Tel. −6950. Neubau. Wohnungen mit Du/WC, TV, Telefon, Küche. Gäste-Waschmaschine. Sauna, Dampfbad, Fitneßraum. Garage. Preis/App. für 2 Pers. in HS/NS 100,−

Ferienappartements Gitterle, Fiss 115. Tel. −6304-0. Zwei Ferienhäuser mit 12 Appartements. An der Loipe. Preis/App. für 2 Pers. in HS 96,− in NS 76,−

Appartements **bis 150 DM**

Haus Aurora, Fiss 143. Tel. −6561. Skiabfahrt ab Haus. Du/WC, TV, Telefon. Haustiere okay. Parkplatz. Preis/App. für 2 Pers. in HS 129,− in NS 114,−

Haus Berghof, Fiss 16. Tel. −6631. Bauernhof. Mit Du/WC, TV, Südbalkon. Auf Wunsch Frühstück. Parkplatz. Preis/App. für 2-3 Pers. in HS 136− in NS 121,−

Birkenhof, Fiss 69. Tel. −6433. Neubau mit Bauernhof. Bei 4er-Gondel Möseralm und Skischule. Sauna, Solarium, Dampfbad, Kneippbecken. Preis/App. für 2 Pers. in HS 150,− in NS 129,−

Haus Buchhammer, Fiss 140. Tel. −6562. Du/WC, TV. Preis/App. für 2-3 Pers. in HS 117,− in NS 114,−

Fiss: ++43/5476–

Frühstücksbüffet auf Wunsch

Skiabfahrt zum Haus

Frühstück auf Wunsch

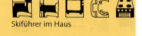
Skiführer im Haus

Aufräumservice wer will

Sauna, Dampfbad

Appartements mit viel Holz

Aparthaus Carina, Fiss 148. Tel. –6626. Bad/WC, TV. Preis/App. für 2-3 Pers. in HS 150,– in NS 121,–
Haus Faldershof, Fiss 18. Tel. –6437. Sieben Appartements. Preis/App. für 3 Pers. in HS 129,– in NS 121,–
Hotel-Garni Fernblick, Fiss 55. Tel. –6560. Bei Gondel. Du/WC, TV, Tel., Küche. Brötchenservice. Hausbar. Sauna, Dampfbad, Solarium. Tiefgarage. Preis/App. für 3 Pers. in HS 121,– in NS 86,–
Aparthaus Fridolin, Fiss 157/158. Tel. –6452. Du/WC, TV. Preis/App. für 2 Pers. in HS 114,– in NS 86,–

Haus Illmer, Fiss 2. Tel. –6753. Ca. 75 m². Du/WC, Tel., TV. Preis/App. für 3 Pers. in HS 129,– in NS 93,–
Hotel-Garni Platzergasse, Fiss 15. Tel. –6650. Mit Du/WC getrennt, Kabel-TV, Telefon und Balkon. Frühstücksbüffet auf Wunsch. Sauna, Dampfbad, Fitneßraum und Solarium. Garage. Skisafe an der Talstation. Preis/App. für 2-6 Pers. in HS 129,– in NS 121,–

Appartements **bis 200 DM**
Haus Bergland, Fiss 111. Tel. –6423. Bauernhof neben den Gondeln. Du/WC, TV, Telefon. Preis/App. für 2-4 Pers. in HS 200,– in NS 143,–
Haus Bernardes, Fiss 64. Tel. –6471. Bauernhof. 2 Appartements. Getrennte Schlafzimmer, Du/WC, TV. Preis/App. für 5-7 Pers. in HS 188,– in NS 143,–
Haus Chamanna, Fiss 27. Tel. –6674. Im Zentrum. Du/WC, TV, Telefon und Terrasse. Skisafe an der Talstation. Preis/App. für 2-4 Pers. in HS 164,– in NS 143,–
Haus Falsins, Fiss 139. Tel. –6525. Ca. 70-m²-Ferienwohnung mit Du/WC, TV, Telefon. Garage, Preis/App. für 4-5 Pers. in HS 186,– in NS 157,–
Appartement Fossa, Fiss 132. Tel. –6566. Skiabfahrt zum Haus. Du/WC, TV, Telefon. Sauna, Dampfbad und Solarium. Parkplatz. Skisafe an der Talstation. Preis/App. für 2-4 Pers. in HS 193,– in NS 129,–
Landhaus Kalvarienberg, Fiss 74. Tel. –6822. Bad, TV, Telefon, Safe und Balkon. Haustiere okay. Parkplatz. Preis/App. für 2-5 Pers. in HS/NS 186,–

Laurschhof, Fiss 113. Tel. –6594. Bauernhof an den Liften. Du/WC, TV, Telefon. Kinderspielzimmer. Preis/ App. für 2-4 Pers. in HS 200,– in NS 157,–

Kinderecke mit Super-Game-Boy-Spiel

Ferienappartements Max & Moritz, Fiss 171. Tel. –6767. Bad, WC, TV. Sauna, Dampfbad und Solarium. Ski- und Schuhdepot an der Seilbahn. Preis/App. für 2-6 Pers. in HS 171,– in NS 129,–

   Relax-Zone

Haus Neururer, Fiss 170. Tel. –6925. An den Pisten. Mit Du/WC, Telefon, TV. Sauna. Parkplatz. Preis/App. für 2-7 Pers. in HS 186,– in NS 143,–

Sauna

Aparthotel Romantica, Fiss 135. Tel. –6323. Du/WC, TV, Telefon. Sauna, Dampfbad und Solarium. Kinderspielzimmer. Haustiere okay. Garage. Preis/App. für 2-6 Pers. in HS 171,– in NS 107,–

   Kinderspielzimmer

Appartements **ab 200 DM**

Gasthof „Zum weißen Lamm", Fiss 39. Tel. –6351. Dorfzentrum. Restaurant und Hausbar. Sauna, Dampfbad. Preis/App. für 2-4 Pers. in HS 214,– in NS 143,–

Relax-Ecke

Pension Wachter, Fiss 25. Tel. –6419. Bauernhaus. Du/WC, TV, Telefon. Sauna. Skisafe an der Talstation. Preis/App. für 7 Pers. in HS 257,– in NS 171,–

renoviertes Tiroler Bauernhaus

Hotel Röck-Pistenhotel, Fiss 104. Tel. –6444. Neben Talstation 6er-Gondel Möseralm u. 4er-Gondel Schönjoch. Frühstücksbüffet. Aufzug. Hausbar. Relax-Center. Parkplatz. Hunde okay. Preis/App. für 6 Pers. in HS 286,– in NS 229,–

neben Talstationen

Zimmer für Singles ohne Aufschlag

Serfaus 4100 Betten

Im exklusiven Ort Serfaus Zimmer mit Frühstück ab ca. 30 DM. Ab ca. 80 DM fängt es mit den Extras an. Es gipfelt im Hotel „Das Cervosa", das mit seinen Badeanlagen bald einen Karibikurlaub ersetzt. Appartements sind durchwegs gut ausgestattet, Sauna oder ähnliches selten im Haus.

Zimmer bis 50 DM

 keine Extras

 keine Extras

   Etagenbad

  an der Loipe

 U-Bahn-Station neben dem Haus

 Frühstücksbüffet

   an der Loipe

 Teeküche u. Kühlbar für Gäste

 auch Einbettzimmer

Sauna

Haus Thurnes, Untere Dorfstr. 19. Tel. –6384. Bauernhof. Du/WC. Preis/Pers. ÜF in HS/NS 29,–
Haus Monz, Dorfbahnstraße 16. Tel. –6532. Bauernhof. Du/WC. Preis/Pers. ÜF in HS/NS 33,–
Haus Kirschner, Mühlbachweg 3. Tel. –6345. Etagenbad. Bauernhof. Preis/Pers. ÜF in HS/NS 40,–
Haus Auer, Untere Dorfstraße 6. Tel. –6263. Du/WC Preis/Pers. ÜF in HS/NS 36,–
Haus Schwarz, Untere Dorfstraße 28. Tel. –6298. Du/WC. Preis/Pers. ÜF in HS/NS 50,–
Haus Schönblick, Dorfbahnstraße 83. Tel. –6274. Du/WC. Preis/Pers. ÜF in HS 49,– in NS 33,–
Haus Martina, Weglange 6. Tel. –6535. Du/WC, Tel., TV-Anschluß. Preis/Pers. ÜF in HS 50,– in NS 46,–
Haus Fernblick, Muirenweg 6. Tel. –6476. Du/WC. An der Loipe. Hunde okay. Preis/Pers. ÜF in HS/NS 39,–
Haus Brigitte, Muirenweg 10. Tel. –6360. Bad/WC, TV. Preis/Pers. ÜF in HS/NS 50,–
Haus Plojen, Dorfbahnstraße 80. Tel. –6254. Bad/WC, TV. Sauna. Preis/Pers. ÜF in HS/NS 50,–

Zimmer **bis 100 DM**

    keine Extras

   keine Extras

Pension Lärchenhof, St. Zeno 1. Tel. –6326. Bauernhaus. Bad, TV. Frühstücksbüffet. Preis/Pers. SP in HS/NS 97,–
Pension Althaler, Matschöl 6. Tel. –6265. Bauernhof. Du/WC, Tel., TV-Anschluß. Preis/Pers. ÜF in HS/NS 64,–

Serfaus: ++43/5476–

Haus Cäcilia, Untere Dorfstr. 29. Tel. –6248. Bad/Du/WC. Frühstücksbüffet. Preis/Pers. ÜF in HS/NS 61,–
Haus Chrysanth, Gänsackerweg 7. Tel. –6322. Mit Du/WC. Preis/Pers. ÜF in HS/NS 61,–
Haus Elisabeth, Darreweg 7. Tel. –6247. Mit Bad, TV, Telefon.Frühstücksbüffet. Preis/Pers. ÜF in HS/NS 70,–
Haus Elke, Gänsackerweg 14. Tel. –6247. Du/WC, TV. Preis/Pers. HP in HS/NS 63,– Kids bis 100%
Kneringer-Hof, Angerweg 3. Tel. –6260. Bauernhof. Teeküche und Kühlbar. Preis/Pers. HP in HS/NS 66,–
Haus Kristall, Plattöll 3. Tel. –6300. Bad/WC, Telefon, TV. Sauna. Preis/Pers HP in HS/NS 60,–
Haus Matschöl, Matschöl 4. Tel. –6269. Bad/WC, TV. Frühstücksbüffet. Neue Relax-Zone mit Sauna, Thermarium-Dampfbad, Hydro-Jet-Massage. Preis/Pers. HP in HS/NS 84,–
Pension Montana, Dorfbahnstraße 26. Tel. –6225. Frühstückspension, Bierpub, Café. Preis/Pers. HP in HS/NS 73,–
Haus Romantika, Untere Darre 4. Tel. –6278. Du/WC, Telefon, TV. Preis/Pers. HP in HS 74,– in NS 62,–

Zimmer **bis 150 DM**
Pension Barbara, Gänsackerweg 6. Tel. –6217. Du/WC. Wintergarten, Hausbar. Preis/Pers. HP in HS/NS 143,–
Pension Geiger, Untergasse 8. Tel. –6266. Renovierter Bauernhof. Restaurant, Hausbar. Natur- und Diätküche auf Wunsch. Sauna, Dampfbad. Garage. Preis/Pers. HP HS/NS 129,–
Hotel Hubertus, Plattöll 10. Tel. –6243. Bad/WC, TV, Tel. Aufzug. Frühstücksbüffet, Abendmenü. Relax-Ecke mit Sauna, Solarium, Fitneßraum. Hausbar. Preis/Pers. HP in HS/NS 141,–
Hotel Rex, Dorfbahnstr. 38. Tel. –6264. Familienhotel im Ortszentrum. Bad/WC, TV, Telefon, Safe. Relaxzone mit Sauna, türk. Dampfbad, Solarium. Preis/Pers. HP in HS/NS 146,– Kids bis 100%

Serfaus: ++43/5476–

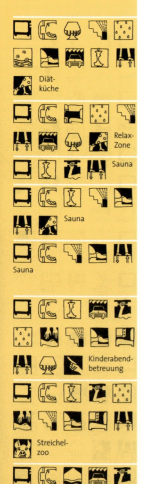

Diät-küche

Relax-Zone

Sauna

Sauna

Sauna

Kinderabend-betreuung

Streichel-zoo

Obergrichtler Schwitzstube

Zimmer **bis 200 DM**

Hotel Alpenruh, Dorfbahnstraße 10. Tel. –6251. Suiten. Sauna, Dampfbad, Whirlpool, Solarium. Aufenthaltsraum und Hausbar. Natur- u. Diätküche auf Wunsch. Preis/Pers. HP in HS/NS 179,–

Hotel Amadeus-Micheluzzi, Darreweg 15. Tel. –6101. Suiten. Aufzug. Sauna, Dampfbad, Solarium. Kaminstüberl, Hausbar und Kinderspielzimmer. Preis/Pers. HP in HS/NS 200,–
Hotel Bärolina, Zeno 6. Tel. –6890. Familiensuiten. Sauna, Fitneßraum. Preis/Pers. HP HS/NS 193,–
Pension Edelweiß, Archleweg 3 + 5. Tel. –6223. Zwei Häusern am südlichen Ortsrand mit Sauna, Dampfbad, Solarium. Natur- und Diätküche auf Wunsch. Hunde okay. Parkplätze. Preis/Pers. HP in HS/NS 156,–
Hotel Ideal, Dorfbahnstraße 36. Tel. –6619. Bad/WC, TV. Sauna, Solarium. Preis/Pers. HP in HS/NS 151,–

Zimmer **ab 200 DM**

Hotel Adler, Untere Dorfstraße 15. Tel. –6221. Familienhotel mit Kinderbüffet inkl. Kindersäfte. Abendbetreuung ab 21 Uhr. Im Adler-Club alle alkoholfreien Getränke für Hausgäste im Preis. Saftbar, Nachmittagsjause, Erholungsinsel-Sauna, Kräuterdampfbad, Whirlpool, Tepidarium. Preis/Pers. HP in HS/NS 243,–
Landidyll-Hotel Alte Schmiede, Dorfbahnstr. 64 + 66a. Tel. –6492-0. Bauernhof. Fitneßraum, Sauna, Solarium, Massage. Streichelzoo. Reiten und Pferdekutschenfahrt vom Hof aus. Preis/Pers. HP in HS/NS 221,–

Das Cervosa, Herrenanger 11. Tel. –6211-0. Relax-Hotel. Breites Angebot, komische Namen. Serail-Bad, Cleopatra-Heubad, Soleinhalationsgrotte. Obergrichtler Schwitzstube, Laconium, Kneippanlage mit Eisgrotte, Tepidarium, röm.-griech. Erlebnishallenbad, Grotte, Wasserfall. Beauty-Abteilung. Solarien, Fitneßstudio. Squashhalle, Kegelbahnen. Preis/Pers. HP HS/NS 374,–

Serfaus: ++43/5476–

Appartements/Ferienwohnungen

Unter 100 DM gibt es gar nichts. Und knapp darüber auch nicht. Ab ca. 150 DM sind einige Wohnungen zu haben. Ab 200 DM für 4 Personen haben die Häuser mindestends Dampfbad, Sauna. Manchmal Hallenbad. Appartements bekommt man nur wochenweise. Vorzüglich Samstag auf Samstag. Die Preise sind ohne Nebenkosten und Endreinigung.

Zimmer oder Appartement haben einen Vorraum für ...

Appartements **bis 100 DM**
gibt es keine.

Appartements **bis 150 DM**
Haus Enzian, Plojenweg 5. Tel. –6454. Vier Appartements. Nahe 6er-Gondel Komperdell. Du/WC, TV, Telefon, Backofen, Spüle. Preis/App. für 2-4 Pers. in HS/NS 149,–

Haus Ferrari, Gänsackerweg 3. Tel. – 6237. Du/WC, Telefon, TV. Preis/App. für 2-3 Pers. HS/NS 112,–

Haus Jörg, Dorfbahnstraße 55. Tel. –6340. Zwei Schlafzimmer, Vorraum, Du/WC. Safe. In der Küche Mikrowelle, Geschirrspüler. Haustiere okay. Bio-Sauna. Preis/App. für 2-4 Pers. in HS/NS 133,–

Haus Markus, Platöll 2. Tel. –6647. Du/WC. Mikrowelle, Spüler. Preis/App. für 2-3 Pers. in HS/NS 122,–

Ferienhaus am Matinesweg, Untergasse 20. Tel. –6601. Du/WC, TV, Tel. Preis/App. für 2 Pers. in HS/NS 143,–

Haus Foto Mayer, Untere Dorfstraße 25. Tel. – 6222. Vier Studiowohnungen mit Bad, Tel., TV. Mikrowelle, Spüle. Preis/App. für 2 Pers. in HS/NS 118,–

Haus Vögele, Archleweg 1. Tel. –6257. Du/WC, Tel., TV. Wäscheservice. Preis/App. für 2-3 Pers. in HS/NS 133,–

Appartements **bis 200 DM**
Haus Alte Mühle, Mühlbachweg 20. Tel. –6904. Du/WC. Aufenthalts-, Tischtennisraum. Skiabfahrt bis zum Haus, Preis/App. für 2-3 Pers. in HS/NS 184,–

Haus Anemone, Geigerweg 6. Tel. –6620-0. Fünf Appartements. Du/WC, Tel., TV. Tischtennis, Darts. Preis/App. für 2-5 Pers. in HS/NS 180,–

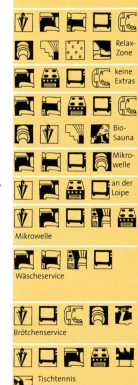

Serfaus: ++43/5476–

Relax-Zone

Restaurant im Haus

beim Bifang-Schlepper

Studio für 2

Bauernhof

Kinderspielzimmer

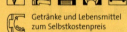
Mikrowelle

Getränke und Lebensmittel zum Selbstkostenpreis

Mitglied Kinderhotels Österreichs

Haflingergestüt

Haus Bellevue, St. Zeno 7. Tel. –6301. Fünf Appartements. Sauna, Dampfbad, Fitneßraum, Solarium. Aufenthaltsraum mit Theke. Preis/App. für 2-4 Pers. in HS/NS 184,–

Haus Claudia, Mühlbachweg 2. Tel. –6271. Bei Gondel. Du/WC, TV, Telefon. Restaurant im Haus. Preis/App. für 2-4 Pers. in HS/NS 194,–

Haus Daheim, Gänsackerweg 12. Tel. –6252. Du/WC. Am Bifang Schlepper, von ihm zur Talstation Gondel. Preis/App. für 2-4 Pers. HS/NS 173,–

Appartements Daisy, Malbrettweg 9. Tel. –6468. Du/WC, TV, Telefon. Preis/Studio für 2 Pers. in HS/NS 171,–

Falderhof, Serfauserfeld 7. Tel. –6983. Bauernhof. Du/WC, Sat-TV, Tel. Preis/App. für 2-4 Pers. in HS/NS 153–

Haus St. Florian, Untere Dorfstraße 8. Tel. in Innsbruck: 0512/302665. Preis/App. für 2-4 Pers. in HS/NS 200,–

Haus am Föhrenwald, Föhrenweg 5. Tel. –66250. Du/WC, TV, Tel. Preis/App. für 2-4 Pers. in HS/NS 194,–

Gasthof „Hax'n-Tenne", Herrenanger 8. Tel. –6382. Du/WC, TV. Getränkebar. Halbpension möglich. Preis/App. für 2-4 Pers. in HS/NS 170,–

Appartements **ab 200 DM**

Kinder-Hotel St. Zeno, St. Zeno 3. Tel. –6327. Baby- u. Kinderbetreuung, Kindererlebniswelt, „Abenteuerprogramm", Räuberburg an der Winterspielwiese. Streichelzoo, tägl. Ponyreiten. Taxidienst zur Kinderschneealm. Sport, Fitneß, Massage. Hallenbad Preis/Pers. für 2-4 Pers. HP in HS/NS 271,–

Feriengut Darrehof, Dorfbahnstraße 48/50. Tel. –6226. 83 Appartements am Bio-Bauernhof. 2 Bäder, 2 getrennte Schlafzimmer. Vestibül mit Bibliothek. Sauna, Dampfbad. Lebensmittelgeschäft mit Produkten aus eigener Erzeugung. Preis/App. für 2-7 Pers. in HS/NS 296,–

Apartpension M. Theresia, Dorfbahnstr. 11, Tel. −6888. Du/WC, TV, Tel., Safe, Geschirrspüler, Mikrowelle. Sauna, Solarium, Fitneßraum. Preis/App. für 2-4 Pers. in HS/NS 316,−

Sauna

Appartementhaus Pezid, Dorfbahnstr. 62. Tel. −6284. 29 Appartements. Bad, TV, Telefon. Loggien nach Süden. Hallenbad, Sauna. Kinderspielzimmer und Fun-Room. Preis/App. für 2-5 Pers. in HS/NS 267,− Kids bis 100%

Hallenbad

Haus Thaja, Untere Dorfstraße 10. Tel. 05472/6222. Du/WC, Tel., TV. Preis/App. für 2-4 Pers. in HS/NS 224,−

Waschmaschine mit Münzeinwurf

Pension Venier garni, Untergasse 12. Tel. −6374. Neubau. Auf Wunsch Frühstücksbüffet. Aufenthaltsraum mit Hausbar. Sauna, Fitneßraum. Parkplätze vor dem Haus. Preis/App. für 4-6 Pers. in HS/NS 286,−

Sauna

Hallenbad im Hotel oder Apartmenthaus

Nauders

4000 Betten

Mit ca. 26 DM ist man dabei. Allerdings Etagendusche. Viele Bauernhöfe und hoher Standard. Für ca. 80 DM Übernachtung und Frühstück (ÜF) in einem Hotel mit Hallenbad.
Ab ca. 140 DM hat jedes Hotel Hallenbad und ausgiebige Relax-Zone. Dazu Frühstücksbüffet und mehrgängiges Abendessen. Apartmenthäuser von Nauders haben keine Extras.

Zimmer bis 50 DM

Haus Kurz, Nauders 258. Tel. –253. Etagendusche. TV-Raum. Preis/Pers. ÜF in HS 27,– in NS 26,– Kids bis 50%
Gästehaus Mangweth, Nauders 88. Tel. –642. Etagendusche. Preis/Pers. ÜF in HS 29,– in NS 26,– Kids bis 30%
Haus Plangger, Nauders 128. Tel. –370. Etagendusche. TV-Raum. Preis/Pers. ÜF in HS 27,– in NS 26,–
Haus Rosa, Nauders 280. Tel. –335. Etagendusche. Preis/Pers. ÜF in HS 26,– in NS 24,– Kids bis 30%
Haus Salzgeber, Nauders 391. Tel. –755. Bad, TV. Preis/Pers. ÜF in HS 41,– in NS 39,– Kids bis 100%
Gästehaus Vergißmeinnicht, Nauders 357. Tel. –426. Preis/Pers. ÜF in HS 50,– in NS 44,– Kids bis 30%
Haus Waldegger, Nauders 72. Tel. –730. Du/WC. TV-Raum. Preis/Pers. ÜF in HS 36,– in NS 31,– Kids bis 30%
Haus Wolf, Nauders 157. Tel. –466. Du/WC. TV-Raum. Preis/Pers. ÜF in HS 40,– in NS 34,– Kids bis 30%
Haus Sonneck, Nauders 267. Tel. –541. Du/WC. Sat-TV-Raum. Preis/Pers. ÜF in HS 43,– in NS 40,– Kids bis 30%

Nauders: ++43/5473–

Zimmer **bis 100 DM**

Pension Reiterhof, Nauders 229. Tel. –263. Zentrum. Bad, TV. Frühstücksbüffet. Sauna, Dampfbad. Gäste-Animation. Eigener Reitstall. Garage. Preis/Pers. ÜF in HS 64,– in NS 56,– Kids bis 50%

Pension Rosenhof, Nauders 93. Tel. –81650. Bauernhof. Du/WC, Sat-TV, Telefon. Frühstücksbüffet, Teeküche. Darts. Haustiere okay. Garage. Preis/Pers. ÜF in HS 51,– in NS 47,– Kids bis 100%

Pension Barbara, Nauders 189. Tel. –445. Du/WC. Sauna. Preis/Pers. ÜF in HS 54,– in NS 50,– Kids bis 50%

Pension Bergfrieden, Nauders 288. Tel. –278. Du/WC, Sat-TV. Preis/Pers. ÜF in HS 60,– in NS 50,– Kids bis 50%

Hotel Dreiländerblick, Nauders 218. Tel. –262. 4-Sterne. Kaminhalle mit Bar. Büffet und Menüwahl. Eigene Eisstockbahn und Skibus. Preis/Pers. HP in HS 99,– in NS 84,– Kids bis 5 Jahre 100%

Hotel-Garni Via Claudia, Nauders 406. Tel. –797. Suite. Frühstücksbüffet. Sauna, Whirlpool Solarium. Kinderspielecke. Haustiere okay. Garage. Preis/Pers. ÜF in HS 77,– in NS 66,– Kids bis 80%

Hotel-Garni Alpina, Nauders 225. Tel. –349. Bad, TV, Telefon. Hallenbad, Sauna, Solarium. Skitouren mit dem Hausherrn. Hoteleigener Skibus. Garage. Preis/Pers. ÜF in HS/NS 80,– Kids bis 50%

Gasthof Kristall, Nauders 223. Tel. –2410. Neben Tennishalle. Restaurant. Sauna, Whirlpool, Solarium. Aufzug. Skibusstopp. Preis/Pers. HP in HS 96,– in NS 81,– Kids bis 50%

Gasthof Riatsch, Nauders 211. Tel. –389. Berggasthof. Du/WC. Preis/Pers. HP in HS 74,– in NS 71,– Kids bis 50%

Landhaus Tia Monte, Nauders 418b. Tel. –8150. Relax-Ecke. Preis/Pers. HP in HS 86,– in NS 73,– Kids bis 50%

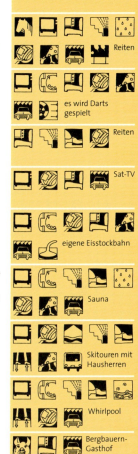

Reiten

es wird Darts gespielt

Reiten

Sat-TV

eigene Eisstockbahn

Sauna

Skitouren mit Hausherren

Whirlpool

Bergbauern-Gasthof

Relax-Ecke

Nauders: ++43/5473–

Relax-Zone

Hallen-bad

Hallen-bad

Hallen-bad

Streichelzoo

Kinderclub

altes Wirtshaus, keine Extras

Zimmer **bis 150 DM**

Hotel Tia Monte, Nauders 30. Tel. –8240. 4-Sterne. Bad/WC, Telefon, Sat-TV. Frühstücksbüffet und Menüwahl. Aufzug. Relax-Zone mit Sauna, Dampfbad, Whirlpool, Fitneßraum, Tischtennis. Haustiere okay. Skibusstopp. Tiefgarage. Preis/Pers. HP in HS 150,– in NS 101,– Kids bis 100%

Hotel Edelweiß, Nauders 256. Tel. –252. 3-Sterne. Du/WC, Tel., TV. Frühstücksbüffet, Menüwahl. Hallenbad. Sauna, Solarium, Fitneßraum. Aufzug, rollstuhlgerecht. Kinderspielecke. Preis/Pers. HP in HS 127,– in NS 103,– Kids bis 100%

Hotel Tirolerhof, Nauders 27. Tel. –8111. 4-Sterne. Bad/WC, Telefon und Sat-TV. Menüwahl. Spezielle Diäten. Hallenbad, Sauna. Kräuterdampfbad. Beautyfarm, Heilmassage. Rollstuhlgeeignetes Haus. Kinderspielecke. Tischtennis. Garage. Skibusstopp. Preis/Pers. HP in HS 141,– in NS 120,– Kids bis 50%

Hotel Maultasch, Nauders 162. Tel. –8101. 4-Sterne. Bad/WC, Tel., Sat-TV. Menüwahl. Hallenbad. Sauna, Whirlpool, Fitneßraum, Solarium. Aufzug. Preis/Pers. HP in HS 143,– in NS 106,– Kids bis 50%

Hotel Bergblick, Nauders 302. Tel. –311. Bad/WC, Sat-TV. Menüwahl. Relax-Center. Kinderspielzimmer. Streichelzoo. Animation. Tischtennis. Eisstockbahn. Aufzug. Preis/Pers. HP in HS 121,– in NS 93,– Kids bis 50%

Abenteuerhotel Astoria, Nauders 302. Tel. –311. 4-Sterne. Bad/WC, Sat-TV. Menüwahl. Hallenbad. Sauna, Fitneßraum, Solarium. Abenteuer-Animationsprogramm. Aufzug. Rollstuhlgeeignet. Kinderspielecke, Tischtennis. Skibusstopp. Preis/Pers. HP in HS 150,– in NS 127,– Kids bis 100%

Gasthof zum Goldenen Löwen, Nauders 36. Tel. –208. Tiroler Wirtshaus. Zimmer mit Wohnecke. 4-Gang-Wahlmenü, Fondue-Abende. Haustiere okay. Garage. Preis/Pers. HP in HS 104,– in NS 89,– Kids bis 100%.

Gasthof Martha, Nauders 296. Tel. –3380. Gasthof mit beliebtester Après-Schirmbar von Nauders. Sauna, Solarium. Gäste-Animation. Aufzug.

Rollstuhlgeeignet. Preis/Pers. HP in HS 109,– in NS 94,– Kids bis 50%.

Zimmer **bis 200 DM**
Hotel Central, Nauders 196. Tel. –2210. 4-Sterne. Familienzimmer. Menüwahl. Hallenbad, Sauna, Dampfbad, Fitneßraum, Solarium. Kinderclub, -betreuung. Aufzug. Preis/Pers. HP in HS 186,– in NS 150,– Kids bis 100%.

Hotel Erika, Nauders 247. Tel. –2170. Minibar, Sat-TV. Menüwahl. Hallenbad, Sauna, Whirlpool, Dampfbad, Fitneßraum, Solarium. Aufzug. Rollstuhlgeeignet. Preis/Pers. HP in HS 189,– in NS 139,– Kids bis 50%.

Hotel Hochland, Nauders 183. Tel. –8222. Zentrum. Bad/WC, Sat-TV. Frühstücksbüffet, Menüwahl. Restaurant. Hallenbad. Sauna, Dampfbad, Whirlpool, Fitneßgeräte, Solarium. Animation. Kinderspielzimmer. Tischtennis. Rollstuhlgerecht. Preis/Pers. HP in HS 174,– in NS 140,– Kids bis 100%.

Hotel Neue Burg, Nauders 370. Tel. –700. 4-Sterne. Frühstücksbüffet. Menüwahl. Kindermenüs. Kinderbetreuung. Sauna, Whirlpool, Solarium, Fitneßraum. Aufzug, rollstuhlgeeignet. Hunde okay. Hoteleigener Skibus. Garage. Preis/Pers. HP in HS 194,– in NS 141,– Kids bis 100%.

Hotel Regina, Nauders 215. Tel. –257. 4-Sterne. Kinderhotel. Familienzimmer. Frühstücksbüffet. À-la-carte Küche. Hallenbad. Sauna, Solarium, Dampfbad, Whirlpool, Fitneßraum. Tischtennis. Aufzug. Haustiere okay. Skibusstopp. Garage. Preis/Pers. HP in HS 171,– in NS 121,– Familienpauschale.

Zimmer **ab 200 DM**
Hotel mein Almhof, Nauders 314. Tel. –313. 4-Sterne. Bei der Kinderspielwiese. Bad/WC, Telefon, Sat-TV, Minibar, Safe. Aufzug, rollstuhlgerecht. Frühstücksbüffet, Menüwahl. Relax-Center mit Hallenbad, Sauna, Dampfbad, Whirlpool. Fitneßraum. Kinderclub. Reiten, Squash, Darts. Skibusstopp. Garage. Preis/Pers. HP in HS 279,– in NS 247,–

Nauders: ++43/5473–

Squash

Hallenbad

450 m² Relax-Center

Alpenhotel Nauderer Hof, Nauders 160. Tel. –704. Für Kids: Kinder-Schlumpfalm mit Betreuung. Für die Eltern: Sport- und Animationsprogramm. Frühstücksbüffet, Menüwahl. Relax-Zone mit Hallenbad, Saunarium, Squash. Aufzug, rollstuhlgeeignet. Skibusstopp. Garage. Preis/Pers. HP in HS 250,– in NS 211,– Kids bis 100%

Hotel Post, Nauders 37. Tel. –202. 4-Sterne. Bad/WC, Sat-TV, Tel. Frühstücksbüffet, abends Menüwahl. Hallenbad, Sauna, Dampfbad, Hot-Whirlpool, Solarium, Fitneßraum. Aufzug, rollstuhlgeeignet. Haustiere okay. Skibusstopp. Garage. Preis/Pers. HP in HS 229,– in NS 186,–

Hotel Schwarzer Adler, Nauders 33. Tel. –2540. 4-Sterne. Bad/WC, Sat-TV. Frühstücksbüffet. Erlebnishallenbad mit Sauna, Dampfbad, Solarium. Masseur im Haus. Wochenprogramm mit den Wirtsleuten. Aufzug, rollstuhlgeeignet. Skibusstopp. Garage. Preis/Pers. HP in HS 201,– in NS 164,– Kids bis 80%

Appartements/Ferienwohnungen

Keine Wunderhäuser. Mehr als eine Ferienwohnung mit Küche, Schlafzimmer, Naßräumen und TV ist schwer zu bekommen. Nur wenige Apartmenthäuser haben Sauna, Dampfbad oder Fitneßraum. Ab ca. 200 DM Hallenbad üblich. Zum Preis kommt meist noch extra die Endreinigung.

Diätkost im Programm

Appartements **bis 50 DM**
gibt es keine.

Appartements **bis 100 DM**

Haus Anna Maria, Nauders 438. Tel. –757. Du/WC, TV. Preis/App. für 2-3 Pers. in HS 97,– in NS 83,–

Haus Deutinger, Nauders 154. Tel. –481. Du/WC, TV. Garage. Preis/App. für 1-3 Pers. in HS 100,– in NS 93,–

Haus Dilitz, Nauders 219. Tel. –728. Mit Du/WC, TV. Garage. Preis/App. für 2-4 Pers. in HS 100,– in NS 93,–

Haus Folie, Nauders 339. Tel. –576. Du/WC. TV-Raum. Tischtennis. Preis/App. für 2-4 Pers. in HS 99,– in NS 91,–

Haus Helene, Nauders 386. Tel. –718. Du/WC, Sat-TV. Preis/App. für 2-4 Pers. in HS 100,– in NS 93,–

Haus Katharina, Nauders 400. Tel. –622. Du/WC, Spüle, Kachelofen. Preis/App. für 2-4 Pers. in HS 100,– in NS 84,–

Brötchenservice

Haus Klapeer, Nauders 20. Tel. –452. Bauernhau. Du/WC, TV. Preis/App. für 2-3 Pers. in HS 93,– in NS 90,–

Haus Mathoy, Nauders 304. Tel. –482. Du/WC, TV. Preis/App. für 2-4 Pers. in HS 100,– in NS 86,–

Haus Mondschein, Nauders 31. Tel. –443. Du/WC, TV. Preis/App. für 2-4 Pers. in HS 100,– in NS 90,–

Haus Patscheider, Nauders 378. Tel. –639. Du/WC, Sat-TV. Preis/App. für 2-4 Pers. in HS 84,– in NS 73,–

Appartements **bis 150 DM**

Abenteuerhof, Nauders 377. Tel. –517. Neuer Bauernhof. Du/WC, Sat-TV. Hofeigene Produkte auf den Tisch. Pferde. Für Kids Ponys und Streichelzoo. Preis/App. für 3-5 Pers. in HS 129,– in NS 121,–

bei 2 Wochen 2. Woche zum halben Preis

Nauders: ++43/5473–

Haus Agerer, Nauders 409. Tel. –520. Du/WC, Sat-TV Preis/App. für 2-6 Pers. in HS 119,– in NS 111,–

Haus Alpenfrieden, Nauders 412. Tel. –556. Du/WC, Sat-TV. Preis/App. für 2-5 Pers. in HS 114,– in NS 94,–

Haus Bergheim, Nauders 345. Tel. –450. Du/WC, Sat-TV. Eigener Eingang. Sauna, Dampfbad. Tischtennis. Haustiere okay. Garage. Preis/App. für 2-5 Pers. in HS 143,– in NS 129,–

Haus Brennerhof, Nauders 388. Tel. –546. Erlebnisbauernhof. Du/WC, TV, Telefon. Sauna. Ponyreiten. Garage. Kinderermäßigung. Preis/App. für 2-4 Pers. in HS 127,– in NS 113,–

Haus Cervosa, Nauders 326. Tel. –430. Neubau. Bad/WC, TV. Preis/App. für 4-6 Pers. in HS 150,– in NS 136,–

Appartement Fabiene, Nauders 427. Tel. –587. Du/WC, Sat-TV. Preis/App. für 2-6 Pers. in HS 136,– in NS 114,–

Ferienhaus Habicher, Nauders 393. Tel. –301. Du/WC, Sat-TV. Preis/App. für 2-4 Pers. in HS 114,– in NS 100,–

Schloß Naudersberg, Nauders 1. Tel. –252. Zwei Schloßwohnungen mit Sat-TV, Telefon. Preis/App. für 2-6 Pers. in HS/NS 136,–

Stadlwirt, Nauders 132. Tel. –710. Du/WC, Sat-TV, Telefon und Küche. Halbpension auf Wunsch. Preis/App. für 2-4 Pers. in HS 114,– in NS 100,–

Tiefhof, Nauders 170. Tel. –368. Bauernhof. Du/WC. Haustiere okay. Rollstuhlgeeignet. Kinderermäßigung. Preis/App. für 5-6 Pers. in HS 123,– in NS 116,–

Appartements **bis 200 DM**

Valdafur Appartement, Nauders 390. Tel. –774. Du/WC, Sat-TV. Preis/App. für 4-6 Pers. in HS 196,– in NS 174,–

Aparthaus Walzthöni, Nauders 417. Tel. –524. Du/WC, Sat-TV. Preis/App. für 2-7 Pers. in HS 171,– in NS 150,–

Haus Allegra, Nauders 333. Tel. –588. Du/WC, Sat-TV. Preis/App. für 4-6 Pers. in HS 157,– in NS 140,–

Haus Anita, Nauders 344. Tel. –477. Du, WC, Sat-TV. Preis/App. für 4-6 Pers. in HS 179,– in NS 157,–

Haus Arina, Nauders 392. Tel. –765. Du/WC, Sat-TV. Spielbereich mit Darts. Relax-Ecke mit Sauna. Haustiere okay. Garage. Preis/App. für 4-6 Pers. in HS 179,– in NS 164,–

Appartements Austria, Nauders 332. Tel. –459. Du/WC, Sat-TV, 2 Schlafzimmer. Hallenbad, Sauna, Solarium, Fitneßraum, Gäste- Animation. Tischtennis. Haustiere okay. Preis/App. für 4-5 Pers. in HS 197,– in NS 157,–

Appartements **ab 200 DM**

Aparthotel Arabella, Nauders 355. Tel. –480. Bad/WC, Sat-TV. Relax-Zone mit Hallenbad, Sauna. Aufzug, rollstuhlgerecht. Kinderspielecke. Tischtennis. Reiten. Preis/App. für 4-6 Pers. in HS 227,– in NS 187,–

Aparthotel Bellevue, Nauders 424. Tel. –7940. Neubau. Geräumig mit Bad/WC, Sat-TV, Wohnraum. Sauna. Skiabfahrt bis zum Haus. Tiere okay. Preis/App. für 4-7 Pers. in HS 233,– in NS 200,–

Index

45	**ADAC**	153	Buffalo, Pub
87	Aktiv-Zentrum Pettneu	90	Burger-Ranch, Bude
45	Aktivitäten		
129	Albona, Hütte	**46**	**Carven**
131	Albona-Grat, Hütte	219	Carven, Fiss
245	Alm-Bar, Bar	182	Carven, Ischgl
177	Alp-Bella, Hütte	256	Carven, Nauders
160	Alpenhaus, Hütte	116	Carven, St. Anton
45	Alpines Notsignal	236	Carven, Serfaus
174	Alp-Trida, Hütte	200	Celentano, Pub
175	Alp-Trida, Skihaus	46	Changeomat
191	Alt Fiss, Gastro	194	Charlys Pub, Après
243	Alt Nauders, Gastro	245	Chess Pub, Bar
89	Alt St. Anton, Gastro		
200	Alt Serfaus, Gastro	**202**	**D'Holzschupfen, Gastro**
202	Antonius-Bar, Bar	54	Doppelmayr
46	Apotheke	192	Dorfalm, Gastro
77	Appartement	201	Dorfschenke, Gastro
45	Après-Ski	92	Dorfstube, Gastro
40	ARAC	47	DSV
58	ARBÖ		
46	Arzt	**47**	**EC-Karte**
194	Aster'x, Bar 194	47	Eisklettern
71	Ausweispflicht	48	Eislaufen
41	AVIS	48	Eisstockschießen
		48	E-mail
31	**Bahn-Knotenpunkte**	43	EUROPCAR
24	Bahn-Tickets		
46	Bankomat	**149**	**Feuer & Eis, Café**
22	Basiswissen, Bahn	97	Findelkind, Heinrich
25	Behinderte, Bahn		von Kempten
103	Berghaus, Gastro		
46	Bergrettung	**113**	**Gampen,** Gastro
46	Botschaft, Deutsche	49	Gastronomie
58	Botschaft,	48	Gästekarte
	Niederländische	49	Geld
66	Botschaft, Schweizer	49	Gendarmerie
42	Budget	203	Georg's Pub, Après

61	Getränkepreise	149	Kuhstall, Après
54	Girak	192	Kulturstüberl, Gastro
244	Goldener Löwe, Gastro	52	Kunstschnee
253	Goldsee-Hütte, Hütte		
148	Grill-Alm, Gastro	**147**	**La Bamba,** Gastro
152	Guxa, Disco	191	Lamm, zum weißen, Gastro
193	**Hackl's Keller,** Après	53	Langlaufen
49	Hallenbad	188	Langlaufen, Fiss
49, 75	Handy	144	Langlaufen, Ischgl
91	Harlekin, Gastro	240	Langlaufen, Nauders
90	Hax'n-Stub'n, Gastro	84	Langlaufen, St. Anton
92	Hazienda, Gastro	98	Langlaufen, St. Christoph
44	HERTZ	198	Langlaufen, Serfaus
232	Hexensee, Hütte	102	Langlaufen, Stuben
50	Hilfe	55	Laufbänder
99, 125	Hospiz-Alm, Gastro	53	Lawinen
200, 242	Hotel Post, Gastro	53	Lawinen-Warndienst
50	Hütte	225	Lazid-Alm, Hütte
		53	Lebensmittelmärkte
159	**Idalp,** Gastro	193	Leo, Café
50	Informator	54	Lifte
51	Internet	54	Liftgesellschaft
152	Ischgler Bierfassl, Gastro	152	Loba, Café
		152	Löbli, s'Alte, Après
		53	Loipen-Regeln
117	**Kandahar,** SB-Gastro	36	Lufthansa
90	Kaffeehäferl, Café		
114	Kapall, SB-Gastro	**151**	**Madlein,** Bar
51	Karten	100	Maiensee-Stube, Gastro
70	Kartentypen	242	Mamma Mia, Gastro
52	Kegeln	194	Marend, Après
70	Key-Card	147	Marend, Gastro
52	Kinder	231	Masner, Hütte
224	Köllner-Haus, Hütte	123	Mooserwirt, Après
52	Kreditkarten	216	Möseralm, Hütte
208	Krismer, Café	57	Museen
189	Kuhalm, Jagdstube		

58	**Nachtskilauf**	62	**Relaxen**
238	Naudersberg, Schloß	76	Reiten, Winter-
152	Nicki's Stadl, Après	135	Rendl-Beach, Eisbar
150	Nicos Treff, Après	135	Rendl, Gastro
243	Niklas, Gastro	39	Rent A Car
203	Noldi, Disco	89	Reselehof, Gastro
201	Noldi, Gastro	64	Rettung
52	Notrufnummern	38	Rheintalflug
58	Notrufsäulen	64	Rodeln
		69	Rückvergütung
58	**ÖAMTC**		
58	Öffnungszeiten	**64**	**Saisonen**
209	OHA, Pistenbeisl	148	Salz & Pfeffer, Pizzeria
58	Optiker	64	Sauna
58	Orientierung	224	Schalber-Alm, Hütte
		54	Schlepper
192	**Paletti,** Pizzeria	242	Schloß Naudersberg, Gastro
58	Pannenhilfe		
181, 223	Panoramarestaurant, Gastro	65	Schnee
		66	Schneeketten
59	Paragleiten	66	Schneeschuhwandern
162	Pardatschgrat, Gastro	66	Schneetelefon
59	Parken	70	Schnupper-Karte
202	Patschi-Pub, Après	213	Schöngamp-Alm, Hütte
59	Pferdeschlitten	212	Schönjoch, Hütte
94	Picadilly, Disco	242	Schwarzer Adler, Gastro
59	Pisten	169	Schwarzwand, Gastro
61	Pistenregeln	87	Seiler, Gastro
60	Pistenvarianten	66	Service & Hilfe
117	Pizza&Pasta, Pizzeria	146	Silvretta-Center, Gastro
203	Platzl, Bar	43	SIXT
61	Post	45	Skiatlas, ADAC
88	Post, Gastro	47	Skiatlas, DSV
93	Post-Keller, Disco	66	Skiausrüstung
61	Preise	67	Skibus
45	Promille-Grenze	67	Skidepot
		67	Skidiebstahl
153	**Queens,** Pub	68	Skikarten

69	Skipaß	191	Toalstock, Gastro
60	Skirouten	75	Tourist-Info
72	Skischule	244	Traktor Tenna, Après
72	Skiservice	126	Traxl's, Eisbar
72	Skitouren	244	Treffpunkt Clima, Bar
22	Skitransport	92	Trödler-Stube, Gastro
73	Skiunfall	147, 150	Trofaner-Alm, Après
73	Skiverleih	36	Tyrolean Airways
103	s'Murmele, Gastro		
74	Snowboarden	**120**	**Ulmer-Hütte,** Hütte
219	Snowboarden, Fiss	94	Underground, Pub
182	Snowboarden, Ischgl		
256	Snowboarden, Nauders	**118**	**Valluga-Grat,** Gastro
132	Snowboarden, St. Anton	71	Verlorene Skipässe
236	Snowboarden, Serfaus	91	Verwall, Gastro
73	Sonne	117	Verwallstube, Gastro
226	Sportalm, Hütte	10	Vignette
200	Sporthotel Astoria, Gastro	**72**	**Wachsen**
73	Sport-Shops	99	Werner, Adi
73	Squash	76	Wetterpanorama
94	Stanton, Disco	56	Wetterschutzkappe
90	Steakhaus, Gastro	103	Willis Pilsstüble, Gastro
211	Steinegg, Hütte		
125	Stoppl's, Gastro	243	Winkler, Café
74	Straßensperren	76	Winterreiten
70	Swatch-Access	76	Winterwandern
37	Swiss-Air	76	Wohnen
69	**Tages-Karte**	**26**	**Züge**
74	Talstation	78	Zuletzt
74	Tanken		
69	Tarifpolitik		
74	Taxi		
148	Taxi, Café		
74	Telefonieren		
150	Tenne, Disco		
75	Tennis		**Klangbildverlag**

An unsere Leser

Wir danken Ihnen, daß Sie unser Buch gekauft haben. Wir haben uns bemüht, für Sie das beste Reisebuch zu machen, das Sie bisher in Händen gehalten haben. Der Verkaufspreis, den wir gewählt haben, berücksichtigt alle Menschen. Jeder hat das Recht auf ein schönes Leben, einen unvergeßlichen Winterurlaub. Sei es im romantischen Etagenbad-Quartier oder in der Luxusleuchter-Klasse.

Wir bitten Sie, uns falsche Angaben zu verzeihen. Alles wurde mehrfach überprüft. Bei der Menge an zu verarbeitendem Material sind schlechte Informationen nicht zu vermeiden. Und das Schlimmste: Wir sind auch nur Menschen. Bitte teilen Sie uns einen entdeckten Fehler mit. Eines können wir versprechen. Alles, worüber wir berichten, haben wir selbst gesehen. Jeden Ort, jedes Skigebiet, jede Gastwirtschaft, jede Bar und Disco. Hoffentlich macht sich unser Einsatz für Sie bezahlt.

Wir freuen uns sehr, wenn Sie uns Ihre Reiseerfahrungen mitteilen. Warnen Sie uns bitte vor einem besonders schlechten Quartier oder einer schlechten Gaststätte. Oder bedanken Sie sich damit bei ihrem Quartiergeber oder Wirt für die tolle Gastfreundschaft. Soweit wir können, werden wir Ihre Informationen in die nächste Auflage einbauen. Selbstverständlich werden wir sie überprüfen. Gerüchte wollen wir nicht verbreiten.

Andreas Lettmayer